U0032174

中國甲冑史圖鑑

周渝——著

目錄 CONTENTS

1 前言

5 序章 甲冑前傳……從蚩尤傳說到皮革時代

19 第一章 秦俑密碼……帝國軍團的武備復原

51 第二章 鐵血時代……復活的大漢鎧甲

71 第三章 甲騎馳騁……從三國到南北朝的角逐

89 第四章 盛唐重器（上）……甲冑集大成的時代

103 第五章 盛唐重器（下）……聚焦《長安十二時辰》

121 第六章 亂世迷蹤……黃金甲傳說的虛與實

目錄 CONTENTS

133 第七章 大宋風華……國甲步入顏值巔峰

153 第八章 塞上蒼狼……草原帝國的鎧甲戰爭

175 第九章 甲冑剋星……明帝國火器發展史

205 第十章 日月鼎革……火器之下安有完鎧

239 第十一章 錦繡戎裝……甲冑之下的皇家特典

263 第十二章 見龍卸甲……東亞甲冑的最後餘暉

301 終章 甲冑後傳……新軍制服開啟戎裝新紀元

327 附錄 仿宋式《八公圖》御龍衛玄金甲穿戴步驟圖

前言

說實話，我對古代甲冑最初的認知既沒有考慮歷史，也沒從軍事武備的角度思考，而是陷於其顏值——被歷史上各國甲冑精美的外觀所吸引，總希望有朝一日有機會穿。不過，後來能成為甲冑愛好者的起源來自軍裝，自中學時代開始，就對二戰時期的軍服產生了濃厚的興趣；大學畢業後，從事的工作又與歷史相關，可謂如魚得水。那時，我的主要精力在中國近代史上，收藏了近代中國軍人相關的各種老軍服、老照片、老物件，甚至會將一些複刻的軍服作為日常服飾穿。出於對戎裝的喜愛，在研習和收藏近代中國軍服的同時，也會關注古代軍戎服飾。萬萬沒想到，一入甲坑深似海，尤其是收藏了第一套復原款甲冑後，便深陷其中無法自拔。

2016年是我對甲冑熱情最盛的時期，當時雖然主攻方向仍是中國近代史，但每天只要一打開電腦，就情不自禁在網上搜羅各種與甲冑相關的資料、圖片，或是欣賞一些手藝人根據文物資料復原的甲冑，在此期間結識了許多志同道合的好友。為了不辜負這份熱情，當時便向所在單位申請，在《國家人文歷史》上做一期關於甲冑的選題，很快獲得批准，這樣一來熱情更為高漲，沉迷甲冑也變得名正言順。這期名為《鎧甲：冷兵器時代的男人裝》的刊物於2017年元旦正式上市，跨出了第一步。其偏向於科普，涉及內容比較廣泛，既有中國古代甲冑的內容，也介紹了西方甲冑、日本甲冑等國外甲冑，當時我個人擔任明清甲冑與日本甲冑這兩部分的撰稿，雖然限於篇幅不能展開寫，但在做完這期專題後，萌生了專門撰寫一本講述中國甲冑圖書的想法。

此後，我一面收藏越來越多的甲冑模型，先後購置了幾套仿明制甲冑；一面無論是平時研讀史料，還是到各地博物館遊覽，都會下意識去拍攝、搜集和甲冑相關的東西，大概在2018年年底便下定決心撰寫一部《中華甲冑史》。我一開始的規劃是，將甲冑與中國古代戰爭史、武備發展史結合起來進行敘述，類似於微觀歷史的模式。其後資料收集和撰寫過程也大體是朝著這個方向進行的，例如寫秦代甲冑，秦陵兵馬俑是極為重要的參考物件，根據出土的彩俑可知，秦軍戎服的服色並不統一。而另一件出土文物，一封兩千多年前的戰地家書的內容又印證了秦軍服色不統一這一細節，家書不僅提供了憑證，也為內容增添了幾分人情味，我希望用這樣的方式去觸碰歷史的溫度。

歷史的溫度是我撰稿過程中一直努力去尋找的。此前在進行抗日戰爭史的研習和寫作時我養成了「四位一體」的習慣。寫一場戰役，首先，盡可能地閱讀和整合該戰役的第一手歷史資料，基礎工作準備充分；其次，訪談參與過該戰役的老兵，通過親歷者的口述史來印證戰史；第三，憑藉歷史舊物，如歷史照片、證章文物、軍品等探尋歷史細節；第四，穿著那個年代的軍服、打上綁腿，揹上裝備重走戰場。通過研讀、尋訪、收藏和體驗，再撰寫與該戰役相關的文章，會有身處歷史之感，不容易限於枯燥的資料而倍感無聊。這次撰寫《中國甲冑史圖鑑》，也沿用了這一方法。

當然，古代史與近代史存在區別，例如，之前寫中國遠征軍，我還能找到不少健在的抗戰將士，但後來寫薩爾滸之戰就不可能找到親歷者了。故而，這方面得靠古人留下的筆記、札記來彌補。此外，我愛收藏甲冑，時常穿著各式鎧甲進行體驗，例如，我曾穿明制布面甲重走平播之役的古戰場海龍屯，穿明制札甲重走明清戰爭中的牆子嶺長城遺址，穿大漢將軍儀仗甲「重演《出警入蹕圖》」等，在夏季被朋友稱為「反季節戰士」。與此同時，在撰寫本書期間，就甲冑復原中的修復與甲冑製作問題，我請教了專業人士，如採訪了曾領隊兵馬俑修復工作的王東峰老師，對唐墓壁畫進行修復和保護的王佳老師等文物工作者，並向甲冑圈內的宗匠老師、郝嶺老師、李輝老師等甲冑製作師尋求幫助。可以說，多虧眾多師友的幫助，這本《中國甲冑史圖鑑》今天才得以完成。

在我個人看來，《中國甲冑史圖鑑》一書的主角雖是甲冑，但終究離不開古代戰爭史這個大課題。故而在書中，除了對甲冑發展史進行敘述外，我也撰寫了不少相關歷史稿件作為「知識連結」附於正文後。這些「知識連結」，我都投入了很多心血，希望各位讀者能夠喜歡。

古語有云：「國之大事，在祀與戎！」甲冑作為中國古代戰爭史上的一個重要組成部分，其歷史、文化及影響博大精深。對我而言，這本《中國甲冑史圖

前言

鑑》只是在武備研習路上的開端。在下才疏學淺，謬誤之處還望大家斧正。今後征途，願與諸君風雨同舟。

《中國甲胄史圖鑑》一書，既是這些年賞玩甲胄的見證，亦是兩年以來從史料收集、實踐體驗到撰稿完成的心血結晶，同時也是本人出版的第一部關於中國古代史的作品，於我而言意義非凡。必須強調的是，在本書創作過程中，筆者得到了眾多師友們的幫助！

首先感謝丁秀群老師在本書出版過程中提供的幫助。與此同時，在歷史資料方面，本書得到了劉永華、郭曄旻、陳大威、王東峰幾位老師的幫助；在甲胄製作技術方面，得到宗匠、郝嶺、何東明以及函人堂團隊眾師友的幫助；復原款甲胄攝影插圖，陳斐孺、李輝兩位師友提供了幫助；甲胄繪圖得到了劉永華、劉詩巍、程亮、楊翌幾位師友的幫助；復原款明代賜服攝影插圖，得到了陳雪飛、樓靜以及控弦司團隊幫助；清代部分新軍制服史料，得到了好友三桶兄的幫助。特此感謝！

此外，此書撰寫和出版過程中，筆者還得到了許多朋友的幫助和支援，他們是（排名不分先後）：

唐建光、熊崧策、紀彭、桂湘黔、馬伊騰、狐周周、曹江波、溫陳華、洪瑋、尉遲紫陽、張思迪、李洋洋、殷大為、阿甯、秦智雨、小碗、凡心客、凌霄、王茜霖、於夢婷、周娜、冬小蜜、董進、姚瓆一西子、腦洞使者伊閃閃、好兒公子、美淚、聽風、林屋公子、秦屍三擺手、李彬彬、殿前司一胖虎、吉恩煦、孫宇翔、王戡、匑鄒德懷、石智文、孫瀟瀟、于岳、安梁、楊津濤、黃麒冰、徐藝格、白孟宸、林依婷、琥璟明、原廓、北條早苗、郭登利、黃哲、蕭西之水、李想、林小喬、圈圈圈兒、緋莳七等。由於人數眾多，鳴謝中如有不慎漏列的朋友，還望見諒。

周渝

2020 年 4 月

．先秦
．秦
．漢
．三國兩晉南北朝
．唐
．宋
．元
．明
．清

序章

甲胄前傳

操吳戈兮被犀甲，車錯轂兮短兵接。

從蚩尤傳說到皮革時代

操吳戈兮被犀甲，車錯轂兮短兵接。
旌蔽日兮敵若雲，矢交墜兮士爭先。
凌餘陣兮躐餘行，左驂殪兮右刃傷。
霾兩輪兮縶四馬，援玉枹兮擊鳴鼓。
天時懟兮威靈怒，嚴殺盡兮棄原野。
出不入兮往不反，平原忽兮路超遠。
帶長劍兮挾秦弓，首身離兮心不懲。
誠既勇兮又以武，終剛強兮不可凌。
身既死兮神以靈，子魂魄兮為鬼雄！

——屈原《九歌‧國殤》

傳說時代與原始護甲

在遙遠的先秦時代，楚國詩人屈原以楚地民間祭神樂歌為底，書成《楚辭》的名篇——《九歌》詩組。相信讀過它的人都知道，《九歌》中多數篇章描寫的是神靈間的眷戀或是纏綿的愛情，思念與傷感並存，充滿浪漫氣息。唯《國殤》

▶錯金銀雲紋青銅犀尊，長58.1釐米，1963年出土於陝西興平豆馬村，現藏於中國國家博物館。根據其通體的流雲紋，可以推測是西漢的器物

這篇頗為特殊，它留給後人的畫面是金戈鐵馬的沙場，是奮勇馳騁的國士，更是吳戈、健馬、秦弓、旌旗、戰鼓、硝煙編織成的一曲戰歌。有關中華甲冑的歷史，我們就從《國殤》首句中的「犀甲」說起。

今天的中國人都知道，犀牛是「外國的牛」，現在中國是不產犀牛的。但根據考古發現，古中國有犀牛。犀牛生活的主要特點為：棲息於低地或海拔2000多米的高地，夜間活動，獨居或結成小群，生活區域從不脫離水源。中國浙江河姆渡遺址、河南安陽殷墟遺址都曾挖掘出犀牛骸骨。中國國家博物館藏有一尊錯金銀雲紋銅犀牛，根據其通體的流雲紋，可以推測出其為西漢時期的器物。大量證據表明，歷史上犀牛在中國中原分佈的北界直抵黃河一帶。這些曾廣泛生活在中原的犀牛竟至消亡（或遷徙），很大程度上與戰爭和鎧甲相關。

有句罵人臉皮厚的話叫「臉皮比犀牛皮還厚」，可謂十分貼切。犀牛是一種厚皮動物，但也因此給牠們帶來了滅頂之災——犀牛堅厚的皮成為先秦武士們製作「護身衣」的首選材料。在先秦古籍中，多有以犀牛皮製作護身甲的記載，如《國語．晉語》中就記有「昔吾先君唐叔射兕於徒林，以為大甲，以封於晉」，這裡的「兕」，指犀牛一類的動物。全句意為射死了獨角犀，並用牠的皮製作成了甲。而《周禮》對犀牛皮製作武士之甲則有更詳細的說明：「函人為甲。犀甲七屬，兕甲六屬，合甲五屬。犀甲壽百年，兕甲壽二百年，合甲壽三百年。」所謂「函人」，是指制作甲冑的工匠，而兩片犀牛皮雙合則稱「合甲」，也是先秦記載中壽命最長的一種甲。

春秋戰國時期，甲冑已經發展得相當成熟。那麼，犀牛皮究竟是什麼時候成為武士甲冑首選品的？中國的甲冑究竟起源於何時？根據現有的考古成果還很難下結論。在中國傳說中，甲冑的發明者是與黃帝爭霸的蚩尤。上古之世，神州大地，諸多部落戰爭不斷，蚩尤「以金作兵，一弓，二殳，三矛，四戈，五戟」，又發明了盔甲，厲兵秣馬，率領八十一個兄弟重組聯軍北上抵禦黃帝部落，激戰於逐鹿，最終為黃帝所殺。儘管蚩尤戰敗，但他發明的兵器和甲冑卻在中原大地流傳，與之相伴的是連年兵禍。宋金時期的詩人元好問生逢亂世，苦於戰火，憤然寫下「從誰細向蒼蒼問，爭遣蚩尤作五兵」這樣的詩句。

當然，所謂蚩尤發明甲冑和兵器之說只屬於上古傳說，而甲冑真正的起

▶漢代蚩尤畫像拓片，上古傳說中，蚩尤是甲冑的發明者，但在真實歷史中，甲冑不可能是一個人發明的，而是在長期不斷的部落衝突中產生的

源，不可能是一人一時所成。可以說，世界各地最早的甲都大同小異。一是利用竹子、藤條等植物進行編織，製作成具有一定防禦力的原始甲，《三國演義》中孟獲麾下藤甲兵的甲就是這類原始甲。事實上，這種原始甲並未因文明發展而消失，直至19世紀末至20世紀上半葉，中國、雲南、臺灣以及東南亞等地依然存在不少原始部落，當時有一批日本學者對這些部落的原始甲進行過收集，這些甲基本上都以植物為原材料。儘管不能下定論說遠古中國的原始甲冑形制就是這樣，但通過它們不難推斷出原始甲冑的基本製作方法。

二是利用動物皮毛製甲。以植物作為原始甲冑材料畢竟防禦力有限，而人類在原始部落相互征伐中為了保護自己，從動物皮毛得到了啟發。早在山頂洞人時期，人類就已經開始用獸皮製衣，而後又演變為戰鬥中的甲。東漢劉熙在《釋名》中這樣解釋甲的意義「鎧，猶塏也；塏，堅重之言也。或謂之甲，似物孚甲以自禦也。」也就是說，先人們從動物「孚甲以自禦」得到啟示，遂以動物皮毛作為材料，與植物結合編織，製作成甲以護身，同時也製作了保護頭部的護具，形成了最早的甲冑。

▲商周時期的青銅冑複製品，現藏於中國人民革命軍事博物館（周渝 攝）

◀江西新幹大洋洲商墓出土的商代青銅冑

殷商甲冑之影

先秦時代，皮甲無疑是甲冑的主流形制。不過皮製品不易保存，加上年代久遠，如今很難準確得知當時甲冑的具體形制，只能通過史料記載和考古發掘出的殘片進行推斷。

遠古時期獸皮衣與作戰用的甲的界限該如何劃分？中國究竟在什麼時候出現的甲？唐人司馬貞撰寫的《史記索隱》，對《史記·夏本紀》中「帝少康崩，子帝予立」的注解為「作甲者也」。予也作「杼」，是夏朝第七代國君，按照司馬貞的考證，至少在夏朝，中國已有軍事意義上的甲。當然，如果以考古實物作為依據的話，中國最早的甲則出現在殷商時代。20世紀初，河南省安陽市發現了商朝後期都城遺址——殷墟。1928年，殷墟正式開始考古發掘，發現了大量都城建築遺址，出土了以甲骨文、青銅器為代表的文化遺存，這些遺跡和文物系統地展現了中國商代晚期輝煌燦爛的青銅文明，也確立了殷商社會作為信史的科學地位。

1935年在河南安陽侯家莊1004號墓道中發現的皮甲殘跡，也向世人證明，早在殷商時代，武士們已有專用的防身甲冑。由於年代久遠，殷商皮甲出土時

商代武士復原圖（劉永華 繪）

皮革已腐爛，只有甲面上黑、紅、白、黃四色漆彩的圖案紋樣殘存於泥土之上。這一副皮甲殘跡最大直徑在400毫米左右，據此推斷其形制為整片的皮甲。這也是迄今發現的年代最早、也比較可信的一個實例，年代大約為商代後期。

與皮甲殘跡一同發現的還有大量青銅冑。冑即頭盔，在甲骨文中，「冑」字與頂部有盔纓的頭盔非常相似。由於材質為青銅，殷墟中的冑得以遺存，數量在140頂以上。殷墟文物證明，商代冑的形制並沒有完全統一，至少有六至七種，大多數青銅頭盔頂部都鑄有一根用來插羽瓔飾物的銅管，此外還配有青銅面甲，這些面甲大多是面目猙獰獸面。之所以如此製作，可能是為了在戰場上嚇唬敵人，也可能與商代巫術有關。近年來，還新發現了戴在盔冑上的青銅首鎧，應為加強頭部防禦的增補裝置。

通過殷墟的青銅冑和皮甲殘跡，可以推測出當時中國甲冑已有較為成熟的工藝。商代雖是青銅文明，但還不具備將青銅製作成身甲的技術。當時的青銅除了鑄造頭盔外，還會被鑄造成身甲上一些小的配飾和裝備。學者劉永華根據現有考古成果結合推斷進行復原，繪製了殷商時期身穿甲冑的武士圖，圖上的武士身穿紋樣華麗的皮甲，耳朵戴有耳環，與我們印象中秦漢時期的武士形象差別相當大，倒是與20世紀30年代，仍處於原始狀態的雲南傈僳族使用的皮甲頗為相似。不過，商周軍士完整的甲冑究竟是何模樣，還待進一步的考古發現。

千年札甲

約西元前1046年，武王伐紂，周武王姬發帶領周與各諸侯聯軍起兵推翻商王帝辛（紂）的統治，建立周朝。進入西周後，中原地區皮甲的形制和製作工藝都發生了革命性變化。

周朝的甲冑變革最主要表現是札甲出世。殷商時期的身甲為整片式，進入周朝後，逐漸出現了小塊的皮革甲片，這些甲片根據身體不同部位而剪裁，在甲片上穿孔，再以繩子穿引，構成便於活動的身甲，該類甲片構成的甲統稱為「札甲」。在中國甲冑史上，札甲的出現是標誌性變革，根據現有的考古證據，可知這種形制的甲出現於西周，至春秋戰國時期進入巔峰，此後歷代無論甲片材質、形制如何變化，這種以甲片編織的形式一直延續至明末清初。可以說，札甲是華夏甲冑的主流形制。周朝的另一個進步則是出現了「合甲」，即將兩層或多層的皮革合在一起，塗上漆，既加強了甲的牢固性，也使甲冑更加美觀。

▲根據曾侯乙墓出土的戰國皮甲冑復原的模型，現藏於湖北省博物館

進入東周後，王室衰微，列國爭霸風起雲湧，隨著戰爭越來越頻繁，用甲量與日俱增，對甲冑的數量、制式及工藝有了更高的要求。儒家經典《周禮》中的《考工記》部分能夠看到，東周對甲冑的生產已經有了嚴格的規定。《考工記》是春秋戰國時期記述官營手工業各工種規範和製造工藝的文獻，不僅保留有先秦大量的手工業生產技術、工藝美術資料，還記載了生產管理和營建制度。這部齊國的官書對函人（專門製造甲冑的工匠）制甲進行了規範：「凡為甲，必先為容，然後製革。權其上旅與其下旅，而重若一，以其長為之圍。凡甲，鍛不摯則不堅，已敝則橈。」

也就是說，函人必須按照這個規定來製甲才算合格。唐代儒學家賈公彥為《考工記》疏證時進一步解釋：「上旅七節六節，節數已定，更觀人之形容，長大則札長廣，短小則札短狹，故云裁製札之廣袤。廣即據橫而言，袤即據上下而說也。」不過，要用抽象的文字確定其形制並不容易，還得結合考古發現的實體文物來印證。河南安陽曾出土過戰國時期的皮甲，全甲有甲片66片，其中胸甲和背甲各3片、肋片8片、裙甲52片。裙甲由4排甲片組成，每排13片，甲片均上窄下寬，微外弧。裙甲編織方法也頗有代表性，先橫編成排，後縱向相連，上下兩排通過甲片中部穿孔進行活動編綴，下排壓上排以便靈活向上推疊。而湖北江陵出土的一副楚國木胎皮甲，則出現了木塊與皮甲結合編綴的情況，甲塊正好為5列，與《考工記》中「合用，五屬」的結構相印證。

先秦時代的戰爭中，函人製甲「必擇犀、兕之皮而為之」。春秋到戰國，是規模有限的爭霸戰過渡到殘酷慘烈的兼併戰的過程，隨著戰爭越來越殘酷，列國用甲量劇增，從而導致大量犀牛被捕殺。根據商代卜辭的記載，商王捕獵犀牛，戰果豐盛時竟然多達71頭，不難想像，當時的中國也曾遍地犀牛，但戰爭給生活在這片土地上的犀牛帶來了滅頂之災。當然，動物也不傻，並不會一直坐以待斃，當危險來臨時，往往會發生遷徙。進入春秋戰國時期後，原本分佈在中原一帶的犀牛大約以每年半公里的速度向西南移動，主要原因就是列國為了製甲迎戰而大規模捕殺犀牛。在戰國時期，犀牛資源日漸匱乏，諸侯國則退而求其次，開始將牛皮作為製甲材料。吳越爭霸戰爭中，夫差的軍隊號稱「水犀之甲者，億有三千」。這裡的「水犀之甲」指的便是牛皮，而「億有三千」顯然是誇張之辭，通常作「帶甲十萬」，當時用甲之廣可見一斑。

武備時代革命

眾所周知，春秋戰國時代有大量青銅兵器被用於戰爭，放眼世界，青銅時代，地中海地區已經開始流行青銅盔甲，那麼，同一時期的中國有沒有青銅甲呢？還真有！山東西庵的西周車馬坑出土過一具由青銅甲片編綴的胸甲。這副胸甲橫向37釐米、縱向38釐米，由左、中、右三部分組成。青銅甲的邊緣有8個孔，說明這副銅胸甲並非獨立的甲，而是釘綴在皮甲上的增補裝置。如果沒有皮甲作為底襯，青銅胸甲幾乎不具備防護能力。

中國工業博物館藏有戰國時期的菱形青銅甲片編織成的甲，但該甲殘缺不全，具體屬於哪個部位的護具尚不好確定。此外，雲南省博物館藏有一套戰國時期青銅鑲嵌瑪瑙管的「凹」字形胸甲，不過這與金縷玉衣一樣，顯然是陪葬器物而非用於作戰的甲冑。總體而言，這些都屬於個例，在春秋戰國時期，皮甲佔據著甲冑的主流地位，究其原因，首先是青銅相對於皮革更重，製作成甲冑靈活度不如皮甲，製作上只能採用甲片編綴的方式，多有不便；其次，經過多年的戰爭，人類在製作皮甲時積累了相當多的經驗，皮甲已能應對青銅兵器以及鐵器的穿刺。既然皮甲已能夠應對，那就沒有必要去製作笨重、靈敏度低的青銅甲。

實際上，在烽煙四起的戰國時代，為了不被殘酷的兼併戰淘汰，各國都在進行軍事競賽，皮甲製作技術突飛猛進，可以說已相當成熟。除了甲冑革新，戰國時期軍士的戎服也發生了革命性的改變。最著名的莫過於趙武靈王「胡服騎射」。趙國地處邊境，北方有匈奴、樓煩之類的遊牧民族。趙武靈王吸取了胡地的作戰經驗，對趙國武士所穿戎服進行改制，一改此前寬袍大袖的深衣，換

▲戰國時期的鑲瑪瑙管「凹」字形銅甲，江川縣李家山21號墓出土，現藏於雲南省博物館

▲戰國時期的菱形青銅甲片，現藏於中國工業博物館鑄造館

為窄小利索的胡服，變戰車作戰為騎馬作戰，很快在軍事上取得成效。而趙國的革新也被六國紛紛效仿，至此奠定了歷代以來甲冑之下的戎服皆為窄袖輕袍的基本形制。

不過，戰國時期騎兵始終不是主流，重點還在步兵身上。隨著一系列的軍事變革展開，開始出現重裝步兵，其中最具代表性的非魏武卒莫屬。所謂「魏武卒」指的是戰國初期魏國軍事家吳起訓練的精銳部隊。《荀子．議兵篇》記載：「魏之武卒以度取之，衣三屬之甲，操十二石之弩，負矢五十，置戈其上，冠冑帶劍，贏三日之糧，日中而趨百里。中試則複其戶，利其田魏武卒宅。」這裡專門提及了魏武卒的甲冑，每個士兵身上必須披上三重甲，手執長戟，腰懸鐵利劍，後負犀面大櫓，五十弩矢和強弩，從裝備上看，已是不折不扣的重裝步兵。他們不僅要帶這些裝備，還要攜帶三天的軍糧，在一天內能連續急行軍一百里。士兵只有通過這一系列考驗，才能成為一個合格的魏武卒。

這些記載，在20世紀後半葉考古發現的大量實物中得到了印證，也為後人研究當時甲冑的形制和製造技術提供了寶貴的資料。1978年，湖北隨縣擂鼓墩一號古墓出土了大量皮製甲冑，經過專業人士的清理和修復，成功復原了其中比較完整的12套甲胄。學者劉永華根據湖北隨縣出土的實物，結合河南洛陽出土的戰國銀人像上的袍服，雲南劍川出土的戰國臂甲和遼寧瀋陽鄭家窪出土的戰國薛，復原了戰國武士圖。從復原圖上不難看出，戰國時期軍士身甲的覆蓋率已相當高，形成了由胸甲、裙甲、甲袖、盔胄組成的完整甲胄。

從青銅胄到鐵兜鍪

儘管春秋戰國時期沒有廣泛使用金屬甲，但金屬盔胄一直是主流。相對商朝時期紋樣複雜的青銅盔胄，進入周朝後的盔胄要樸素得多。西周的胄與商代一樣，採用青銅為材料，但摒棄了商代盔胄上繁雜的紋飾，從出土文物上看，完全就是個青銅帽子蓋在腦袋上，什麼都沒有，自然不如殷墟出土的商代盔胄美觀。不過，殷墟商胄工藝複雜，應該不是普通武士佩戴的。而西周樸素的盔胄在鑄造成本和工藝方面大大降低，更有利於批量生產。

進入戰國時期，不僅戎裝、身甲不斷進步，軍士們保護腦袋的盔胄也有了革新，並有了新的名詞——兜鍪。兜鍪，在歷代記載中有時等同於胄，有時指由胄與頓項組成，覆蓋面較大的頭盔，有時則直接代指士兵。戰國後期，隨著春秋晚期出現的生鐵冶煉金屬技術逐步成熟，興起了新一輪的軍備革命，鐵製兵器、鐵製甲胄先後問世。如《呂氏春秋．貴卒》中所載：「趙氏攻中山，中山之人多力者曰吾丘鴆，衣鐵甲操鐵杖以戰。」這裡的「衣鐵甲」是否真為鐵製呢？存在實物。1965年，河北易縣燕下都遺址44號墓中，出土了一頂鐵製兜鍪，它的問世證實了記載中的鐵製甲胄。

兜鍪，一般是指在「胄」之後出現的，形同於口袋，非整盔塑造，又有一定可變性的頭盔。河北易縣出土的戰國兜鍪形制與出土的西周、東周青銅胄完全不同，並不是由一片式的金屬打造而成，而是由89片鐵甲片

▲戰國時期的青銅胄複製品，現藏於中國人民革命軍事博物館（周渝 攝）

編綴而成，具有可變性，防護範圍從頭頂一直到下巴部位，僅五官露出。這頂鐵製兜鍪的形制與後來秦始皇兵馬俑坑出土的石甲胄形制高度相似。洛陽金村出土的戰國銅鏡上的武士像，也戴著類似的兜鍪。可見並非特例，極可能是戰國晚期軍士頭盔的基本形制。

在血流成河的戰國時代，秦、齊、楚、燕、韓、趙、魏七個大國為一統天下進行最後決戰，戰爭規模大、烈度強。在這場生死角逐中，七國都盡了最大努力進行軍事革新，這一時期甲胄的發展就是明證。一方面，冶鐵技術的發展讓鐵甲、鐵盔相繼問世；另一方面，當時冶鐵技術又尚未成熟，只能使用隕鐵，資源極其有限，故而皮甲和青銅胄依舊是那個時代甲胄的主流。

這場軍事大決戰的最後贏家是崛起於西部的秦國。西元前237年，秦王嬴政親政，其吞併六國的統一戰爭計畫隨後啟動。前236年秦軍攻趙，前229年秦滅趙；前231年，韓國向秦軍請降，秦國受降後，把韓地劃為川郡，韓亡；前225年，秦將李信率20萬人伐楚，被楚軍擊敗。同年，秦王任王賁為將率兵攻魏，僅用3個月就將魏國滅亡；前222年，秦將王翦率60萬人攻滅楚國，同年，王翦之子王賁又率軍攻滅燕國；前221年，王賁又率軍滅齊。至此，秦王嬴政終於攻滅六國，統一天下，成為中國第一位皇帝——秦始皇。

「秦王掃六合，虎視何雄哉！揮劍決浮雲，諸侯盡西來。」這究竟是一支怎樣的虎狼之師，能夠爆發如此高的戰鬥力？作為中國歷史上第一個帝制王朝，大秦帝國軍士們身上所穿的甲胄是何模樣？它與戰國時期其他幾國遺址出土的甲胄有什麼不同？一切謎底都將在秦始皇的地下軍陣——秦陵兵馬俑中揭開。

▲河北易縣燕下都44號墓出土的戰國鐵兜鍪

西周武士復原圖（劉永華 繪）

・先秦

・秦

・漢

・三國兩晉南北朝

・唐

・宋

・元

・明

・清

第一章

秦俑密碼

豈曰無衣？與子同袍。

帝國軍團的武備復原

豈曰無衣？與子同袍。

王於興師，修我戈矛。與子同仇。

豈曰無衣？與子同澤。

王於興師，修我矛戟。與子偕作。

豈曰無衣？與子同裳。

王於興師，修我甲兵。與子偕行。

——《詩經・秦風・無衣》

每個戰士都獨一無二

激昂慷慨的《無衣》是秦國將士同仇敵愾、共禦外侮的戰歌。行軍士氣高漲，作戰捨生忘死，正是以戰揚名、聞戰而喜的秦軍之寫照。數千年來，秦人在史家筆下一直沒有缺席，他們總被作為參照物，有人批判他們殘暴失德，也有人讚揚他們奮勇尚武，真正的秦軍究竟是何模樣？他們穿著什麼樣的戎裝？甲冑又是什麼形制？

1974年，秦陵兵馬俑重見天日，給予世界震撼的同時，也解開了諸多歷史之惑。眾所周知，秦陵兵馬俑只是秦始皇陵的陪葬坑，但浩浩蕩蕩的軍陣、製作精良的馬車、栩栩如生的武士面容令人歎為觀止，它使越來越多的人相信，司馬遷在《史記》中關於秦陵地宮「以水銀為百川江河大海，機相灌輸，上具天文，下具地理。以人魚膏為燭，度不滅者久之」的記載並沒有誇張。

秦陵兵馬俑最著名、最具代表性的照片攝自秦始皇兵馬俑博物館一號坑：一列列秦帝國軍士整裝待發，他們大小如真人，身披鎧甲，手做持兵器狀；腰束革帶，腿紮裹鞋，或直立，或側立，或半跪。他們有老有少，有喜有怒，無一相同。上千秦俑排列在一起給人整齊肅穆之感。如果去兵馬俑遺址，肯定會聽到當地導遊講述兵馬俑如何「復活」的故事。

1974年3月25日早晨，臨潼縣西楊村的幾名農民開始動工為村子打一口水井。打井開始動工的第五天，他們發現土壤變成了紅燒土，緊接著又挖出許多陶片。當時村裡不少人認為是神廟裡的瓦爺，很多老人趕來焚香叩拜祈福。但另一些人卻不買帳，他們認為這是瘟神現世，正是因為這些傢伙興妖作怪，西

▲秦始皇陵兵馬俑一號坑遺址。一號坑為東西向的長方形坑，主要為車兵，車、步兵聯合編隊成矩形。有的兵俑穿戰袍，有的著鎧甲，中間有戰車，每輛戰車後有馭手一名、車士兩名（周渝 攝）

楊村長期貧困，他們甚至拿著鐵鍬氣勢洶洶將陶俑砸碎。幾個陶俑的忽然現世將寧靜的小村攪得沸沸揚揚。

也多虧這麼一鬧，引起了正在臨潼縣宴寨公社負責農田水利的幹部房樹民的注意，他親自到現場調查，發現這些陶片並不像村民說的瓦爺，而很可能是文物。這個消息很快被通報給縣文化館，主管幹部趙康民聞訊後火速趕往現場，將散失的殘片集中運回文化館進行拼接修復，並對現場進行局部清理發掘。此事很快引起新華社的注意，消息一經披露，立即引起國務院高度重視。當年6月30日，時任副總理的李先念做出批示：「建議請文物局與陝西省委一商，迅速採取措施，妥善保護好這一重點文物。」

國務院做出指示後，陝西臨潼立即成為全國考古學界關注的焦點。國家文物局與相關專家學者迅速趕赴陝西，對陶俑出土現場進行詳盡考察，並決定委託陝西省委組織考古隊進行發掘。1974年7月15日，42歲的考古隊長袁仲一和3名考古隊員身揹行軍床，帶著幾件簡單的考古工具來到了西楊村，秦俑考古隊就這樣匆匆成立了。通過現場清理和考察，考古隊員們發現，這批陶俑被發現並非偶然，首先，它們是在地下5米深處。其次，陶俑規模龐大，只要在此地一動土，就很容易挖到陶俑殘片。第三，在後來的發掘過程中，於俑坑內先後發現漢墓6座、近現代墓20餘座、古井3個、大擾坑1個，這些跡象無疑都證明，在1974年之前，兵馬俑有30餘次被人見到的經歷，只是之前的人都不知此乃珍貴文物，與其失之交臂，最終將這一歷史使命留到了1974年。

秦陵兵馬俑一經面世，很快引起國內外廣泛關注，政府決定在發現兵馬俑的原址修建一座遺址性的專題博物館——秦始皇兵馬俑博物館。當遺址性博物館就地成立時，由陝西省文管會領導的「秦俑坑考古隊」也隨即轉入正式發掘工作。最先發現的坑被定名為秦俑一號坑，該坑東西長230米、南北寬62米、坑深4.5—6.5米，總面積1.426萬平方米。坑內埋藏有陶俑、陶馬俑約6000件，復原後呈現一個長方形軍陣。一號坑也是目前發掘的兵馬俑坑中面積最大的一個，坑內兵俑排列整齊，威武雄壯，前三排為前鋒，每排有武士俑68尊，共計204尊。坑道南北各列一排武士俑，分別為軍陣的左翼與右翼，西端還有一排向西的武士俑，為後衛。中間則為38路向東的軍隊，每4路中間列有戰車。在地下埋藏兩千年後重現天日，復活的軍團立即引起世界的矚目。

站在兵馬俑遺址上向下望，映入眼簾的是浩浩蕩蕩、氣勢磅薄的大秦帝國軍陣，但它讓人震撼的地方不在於規模，而在於每一個個體細節——千人千面，無一重樣。如果用望遠鏡仔細觀察，你一定會發現，無論將軍俑、軍吏俑還是武士俑，每一個都雕刻細膩、製作精美，不僅身材高矮胖瘦、容貌裝扮長幼貴賤不同，而且數千軍俑的容貌也無一撞臉。再仔細觀察，還能發現陶俑的髮絲紋、指甲，甚至他們鞋底的針腳、手掌上的掌紋以及鎧甲編綴細節。這些細節不僅顯示了秦代高超的燒造技術，也展現了工匠們精湛的雕刻藝術。當然，不容忽視的是，如此精細的作品是在秦政高壓下完成的，秦代土木工程有明確立法，陵園工程尤其嚴格，從主管到工匠，每個人都承擔著法律責任，工期也有嚴格規定，一旦出現一點疏忽，都會被追責，而懲罰往往十分嚴厲，甚至因此丟掉性命。可以說，這些栩栩如生的兵馬俑，是秦代工匠們用生命雕刻出來的。

每個秦俑都是獨立的個體，數量最多的武士俑中，既有身經百戰滿臉滄桑的老兵，也有初生牛犢稚氣未脫的少年兵，有「國」字臉的，也有「甲」字臉、瓜子臉、圓臉、鵝蛋臉的，應有盡有。有網友將兵馬俑的容貌與當下明星對比後發現，秦俑中竟然還有陳道明、姚明、方文山、徐崢、王寶強、馮遠征、段奕宏等明星臉，可見2000多年前的中國人，與今天的我們的長相差別並不大。

除了無一雷同的容貌，各種鬍子與髮型也是秦俑很有意思的特點。大多秦俑都梳著髮髻，但髮髻有高有矮，有圓有扁，有的位於頭左側，有的位於頭右側，也有的位於正中，靠前、靠後的位置也各不相同，螺旋形、波浪形各式各樣，給人千變萬化之感。至於鬍鬚，既有長鬚，亦有短鬚；既有絡腮鬍，也有八字鬍。我們在生活中能夠見到的鬍鬚樣式，在秦俑臉上都能找到。僅是秦俑的髮型與鬍鬚，就大有學問，值得研究一番。

當然，秦陵兵馬俑為後世解開的最大謎底之一，就是再現了秦帝國甲冑。通過它們，秦人的軍戎服飾與武備得以較完整地復原。

尚黑就要穿黑衣？

一支優秀的軍隊應該是什麼樣子？統一著裝，統一髮型，軍容整齊，其疾如風，其徐如林，侵掠如火，不動如山。這是大多數人固有的印象。秦軍以善戰著稱，所以他們自然應該是鎧甲整齊，著裝統一的部隊吧？

那麼，秦軍到底是什麼樣的？曾有人做出推測——一片黑！先秦時，陰陽家們推崇五行相生相剋理論影響了諸多王侯，國家崇尚的顏色也與五行相對應，秦屬水德，故而尚黑，秦始皇本人也對這套深信不疑。所以，兵馬俑問世之前，人們根據「尚黑」推測，秦國軍士應身著黑衣黑甲，作戰時猶如一片黑雲襲來。兵馬俑問世，這些「復活」的大秦將士明確告訴後人：「小老弟們，你們都說錯了！秦人尚黑沒錯，但不代表我們都是黑衣黑甲的暗黑武士。」

▲根據為數不多的彩色兵馬俑，我們可以看到秦代皮甲以赤色繩索編綴的方法，明顯是縱向相連

秦俑在製成時都是經過彩繪的，只是歷經兩千多年的重黏土覆蓋、山洪沖刷以及人為焚燒、破壞、盜掘，陶俑上的色彩幾乎都脫落殆盡。但總有蛛絲馬跡可循，秦陵兵馬俑一、二、三號坑出土的文物中不乏還殘留著顏色的陶俑碎片，近年來，又有幾件保存較為完整的彩繪俑出土，他們用身上的衣甲為我們解開了秦軍服色的密碼。

二號坑T4試掘方出土的一尊高級軍吏俑身上的彩繪保存得較完好，這位軍爺身著雙重長襦，外層為深紫色、內層為朱紅色，下身著粉綠色長褲，冠和履皆為黑褐色，外披彩色魚鱗甲，甲上還有精美圖案。這難道才是秦軍的標準服色嗎？另一位軍爺馬上跳出來反對。這位軍爺是T2掘方出土的，也是高級軍吏俑，不同於前者的是，他上身穿著粉紫色長襦，下穿粉紅色長褲。這兩位不是粉紅就是粉綠，可能為了避免讓人誤以為秦尚粉，二號坑中T4試掘方的又一位軍爺趕緊用自己的著裝向世人證明，並不是所有秦軍都像那兩位那樣喜歡穿粉色。這位是個中級軍吏俑，他上穿綠色長襦，下穿紅色長褲，冠和履為褐黑色，鎧甲的領、邊緣和背帶上都繪有精美的幾何圖形。

難道秦人根本不穿黑甲？馬上就有一位馭手出來解答。這位馭手俑於二號坑T1試掘方出土，嚴格地說，他是一輛戰車上的三尊兵俑之一。他身著綠色上衣，外披黑色鎧甲，下穿粉紫色褲，搭配綠色護腿；他的另外兩位戰友與他服裝的顏色又不相同，一個穿著綠色上衣、粉紫色褲，套著白、紫相間的護腿；另一個則上穿紅衣、下穿藍褲，搭配紫色護腿。除了他們，還有其他殘留彩繪的兵俑，服色也不盡相同，秦軍其實還是有穿黑衣黑甲的，只是並不統一，大多鎧甲為赭色，甲上編綴的繩帶和包邊則有白、中黃、橘黃、黑等顏色。至於袍服，更是五顏六色，紫、粉紫、朱紅、粉紅、綠、粉綠、藍、黑等色皆有。

為何如此彪悍的秦軍，鎧甲和袍服的色系竟五花八門，毫無統一整齊之感？秦陵考古學者袁仲一認為，秦軍的確沒有統一服裝顏色。步兵、騎兵和馭手的顏色都沒有統一規定，即使同一兵種的服裝顏色也不一樣，甚至同一輛戰車上的馭手都沒有規定服色統一。為什麼會這樣？因為秦軍的服飾都是自備，而不是由朝廷統一發放。

秦軍自備戎服絕非只是推測，我們完全可以從另一個地方的考古成果中得到證實。1975年12月，湖北省雲夢縣城關鎮西郊睡虎地一座戰國末年秦墓被打開，出土了大量竹簡等文物，其中有兩封木牘戰地家書也現身了。家書是兩名秦國士兵寫的，分別叫「黑夫」和「驚」。木牘戰地家書原文如下。

黑夫給衷的家書：

二月辛巳，黑夫、驚敢再拜問衷，母毋恙也？黑夫、驚毋恙也。前日黑夫與驚別，今復會矣。黑夫寄益就書曰：遺黑夫錢，母操夏衣來。今書節（即）到，母視安陸絲布賤，可以為禪裙襦者，母必為之，令與錢偕來。其絲布貴，徒（以）錢來，黑夫自以布此。黑夫等直佐淮陽，攻反城久，傷未可智（知）也，願母遺黑夫用勿少。書到皆為報，報必言相家爵來未來，告黑夫其未來狀。聞王得苟得……毋恙也？辭相家爵不也？書衣之南軍毋……不也？為黑夫、驚多問姑姊、康樂孝須（嬃）故尤長姑外內……為黑夫、驚多問東室季須（嬃）苟得毋恙也？為黑夫、驚多問嬰記季事可何如？定不定？為黑夫、驚多問夕陽呂嬰、匾里閻淨丈人得毋恙……矣。驚多問新負（婦）、妴（婉）得毋恙也？新負（婦）勉力視瞻丈人，毋與……勉力也。

驚給衷的家書：

驚敢大心問衷，母得毋恙也？家室外內同……以衷，母力毋恙也？與從軍，與黑夫居，皆毋恙也……錢衣，願母幸遣錢五六百，布謹善者毋下二丈五尺……用垣柏錢矣，室弗遺，即死矣。急急急。驚多問新負（婦）、妴（婉）皆得毋恙也？新負（婦）勉力視瞻兩老……驚遠家故，衷教詔妴，令毋敢遠就若取新（薪、衷令……聞新地城多空不實者，且令故民有為不如令者實……為驚祠祀，若大發（廢）毀，以驚居反城中故。驚敢大心問姑秭（姐），姑秭（姐）子彥得毋恙……新地入盜，衷唯毋方行新地，急急急。

這兩封兩千多年前的戰地家書讀來令人感慨萬分。這兩兄弟最終命運如何無從得知，我們自然希望他們得勝凱旋與家人團聚，不過事實可能很殘酷，兩兄弟最終戰死沙場，再無音訊，而這兩份家書則成為他們留給家人的最後紀念，被哥哥帶入墓中。通過黑夫寫給自己哥哥「衷」的家書可以看到，他讓哥哥轉告母親，讓母親織幾件夏衣送來，同時請母親留意一下安陸絲布的貴賤，若不貴，一定要給他們兄弟做好夏衣，連錢共同送來。如果絲布貴，就送錢來，他們兄弟在當地買布做夏衣。驚在家書中也表達了希望母親寄錢來的願望，並且布要挑選好點耐磨的，至少二丈五尺。

穿越千年的戰地家書，也印證了袁仲一的說法，秦國的軍士衣服都是自備的。這就解釋了為何秦陵中的軍士俑們穿著顏色各異的衣褲和鞋履。

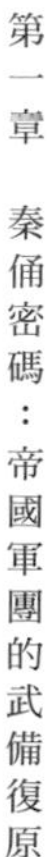

▶身穿高級軍官甲的將軍俑。高級軍官甲與普通士兵、軍吏的甲不同，該甲由整片皮革或其他材料製成護甲，在護甲上再鑲綴甲片，細小甲片有可能為金屬甲片

王於興師，修我甲兵

作為戰爭必備品的甲冑在中國已有數千年歷史，遺憾的是，甲冑不易保存，而且歷代也沒有像西方或日本那樣刻意保存和收藏甲冑的習慣，導致中國古代甲冑留下的實物非常稀少，資料也很有限。通常來說，時代離我們越近，有實物的概率就越大，資料也越多；越遠，則考證難度越大。但秦兵馬俑的發現改變了這一定律，秦代是隋唐之前，甲冑資料最全面、最準確、最為詳盡的時代。

秦朝的軍戎服飾能有大量資料供後人考據和復原，很大程度要歸功於兵馬俑寫實的雕刻手法。目前已出土的兵馬俑近8000尊，就以軍士俑而言，除去底座和髮髻，實際身高大多在170—181.5釐米之間，基本可以確定是按真人比例製作，除了千人千面，神態生動，他們身上的鎧甲、衣服、護腿、履、靴等細節都十分逼真，這顯然有利於後人通過陶俑去復原秦代的甲冑。

已出土的兵俑有將軍俑、軍吏俑和武士俑三大類，數量最多的武士俑又分步兵俑、射手俑、騎士俑和馭手俑四類，從他們身上的鎧甲能夠看出不同兵種的武備，頭上的首服（也稱「頭衣」，泛指冠、帽等一切裹首之物）則體現出秦代森嚴的等級制度。

先從數量最少的將軍俑說起。將軍俑身上的鎧甲應該是所有兵馬俑中製作最精良的。這種甲最大的特點就是其下緣呈三角形，長度至小腹以下。有的有披膊，有的則沒有。如果仔細觀察，會發現將軍俑身上的甲片比其他俑的要小，而且更薄。當時的甲冑以皮甲為主，但將軍俑上的甲片很可能是輕薄的金屬片編綴而成。將軍甲的上部，也就是前胸和後背的部位，由整塊的甲片製成，上面有彩帶裝飾，十分精良。遺憾的是，我們無法通過陶俑準確判斷其具體材質，只能推測為皮革或金屬。

將軍俑的首服稱為「絳袙」，是幘的一種，通常以較厚的織物折成，通常是紅色頭巾。它並不是單純的頭部裝飾，根據《後漢書．志第三十．輿服下》記載：「秦雄諸侯，乃加其武將首飾為絳袙，以表貴賤。」也就是說，絳袙是秦軍等級身分的象徵。

相比將軍俑精良的鎧甲，軍吏俑的甲則要樸素得多。軍吏俑所穿的基本可以確定為皮製鎧甲，一種為簡單皮甲，僅能護胸腹，這種甲冑與西周銅甲（陝西長安普渡村出土）形制相似，應是秦軍中較為原始和落後的鎧甲，故而這種甲在整個俑群中數量很少。大部分軍吏俑穿的是帶披膊、胸前及後背、腹部及胯下都是由甲片編綴而成的鎧甲。這種軍吏俑的甲片要比將軍俑的大一些，而且鎧甲上也沒有彩帶裝飾。首服為用皮革製成的幘，這種幘罩於髮髻之上，以絲條繫於頷下，很可能與絳袙一樣，是等級、軍銜的象徵。他們的身分低於將軍俑，高於一般武士俑。

武士俑因兵種不同，鎧甲樣式也分幾種，但總體而言，他們身上鎧甲的甲片都比較大。秦陵出土的大量兵器皆為青銅，由此可見當時鐵製品有限，秦人不太可能裝備大量鐵甲，因此人數眾多的武士俑身上所穿的很可能是皮甲。半跪射手俑身上穿的皮甲帶有披膊，甲片較大，做工遠不如將軍甲精細，他的髮髻位於頭頂左側。

騎兵俑的身甲與射手俑差不多，但腳上穿的不再是秦俑中常見的方口履，而是高筒靴，這自然與兵種有關。古往今來，騎兵都有穿靴的傳統，即使是今天的騎兵也會配發各式馬靴，主要起防護作用。穿上靴子騎馬不磨腿腳，一旦墜馬也不至於出現危險，千年前的秦人早就注意到了這個問題。騎兵頭上的皮冠也頗有特色，這種冠與漢代的武冠相似，有學者推測這是秦朝

◀秦始皇陵兵馬俑中唯一的「綠臉」俑。這尊俑除了臉色異於常人，其遺留的色彩也較多，可以清楚地看到秦代軍吏皮甲的編綴走向。至於為何臉為綠色，已成千古之謎。有人推測是因為這個人類似於現代的特種兵，在臉上塗抹綠色顏料以達到偽裝目的

賜給優秀騎士的獎品，也有人認為，這種冠只是為了固定髮髻，無特殊意義。

武士俑中身甲最為複雜的當屬馭手俑。馭手俑甲的甲身比其他武士俑要長，甲片也較小；其次，脖根處有豎起盆領，以及覆蓋整條手臂、長到手背的臂甲。實際上，這種臂甲形制並非秦人獨有，它的構造與湖北隨縣出土的戰國皮甲非常相似。至於秦軍馭手穿的究竟是鐵甲還是皮甲，目前難下定論，但皮甲的可能性更大。馭手的首服通常也是皮幘，故有觀點認為，馭手身分在軍吏俑之下，但高於射手俑和步兵俑。

秦人無胄？石甲胄來了

秦軍各軍階與軍種之間，除了鎧甲和首服的差異外，都是上穿深衣，下著小口褲，士卒有的綁腿、有的穿靴、有的則配有護腿，上至將軍、下至士卒皆是如此。此外，相當大一部分秦俑步兵是身無片甲，他們僅穿著戰袍，沒有任何防護裝備，頭上要麼戴幘，要麼只有髮髻。這類兵俑在秦俑中占三分之二。當然，有學者推測，他們身上的袍服可能與明代的棉甲有異曲同工之妙，即棉絮通過加工製成軟甲後，外形看似棉衣，但可以抵擋流矢。不過，沒有實物留下，僅憑陶俑上的衣服難以下定論。

談及中國古代軍戎服飾，往往甲胄不分家，但兵馬俑展現的秦軍，我們都只能說有甲，胄則無從說起，因為還沒有發現一個戴頭盔的兵俑。正因如此，在相當長一段時間裡都有「秦人無胄」的說法。根據此說，甚至衍生出了秦人尚武，聞戰而喜，作戰不戴頭盔體現了他們不畏死的精神之說。這種推論乍看有道理，細品則邏輯上存在大問題，敢死不是趕死，更不是送死。但又因兵馬俑中數千軍士的確有甲無胄，要推翻它竟然一時找不到有力證據。幸運的是，1999年，考古人員在秦始皇陵封土東南約200米處發現了一座石甲胄坑，該坑東西長120米、南北寬128米，是迄今為止秦始皇陵園城牆內發現的面積最大的陪葬坑，它更像是一座象徵性的甲胄庫。石甲胄坑破土而出，徹底終結了「秦軍究竟有沒有頭盔」這個爭論多年的話題。

目前對石鎧甲坑的發掘面積僅145平方米，約占總面積的十分之一，然而就這冰山一角，已出土石鎧甲約87領、石質胄43頂、馬甲1副、石馬轡3組、

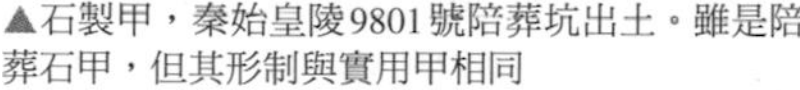

▲石製甲，秦始皇陵9801號陪葬坑出土。雖是陪葬石甲，但其形制與實用甲相同

▲石製胄，秦始皇陵9801號陪葬坑出土。石甲胄坑的發現推翻了多年以來「秦人無胄」的推論

青銅插1件，此外還發現一些青銅簇和一段陶俑手指。坑內出土的石甲胄皆是用質地均勻、顏色呈青灰色的石灰岩石片（簡稱青石）和扁銅條連綴而成，製作方式類似金縷玉衣，可稱「銅縷石甲胄」。尤其具有研究價值的是，這些石甲胄都是按照原比例製作。不過，這些石甲胄顯然不能用於作戰，因為中國歷代古籍從沒有關於石質甲胄的記載，況且青石材質重且易碎，完全不能用於實戰，因此這些石甲胄應該是按真實甲胄製作的石質陪葬品。

秦陵出土的石甲胄有四種類型，甲片主要有長方形、正方形、舌形、等腰梯形、直角梯形等。從一件已完成復原的身甲來看，它的形制和半跪射手俑的皮甲相似，但分有披膊版和無披膊版；還有另一種大體形制相同，但甲片更小。最為特殊的一款甲，甲身很長，甲片薄而小，編綴起來呈魚鱗狀，形制可能與將軍俑相似，這種甲十分稀少，目前僅出土了兩件，每件由800多甲片組成。遺憾的是，這兩件甲因殘損嚴重，目前還無法復原，但它極有可能是迄今為止發現的年代最早的魚鱗甲的實物仿製品。

最有意思的是，該坑的石鎧甲皆配有胄，石胄形制與戰國時期相同。根據學者劉永華考證，該坑的胄外形和製作方法與河北易縣燕下都出土的戰國鐵兜鍪完全相同，基本可以肯定這種石胄是仿製鐵品。在實際使用時，它們應有皮革或織物作為內襯，故而在沿扣部位也應有包邊。它的出現，解開了「秦人無胄」的歷史之惑。

馬甲，又一個謎團的產生

石甲胄坑還有一個發現值得注意——出土了一副石質馬甲！儘管兵馬俑坑內的數千陶俑已經展示了秦軍的防護情況，但石甲胄坑中出土的文物更具體和真實，尤其是胄和馬甲。

兵馬俑坑中的馬俑數量遠少於人俑，但做工絲毫不亞於人俑。以一號坑出土的陶馬為例。馬身高2.1米，馬通首（帶脖）高1.72米，雙耳前聳，張口做嘶鳴狀，尾巴微微翹起。可以看出該馬的體形不大，頭較寬，脖頸短，符合河曲馬的特徵。馬前的地面上有車轅和半個車輪遺跡，車輪原位於馬後，因人為的擾動而移於馬前。但這些馬俑除了配備馬鞍等基本馬具外，並沒有披掛馬甲。此外，還有按1比2製作的精緻青銅馬車，銅車馬通體被施以彩繪，有雲紋、幾何紋、夔龍紋等圖案，紅、綠、紫、藍等色彩豔麗豐富，製作精美，堪稱「青銅之冠」，但拉車的四匹馬也沒有披掛馬甲。

從史料來看，戰馬的護具自先秦就有，但都比較簡單，即使到了東漢，使用得最多的還是馬前胸的皮質「蕩胸」。那種全副武裝式的馬鎧，在文獻記載中首現於三國時代，但大規模使用則是東晉到南北朝時期。隨著騎兵作用大幅度提高，馬鎧甲的結構也日趨完備，從此有了具裝鎧或馬具裝的專有名詞。然而在秦陵石甲胄坑出土的石馬甲並非先秦至兩漢時期簡單的護具，而是類似於南北朝時期全副武裝的馬具裝，只是出土數量實在太少，又無法判斷其具體用途，所以石甲胄坑在解決了「秦人無胄」的問題後，又留給後人新謎團：是否秦代戰馬就已裝備較為完備的馬鎧甲，這種裝備究竟是個例，還是已頗具規模，它是金屬甲還是皮甲？

秦俑修復專家對秦俑甲胄的解讀

秦始皇的地下軍團自1974年重現天日後，不僅在考古發掘與文物修復方面取得了重大成就，對秦朝歷史研究也做出了巨大貢獻，並且再現了秦帝國軍隊

▲秦始皇陵兵馬俑一號坑遺址中身穿皮甲的武士俑，其中有兵士俑和軍吏俑。排頭的軍吏俑，頭戴雙版長冠、身穿皮甲，神態威猛，應是一位身先士卒的中級軍吏

的戎裝武備。不過，秦軍鎧甲的具體材質一直存在爭議，有人認為是木甲，也有人認為是皮甲，還有人主張是金屬材質的甲片，甚至有人根據石鎧甲坑出土的幾副石甲，認為兵馬俑身上的甲片可能為石製。

前文我們根據現在看到的秦俑甲冑結合秦代史料進行了分析，但謹慎起見，同時也為了進一步弄清楚秦軍甲冑實況，筆者拜訪了曾對兵馬俑進行修復的文物修復專家王東峰老師（現為秦始皇帝陵博物院藏品管理部副主任），就兵馬俑甲冑問題向他請教。王東峰老師曾任秦始皇帝陵博物院兵馬俑1號坑修復組組長，帶領他的團隊夜以繼日地為那些沉睡多年的秦俑解開封印。他們重新賦予了秦俑生命，秦俑因此成為他們生命中不可分割的一部分。

關於兵馬俑甲冑材質問題，王東峰認可主流看法，他說「首先，我們覺得大部分兵馬俑身上穿石鎧甲和金屬甲的可能性不大。尤其那個石鎧甲，多重啊，穿著很不舒服，何況是作戰。現在大家最主流的推測就是皮甲。」

作為日常與秦俑打交道，近距離接觸秦俑的文物修復者，王東峰對此有自己的見解。他將一尊跪射俑的圖片放大，指著俑腹部彎曲的鎧甲對筆者說：「你看這個彎曲度，都很貼身，如果是金屬或石質，很難有這樣的柔韌性。」

王東峰還從另一個角度分析了關於皮甲的推測：「所有的兵馬俑其實都是彩俑，我曾通過土上殘留的這些色彩把它重新畫出來。畫出來以後，我就發現皮甲的可能性最大，因為它身上的彩色帶子是穿起來的，如果是金屬甲，它肯定是用金屬去穿，用這種絲帶穿不起來。目前來說，材質是皮甲的可能性最大。」

相對普通士兵俑、軍吏俑，將軍俑身上的鎧甲又有不同。總體而言，將軍俑甲片比較細小，王東峰認為，與普通軍士相比，將軍作為指揮官，受到攻擊的可能性較小，不需要那麼大的鎧甲。穿什麼樣的甲，甲片覆蓋率也與兵種有關，例如兵馬俑坑道中還有很多根本不穿甲的軍士，有人認為是秦人好戰，不穿甲直接上戰場；也有人認為那是一種較輕的甲袍，是用於衝鋒作戰。擔負防守任務的，著重裝可能性自然大；如果是進攻，穿得太重反而影響了進攻效果。

王東峰告訴筆者，博物館一些考古人員曾用紙板裁成與秦俑甲片大小的紙片，再用繩子串接起來，做成一幅紙片甲。因為大家日常接觸秦俑，對串接方法、甲片分佈、大小及走向都很清楚，按照這個流程串接出來後，甲片的形制

▲身披皮甲的秦代軍士模型，身甲根據秦始皇陵兵馬俑身上的皮甲仿製。不過，秦軍所持的盾有誤，在秦陵兵馬俑出圖的盾中並無這種樣式的圓盾，秦漢時期盾牌以方盾為主（周渝 藏）

基本與秦俑身上穿的沒有差別。可以說，在中國古代甲冑尤其是秦代的甲冑復原方面，秦始皇兵馬俑具有重要的參考價值。此外，彩俑對秦代色彩工藝研究也有相當高的價值。

外界根據之前統計的資料，一直認為整個秦陵兵馬俑只出土了6尊將軍俑，實際上在近十幾年的發掘中，又有3尊將軍俑陸續出土，一共有9尊，其中就有1尊彩色將軍俑。王東峰這樣描述這尊將軍俑：「他身材魁梧，很威嚴，比其他的俑都大。我當時在想，當年王翦將軍的氣勢大概就是這樣的吧。」

這尊將軍俑除了身材高大，氣質威武，還有個重要特徵就是色彩非常好。王東峰從手機上調出這尊將軍俑的照片給筆者展示，並解說：「你看，他身上顏料是紫色的，穿著紫色的袍子。這個紫色顏料就是我們經常說的『漢紫』，這個顏料很了不起，以前很多顏料都是采到礦物後直接研磨使用，但這個紫色顏

▲ 秦始皇陵兵馬俑出土的彩色俑

料它必須經過人工合成。也就是說兩千多年前的秦代人，已經完全把它合成出來了。當時已經進入青銅時代，我推測可能是工匠無意中生產了這個顏色的顏料，覺得很漂亮就用到了兵馬俑身上。這種紫色以前只是漢代墓裡面有，現在兵馬俑身上發現了，相當於把它出現的時間往前推了很多年。」

彩色俑身上的信息量遠大於普通陶俑，與之相對的，對彩俑的清理、保護及修復也比普通陶俑要複雜得多。據王東峰介紹，考慮到彩俑出現的可能性，現在無論是發掘還是對出土陶俑的清理都格外小心和細緻，但凡發現有彩繪的地方，清理工作就要馬上停下。接著，工作人員就會給彩俑噴保護劑，做好保濕措施避免起殼掉落，而後整體打包提回實驗室。在實驗室，濕度、溫度容易控制，在這個環境下，文物工作者們才開始用竹簽、木刷慢慢清理，並在清理過程中逐漸加固。「一邊清理，一邊加固，就是把泥土剝離下來，把彩繪趕快加固在這個俑身上，一點兒一點兒地做。至於加固的材料，我們也是在不斷更新。」王東峰道。

青銅時代的先進武備

一掃六國，戰力爆表的秦軍用什麼武器，是人們長期以來關注的問題。這在秦陵也能找到答案，幾乎每個俑坑都有大量武器出土，劍戈、矛、鉞、簇、弩等應有盡有。當年，大多數秦俑都是手執兵器的，但因兵器柄多為木製，早已朽壞，故而當兵馬俑重見天日時，兵馬俑手上空空如也，而兵器的金屬部分則散落一地。

從秦陵出土的兵器可以知道，秦軍的武備依然以青銅器為主。儘管在戰國時期的韓國遺址上發現了大量煉鐵的痕跡，但

▶秦甲士示意圖。該甲士身披的皮甲冑為秦始皇陵兵馬俑石甲冑坑出土的石製甲冑款式，配長青銅劍。此時的甲冑，身甲、披膊、冑的防護已較成熟，但腿部仍缺乏防禦（楊翌繪）

秦陵兵馬俑告訴人們，在大秦帝國的統治下，青銅器仍然佔據著主導地位。與鐵器相比，青銅器最大的問題是易折斷，無法鑄造太長的兵器。但是秦陵出土的青銅武器顯示出秦人高超的工藝。大量金屬皆有防銹措施，這在那個時代是非常先進的工藝。秦陵出土了一把長達90釐米的青銅劍，劍身被陶俑壓住而彎曲，但這麼多年不僅沒有折斷，而且當考古人員搬開陶俑後，這把劍竟然奇跡般地反彈恢復平直。考古人員利用現代技術檢測，發現劍中的銅含量為76%、錫為21.38%、鉛為2.18%，還有微量稀有金屬，使得青銅劍具有良好柔韌性。更令人震驚的是，青銅劍表面還鍍有一層10—15微米的絡鹽氧化物。這一切證明，儘管處於青銅時代，但秦人已經具備領先的工藝水準，並發揮到了極致。

秦俑坑出土的青銅兵器均為鑄劍，再經銼磨、拋光等工序製作而成。現已發現的青銅鏃有數萬枚，但皆製作得極為工整，箭鏃為三棱形，3個面和3條棱均被加工成 物線形，這樣一來，箭射出後不僅飛行平穩，而且速度快、命中率高。同時出土的機關弩殘件也表明秦軍裝備有弩。戰國時期，弩這種遠端武器就深受各國軍隊的青睞，而秦國製作的弩又以射程遠而聞名，據說要比其他國家多幾百米。在冷兵器時代，兵器長、射程遠都是優勢。秦陵中的各種青銅兵器無疑也告訴了後人，秦軍為什麼戰力強大。

值得注意的是，秦陵兵馬俑雖是以軍士俑為主，但並非只有武備。出土的青銅器，除了大量武器之外，還有青銅馬車、青銅鼎、各種青銅禽類等與軍武關係不大的文物，還有百戲俑、文官俑、圉人俑等陶俑，至於陶盆、陶盤、陶甕、陶燈、陶罐，更是不計其數。也就是說，秦陵兵馬俑不僅為後人解鎖了秦帝國軍戎武備的密碼，也展現了秦帝國的文官裝束、娛樂生活及青銅工藝等，值得研究。在這裡，每一個秦俑都是會說話的當事人，只等有心者前來聆聽。

▶秦始皇陵兵馬俑遺址出土的青銅戈

知識連結

秦始皇地下軍陣的出土與「復活」

中國人「事死如事生」、「事亡如事存」的歷史延續了幾千年，中國人主張「節葬」的歷史也有幾千年。奢靡厚葬必引盜掘，這是千古不變的定律。除了孔子外，與儒家爭鳴了上百年的墨家始祖墨子也主張「節葬」。然而，當六國俱滅，四海歸一後，中國的第一個皇帝嬴政偏反其道而行之，為自己築了一座空前宏偉和奢華的陵墓——秦始皇陵。

秦皇陵位於渭河流域的關中平原中部，「八百里秦川」腹心地帶，南依驪山，北臨渭水，地形高闊，山林鬱蔥，大概是中國最神祕莫測的帝王陵墓。西漢的司馬遷早就在《史記》留下一段讀之令人震撼的文字：「始皇初即位，穿治驪山，及並天下，天下徒送詣七十餘萬人，穿三泉，下銅而致槨，宮觀百官奇器珍怪徙臧滿之。令匠作機弩矢，有所穿近者輒射之。以水銀為百川江河大海，機相灌輸，上具天文，下具地理。以人魚膏為燭，度不滅者久之。」

日月星辰，山川河流，世間一切在秦陵地宮都應有盡有。70多萬人耗費數十年，其工程之浩大、用工人數之多、持續時間之長都是前所未有的。直到秦始皇西元前210年去

▶秦代將領鎧甲示意圖（程亮 繪）

世時，秦陵仍未完工，但人已死，只能入土為安。更駭人聽聞的是，始皇入陵後，秦二世擔心築陵工匠洩密，竟下令「閉中羨，下外羨門，盡閉工匠臧者」，以至「無復出者」至於修建秦陵的人員是否有70萬人，歷來存在爭議，但在秦末戰亂，秦軍節節敗退時，將領章邯臨時組織驪山囚徒為軍，抵抗各地起義軍，竟一度挽回敗局，可見修建秦陵的縱使沒有70萬人，人數也絕對不少。

秦王朝滅亡後，醒目的秦始皇陵自然逃不過被盜掘的劫難。《史記．高祖本紀》記載，楚漢之爭項、劉對峙於廣武期間，劉邦羅列了項羽的十大罪狀，其中第4條是「懷王約入秦無暴掠，項羽燒秦宮室，掘始皇帝塚，私收其財物。」當然，這種兩軍對壘時期討伐式的罪狀不完全可信，但兵馬俑1號坑確有被焚燒和破壞的痕跡，很可能就是項羽所為，是時距秦始皇去世僅隔了3年。項羽放的那把大火將皇陵的地面建築焚為一片廢墟，只剩下一座高大如山的封塚。萬幸的是，項羽這次報復性行為並沒有給秦皇陵內部造成毀滅性破壞，至於後來陸續出現的石勒盜掘、黃巢盜掘等說法，都經不起推敲。總體而言，秦始皇陵內部至今基本仍保存完好。這不僅是因為秦陵修築時無所不用其極的防盜措施，還要歸功於歷代對秦皇陵的保護。

秦朝一直設有專門管理秦皇陵的機構。進入西漢後，漢高祖十二年（前195年），劉邦下令將秦始皇陵列為歷代帝王陵之首加以保護，令20戶住在秦陵附近的人家作為守陵人看管秦始皇陵。儘管以反秦起家建立天下的劉邦下令保護秦始皇陵，有籠絡人心之嫌，但從文物保護的角度來看，劉邦做了一件大好事。後來歷代效仿其政，對秦皇陵加以保護。

帝制時代，對前朝帝王陵加以保護是新朝雅政的政治表現，而到了民國後，隨著中國知識份子考古意識日漸增強，這種思想也開始影響一些官員。20世紀20年代初，在陝西省建設廳擔任廳長的劉楚材曾組織人在秦始皇陵進行大規模植樹，保護皇陵。儘管後來樹幾乎都沒有存活下來，但也能看出政府對帝王陵等古蹟已有了保護意識。新中國成立後，政府對文物保護工作非常重視，秦始皇陵則是重中之重。1956年，秦始皇陵被列為陝西省名勝古蹟第一批重點文物保護單位；1961年，經國務院批准，秦始皇陵成為首批全國重點文物保護單位。1962年，陝西省文物管理委員會首次對秦始皇陵園進行全面考古勘探，立「秦始皇帝陵」碑亭，並繪製了第一張秦始皇陵局部圖。

儘管秦始皇陵得到了很好的保護，但人們對秦陵地宮中的景象依然浮想聯翩，甚至有人質疑司馬遷的記載是否可信。那些日月星辰、山川江海真的存在嗎？這些質疑沒有持續太久，1974年，一個偶然的發現，讓秦始皇陵再次成為考古界的中心。儘管只是陪葬坑，但那復活的軍團，浩浩蕩蕩的大秦武士，足以讓世界震動。

兵馬俑迎來高光時刻

秦陵兵馬俑的發掘工作並非一帆風順，尤其在1974—1987年期間遭遇了數次劫難，發掘工程甚至幾度被叫停。考古隊也經歷了從「秦俑考古隊」到「秦陵考古隊」的蛻變。

秦陵兵馬俑發掘前期，一方面，發現一、二、三號坑；另一方面，因發掘工作步驟混亂，出現了一些違規的田野操作，導致外界擔心發掘與文物保護的問題，考古隊的發掘工作也處於時續時停的「半癱瘓」狀態。1979年，越來越多的學者和專家開始關注兵馬俑的發掘和保護問題。這一年的4月6—12日，已停止活動十餘年的中國考古學會在西安召開成立大會，並舉行第一次年會。隨後，夏鼐等16位學者向中央報告了秦俑發掘情況及存在的隱患。中央接受了專家們的意見，停止秦俑發掘工作，檢查總結。10月1日，秦始皇兵馬俑博物館正式對外開放。

兵馬俑發掘工作再次被提上日程是1985年，這一年的2月4日，陝西省考古研究所受省文物局委託，重新組建「秦始皇陵兵馬俑考古隊」，省文物局於8月23日批覆，「秦俑坑考古隊」改名為「秦陵考古隊」；陝西省考古研究所所長石興邦任考古隊隊長（兼）王學理、袁仲一、吳梓林任副隊長。王學理主持考古隊日常工作。這標誌著持續了11年的秦俑坑考古隊壽終正寢，兵馬俑考古進入了一個新階段。然而誰也沒有想到，就在秦陵兵馬俑發掘工作剛恢復不到兩年，就發生了一件震驚全國的大事——將軍俑頭顱不翼而飛！

要知道在秦陵兵馬俑出土的近8000尊陶俑中，將軍俑僅有6尊，十分珍貴，被列為國家一級甲等文物。所幸案發後，當地警方迅速成立特大案件專案組，通過調查，終於在6月17日抓獲了盜竊將軍俑頭顱的犯罪嫌疑人王更地，追回了被盜的將軍俑頭顱。經專家鑒定，這次追回的俑頭是秦陵一號坑兵馬俑坑出土的八號戰車上的將軍俑頭顱。儘管保住了珍貴文物，但受此事影響，剛開工一年的秦俑發掘工作再度停工。

將軍俑頭顱風波過去後，秦陵兵馬俑隨之迎來它的高光時刻！1987年12月11日，第11屆世界遺產大會在法國巴黎召開，秦始皇陵與兵馬俑坑因符合世界文化遺產評定標準的第一、三、四、六項，被正式列入《世界遺產名錄》。世界遺產委員會對兵馬俑進行了這樣的評價：「毫無疑問，如果不是1974年被發現，這座考古遺址上的成千件陶俑將依舊沉睡於地下。秦始皇，這個第一個統一中國的皇帝，歿於西元前210年，葬於陵墓的中心，在他陵墓的周圍環繞著那些著名的陶俑。結構複雜的秦始皇陵是仿照其生前的都城——咸陽的格局設計建造的。那些略小於人形的陶俑形態各異，連同他們的戰馬、戰車和武器，成為現實主義的完美傑作，同時也保留了極高的歷史價值。」

他們在秦陵修文物

1988年後，秦陵兵馬俑開始從前期的發掘為主轉變為保護為主。2000多年來，兵馬俑遭受了焚毀、坍塌，多次山洪沖刷也對其造成了嚴重影響。為了更好地保護這些珍貴的歷史遺產，相關部門開始對秦俑遺址坑進行加固和修繕。1988—1991年，根據俑坑的實際情況，採用U形、H形、網狀鋼架等多種機械方法加固，對俑坑遺址中一些險情較大的地方實施加固治理。1992年開始，秦俑保護進一步升級，引進了德國無振動鑽具，採用鋼板相夾法，對原加固過的危塊進行重新加固。2000年後，又與德國巴伐利亞州文物保護局合作，採用砂灰錨杆加固的新方法，對一、二號兵馬俑坑及文官俑坑內的幾處危塊進行治理。秦陵兵馬俑遺址的保護項目已通過國家文物局的技術鑒定，得到了「國內先進水準」的評價。

自1979年後，世界各地到秦始皇兵馬俑博物館觀摩的遊人不計其數，卻鮮有人知道，今天見到的每一個陶俑，都離不開考古工作者們的辛勞付出。因為發掘之初，兵馬俑並非像我們今天見到的這樣一個個完好無損地整齊排列著。剛出土時，這些兵馬俑幾乎沒有一件是完整的，如今能看到的陶俑、陶馬，都是由幾十片甚至百餘片陶片黏接起來的。

文物修復不同於黏接一般工藝品，有專業而嚴格的流程。當兵馬俑出土後，考古工作者們首先要記錄每個殘破陶片的出土地點、出土形狀和出土座標，還有它與周圍文物的相互關係。其次，工作者必須照相、繪圖，為後期研究和修復提供可靠的資料與實物資料，也方便以後的文物復位工作。第三，對陶俑進行修復前，考古工作者們需要對修復物件進行全面觀察和分析，瞭解其結構及其附件情況。最後，根據前期一系列準備工作，制定出完整的修復方案才能開工。

修復兵馬俑既是技術活，也是體力活，考古人員在進行修復時，要先仔細清除黏在陶片及茬口上的泥垢，接著以清水清洗，晾曬或烘乾後，根據陶片出土時的編號進行拼對。殘片拼對結束後，才能開始把陶片由下而上地順著茬口逐步黏接。在這個過程中，還要把陶俑身體分成若干部分進行加固，以免膠體脫落。等膠乾後，還要修補俑體表面的裂縫，最後進行做舊處理。今天我們看到的每一個秦俑，都是經過多道工序才完成修復的。

相比普通陶俑的修復工作，對彩色陶俑的保護和修復是更大的考驗。秦俑埋在地下2000餘年，經過焚燒、坍塌和山洪沖刷，當時的彩繪大多已消失殆盡，因此，少數還殘留著彩繪的陶俑就更顯珍貴。可考古人員面臨著一個大難題：這些彩俑即使出土也很難保護，尤其是在前期清理泥垢的過程中，只要稍不注意，色彩就會隨著土壤而掉落，如果不及時進行有效保護，這些殘存下來的色彩很快便會蕩然無存。考古人員拿著有彩繪俑的殘片，就如拿到了掌上明珠，捧在手裡怕碎了，含在嘴裡怕化了。為了解決這一世界性難題，兵馬俑博物館決定與德國巴伐利亞州文物保護局合作，從1991年開始了相關文物的保護和修復工作。1999年3月，中德聯合在西安召開秦俑及彩繪文物保護與研究國際學術研討會。如今，針對彩繪秦俑，已建成彩繪保護修復實驗室和金屬文物修復室。

新階段：在保護中探索

完成了大量陶俑的復原工作後，考古工作者們還完成了一件功德無量的事——修復還原了秦陵中的重量級文物青銅馬車。

1908年冬，秦陵西側發現銅馬車坑。兩乘造型優美、做工精細、比例準確、馬具齊全的青銅馬車破土而出，其做工之精，讓人很難相信這是2000多年前製造的。考古學家宿白將秦陵銅馬車稱為「青銅之冠」。無論重量、比例、做工，還是歷史價值，青銅馬車都無愧於這一美譽。青銅馬車一組兩乘，前後排列，考古人員依出土時的前後順序將其分別命名為一號車和二號車。一號車為古時的立車，又叫高車、戎車；二號車古稱安車，又叫轀輬車。兩乘車都為雙輪、單轅，前駕為四匹銅馬，車上各有銅御官俑一尊。

一號車和二號車的總重量為23噸，與真馬車的比例為1比2，體量大且通體彩繪。然而，銅馬車的複雜程度也是秦俑文物中無與倫比的！兩輛馬車的零件加起來多達7000餘件，故而修復工作的難度和複雜性也是少見的。修復銅馬車時，考古人員採用了一系列新工藝方法，對修復難度較大的傘蓋還採用了特種合金加強筋及隱蔽加固工藝。文物修復工作者前後用了8年時間，終於將出土時破損成6000多塊碎片的兩乘青銅馬車復原。1997年，一號銅馬車的修復獲得國家科技進步二等獎。復原後的銅馬車，不僅具有極高的觀賞價值，也具備學術研究價值，對研究中國古代戰車尤其有重要的實證意義。

在以保護為主的新階段，秦陵兵馬俑同樣不乏新的發現。1995年5月，考古人員在秦始皇陵東南方向的內城發掘了一個東西長40米、南北寬15米，面積為600平方米的陪葬坑，出土了一批罕見的百戲俑。1996年2月22日，有考古證實兵馬俑還存在第四個俑坑，但這個四號坑非常神祕，有坑無俑，只有回填的泥土。主流觀點推測，該坑因為秦末戰爭未建成；也有人認為，該坑主要是以活馬殉葬，故而無俑；還有人認為，該坑壓根就不是秦始皇陵的陪葬坑。關於四號坑，至今迷霧重重。

2000年底，秦陵又有新的重大發現，考古工作者在秦始皇陵南部距封土20米處發現了一個陪葬坑，坑內除了出土陶俑、木車、活馬遺骸外，還有青銅鉞、陶罐等器物。這個坑為地下坑道式建築，面積144平方米，由斜坡門道、前室、後室三部分組成。室內有12尊大型陶俑，不同於兵馬俑坑的武士和將軍，這裡的陶俑一個個頭戴長冠，身穿長襦，腰束革帶，腳穿齊頭方口淺履，儼然一副文官裝扮，故而這個坑又被稱為文官俑坑。

1999年發現的石鎧甲坑、2000年先後發現的水禽坑和文官俑坑，是秦陵兵馬俑保護性發掘階段的幾大新發現，為後世提供了解開秦帝國的歷史密碼。2009年6月13日，秦始皇陵兵馬俑一號坑開始第三次大規模發掘，不同以往的是，這項工程強調，在發掘過程中要注重對文物的保護。

知識連結

秦始皇陵：盜墓史上最醒目的坐標

自先秦開始，中國就有「事死如事生」、「事亡如事存」的說法，即使是尋常百姓家，死者生前認為珍貴的物品通常會隨棺一同安葬，王侯將相更不用說，他們的陵墓建得恢宏大氣，墓中財寶多不勝數，無論是人們熟知的秦陵兵馬俑、殷墟婦好墓，還是近年發掘的漢代海昏侯墓，莫不如此。

奢靡的厚葬必然引發盜掘現象，先秦經典《孔子家語》就記載，魯國正卿季平子死後，他的兒子和部下準備以美玉、珠寶作為陪葬品，孔子聽聞後前往勸說：「送而以寶玉，是猶曝屍於中原也。其示民以奸利之端，而有害死者，安用之？且孝子不順情以危親，忠臣不兆奸以陷君。」最終說服了操辦後事的人。孔子將厚葬等同於曝屍，實際上也反映出早在先秦時期，盜墓現象就已很普遍。除了孔子外，與儒家爭鳴了上百年的墨家始祖墨子也主張「節葬」。可惜先秦諸子的主張並不被後世帝王接受，就在「六王畢，四海一」後，中國的第一個皇帝就為自己築起一座空前宏大的陵墓——秦始皇陵。

如前文所述，盜墓在先秦時就很普遍，到戰國末期，王侯將相陵墓更是頻頻遭盜。後世的帝王深知這一點，因此在修築陵墓的同時開始裝置反盜墓設施。「生則張良錐之荊軻刀，死則黃巢掘之項羽燒。」這是清代詩人袁枚在《始皇陵詠》中感慨始皇嬴政的詩句，前一句講嬴政生前遭遇的「博浪沙擊秦」與「荊軻刺秦王」兩次刺殺，後一句則提到了嬴政死後陵墓發生的兩次大規模被盜掘之事。儘管精湛的反盜墓技術會讓盜墓者付出很高的代價，但「重賞之下，必有勇夫」，因此機關重重，水銀瀰漫的秦始皇陵歷史上也屢次被盜。

民間盜墓行為自是多不勝數，大規模的「官盜」至少也有三次，最早的一次為袁枚詩中的項羽燒陵。項羽焚秦皇陵之事最主要的記錄見於《史記·高祖本紀》,《漢書·高帝紀》也有同樣記載。當然,這種兩軍對壘時期討伐式的罪狀也不完全可信,何況劉邦公佈了項羽10條罪狀後,「項羽大怒,伏弩射中漢王」。項羽的「大怒」究竟是因為老底被揭了,還是因為有的罪狀是無中生有,如今已不得而知,但後來挖掘的兵馬俑一號坑中確有被焚燒和破壞的痕跡,很可能就是項羽所為,是時距秦始皇去世僅隔三年,還真是「山河一易姓,萬事隨人去。白晝盜開墓,玄冬火焚樹」。

根據劉邦為項羽羅列的罪狀,項羽掘秦始皇陵的目的是「私收其財物」,但若放到當時反秦大起義的背景下來看,早有「楚雖三戶,亡秦必楚」之心的項羽若真有掘陵舉動,必然也含有如春秋時伍子胥掘楚平王墓(存疑)那樣的復仇動機。但袁枚詩中提到的「黃巢掘之」的動機只可能是取財。不過,關於黃巢盜始皇陵的說法目前為止都於正史無考,只存在於詩人們的作品中,倒是在《晉書》中有一段關於五胡十六國時期後趙國君石勒、石季龍盜掘秦始皇陵的記載,史書中直言石氏父子的盜墓動機乃「貪而無禮」,坐擁十州之地尚不滿足,「曩代帝王及先賢陵墓靡不發掘,而取其寶貨焉……又使掘秦始皇塚,取銅柱鑄以為器」。

儘管古書中一直不乏秦始皇陵被盜的說法,但根據今天的考古技術探測與資料分析,除了兵馬俑一號坑有被焚燒、破壞比較嚴重的痕跡之外,秦陵核心的地宮部分並未曾遭遇過大規模盜掘。秦漢史學者王子今分析,項羽與石氏父子掘始皇陵的說法很可能「只是對陵墓地面官祠以及若干從葬建築設施造成破壞」。後世文人在作品中反復提及秦皇陵被盜之事,更多是為了表達提倡節葬,反對厚葬的意願,給予君王「哀哉送死厚,乃為棄身具」的警醒。奢華、宏大而又神祕的秦始皇陵是中國盜墓史上的一座醒目的座標,關於它被盜掘的幾種傳說也正好概括了歷史上「官盜」最主要的兩大動機:取財或政治復仇。

▼秦代士兵皮甲，函人堂製，根據秦始皇陵兵馬俑跪射武士俑複刻。跪射武士俑比一般的陶俑要更加精細，對表情、髮髻、甲片、履底的刻畫生動傳神，並且文物原本的彩繪保存狀況極好，真實表現了秦軍作戰的情景。武士俑因兵種不同，鎧甲樣式也分幾種，但總體而言來說，他們身上鎧甲的甲片都比較大。秦陵中出土的大量兵器皆為青銅，由此可見當時鐵製品還相當有限，秦人不太可能裝備大量鐵甲，因此人數眾多的武士俑身上所穿可能是皮甲。半跪射手俑身上所穿的皮甲帶有披膊，甲片較大，做工遠不如將軍鎧甲精細

▲秦代將領皮甲，函人堂製，根據秦始皇陵兵馬俑將軍俑複刻。將軍俑是目前俑坑中級別最高的，在戰爭中起著舉足輕重的作用，因而發現的將軍俑屈指可數。將軍俑身上的鎧甲應該是所有兵馬俑中製作最為精良的，這種甲最大的特點是，其下緣呈三角形，長度至小腹以下，有的有披膊，有的則沒有

秦代騎兵服飾復原圖（劉永華 繪）

· 先秦

· 秦

· 漢

· 三國兩晉南北朝

· 唐

· 宋

· 元

· 明

· 清

第二章

鐵血時代

尚武時代與鐵器傳奇

復活的大漢鎧甲

出身仕漢羽林郎，初隨驃騎戰漁陽。

孰知不向邊庭苦，縱死猶聞俠骨香。

——唐・王維《少年行》

皮甲失去霸主地位

唐代詩人王維以《少年行》詩組塑造了一位心懷大志、不畏艱險，跟隨霍去病征戰匈奴的少年英雄。儘管與漢代相隔數個世紀，但漢時的李廣、衛青、霍去病等人依舊是唐朝人心中的偶像，詩詞中一次次再現數百年前英雄們馳騁於疆場的場面。那漢代英雄們身上颯爽的甲衣又是何種風采？

經過戰國七雄軍備競賽和秦末大戰爭，脫穎而出的漢王劉邦終於在楚漢戰爭中擊敗楚霸王項羽，開創了大漢王朝。但天下並未徹底承平，北方的匈奴對新生的漢王朝一直虎視眈眈，這一客觀背景促使漢朝必須不斷在軍事上進行革新。根據現有資料，西漢初年漢軍的甲冑及戎服皆襲承秦制，前文已講過，秦軍中皮製甲佔據著主流地位，西漢初年不太可能馬上變革，故而當時漢軍甲冑的主流也是皮甲。在漢代的文獻中，皮甲通常被稱為「革甲」。

除了匈奴的威脅，漢朝在平定七國之亂後，不再有大規模戰爭。經過一段時間的恢復，至武帝時期，國力空前強盛。在軍備上，最大的轉捩點是漢代鋼鐵冶煉技術的突飛猛進。冶鐵技術雖然春秋晚期就已出現，戰國時期也被運用到了軍備上，但當時技術有限，故而直到秦代，青銅依舊佔據著主流地位。進入西漢後，冶鐵技術飛速發展，至西漢中晚期，中國已從原先的生鐵冶鑄跨越到「百煉鋼」階段，併發明瞭新的煉鋼技術「炒鋼」法。冶鐵技術發展的直接影響是，漢代兵器得到了變革，青銅兵器逐漸退出歷史舞臺，鐵製兵器成為這個時代的「霸主」；其次是兵種的變革，春秋戰國以來的戰車終於讓位於騎兵和步兵；三是甲冑的變革，鐵製甲冑的出現，讓中國傳統甲冑在材料、形制、規格、組合方面都呈現出與前代不同的面貌。

漢人尚武，也有將甲冑作為隨葬品的習慣，因此，漢墓中出土了不少甲冑，為後人研究漢代甲冑提供了寶貴的實物資料。20世紀後半葉考古發現的漢代甲冑以鐵甲居多，而且都是鍛鐵製成。需要注意的是，傳統的皮甲並未像青銅兵器一樣，因為鐵器的普及而退出歷史舞臺，它在兩漢的軍事史上仍佔有一席之地。江蘇尹灣漢墓出土的《武庫永始四年兵車器集簿》記載，當時東海郡的武器儲備有「甲十四萬二千三百二十二、鎧甲六萬三千三百二十四」，甲即皮甲，鎧為鐵鎧，從這個記錄可知，西漢末年時漢軍仍裝備了大量皮甲。

相對於鐵鎧，皮製甲不易保存，出土數量必然不及鐵鎧，但也有少量漢墓有皮甲殘片出土。此外，漢墓出土的漢代武士俑中，也存在大量與秦兵馬俑類似的皮甲。漢人留下的記載中多處都有「革甲」一詞，不過它出現的頻率遠不如「鐵鎧」。可以確定，漢代皮甲的工藝比秦代更為精細，但這時的皮甲失去了自東周以來獨領風騷的地位，甲冑「霸主」地位已被鐵甲奪走。

鐵甲依然在

生活在東漢末年的文學家孔融曾發出感歎：「古聖作犀兕革鎧，今盆領鐵鎧，絕聖甚遠。」說古時候都以犀牛皮製作盔甲，而今都是鐵鎧，與古代相差太大了。孔融雖是藉甲感歎，懷古傷今，卻從側面留給了後人一個資訊——漢代的甲冑與前代相差巨大。實際上，漢代甲冑的形制依舊是札甲，其最大的差異是，材料由皮變鐵。在冶鐵技術大力發展的時代，鐵製甲冑生產迅速，至漢武帝時期已在軍隊中普遍裝備。

漢代史籍中，「玄甲」一詞出現頻率很高，如《史記》記載，霍去病去世後，

▶西漢鐵甲（複製品），保定市滿城縣漢中山靖王劉勝墓出土，現藏於河北博物院。此甲共有甲片 2859片，重16.85千克，甲片由純鐵熱鍛製成

漢武帝為悼念他，「發屬國玄甲軍，陳自長安自茂陵」。這個玄甲究竟是什麼種類的甲？主要有兩種推測：其一，玄乃玄鐵之意，玄甲即鐵製的甲；其二，玄是指顏色，玄甲顧名思義為黑甲，並非特指甲胄的材料。筆者更傾向於第二種說法，這可以從考古發現來推測：1942年，朝鮮漢樂浪郡遺址的漢墓出土了表面塗有黑漆的皮甲殘片；1953年在長沙出土的一領皮甲殘片底子塗有黑漆，甲面繪有紅、白、黃三色花紋。這些皮甲共同點是都塗上了黑漆，漢墓出土的鐵製鎧甲，多數也塗有黑漆。漆黑的甲片用紅色繩索編綴，是漢代甲胄的主要形式。

儘管「玄甲」不能武斷地認為是鐵甲，但漢代人記載中同樣頻頻出現的「鐵鎧」一詞所指的就是不折不扣的鐵製甲胄了。20世紀50年代至90年代的考古

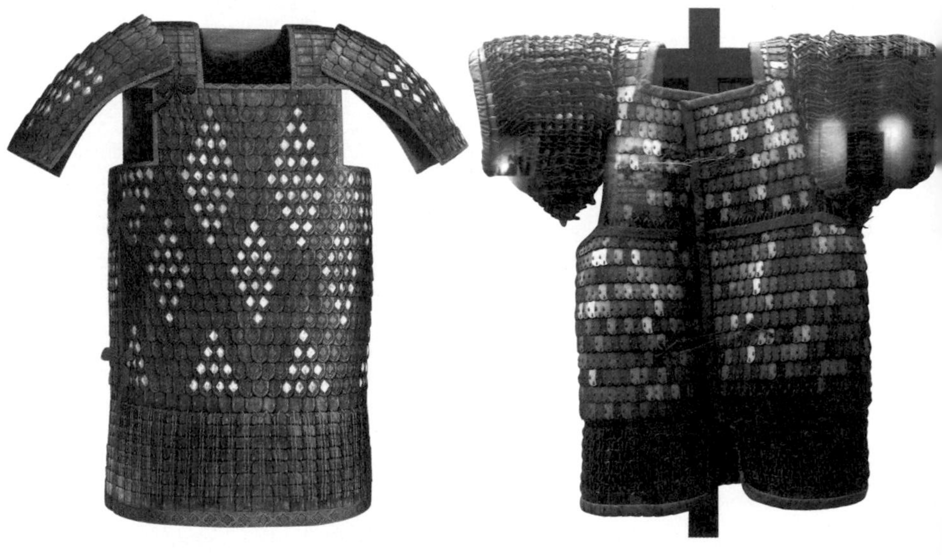

▲山東臨淄的西漢齊王墓5號隨葬坑出土的金銀飾鎧甲（複製品），甲片多達2244片。甲片小型化是漢代甲胄的一大特徵

▲中山靖王劉勝墓出土的筒袖鐵甲複製品，由魚鱗甲片編綴而成，但並非魚鱗甲

◀齊王墓出土的西漢魚鱗札甲複製品，圖中可以看出該札甲編綴細節

西漢晚墓出土殘鐵鎧一領，但這領鐵鎧銹蝕嚴重，僅有329塊甲片遺存；1960年，內蒙古呼和浩特市郊的二十家子漢城遺址的清理工作中發現一領較為完整的鐵鎧；1968年，河北中山靖王劉勝墓中出土鐵鎧一領，甲片多達2244片；1975—1977年，中科院考古研究院在勘察和發掘西漢長安城武庫遺址時，又發現了一批漢代鐵製甲冑；1979年，山東臨淄的西漢齊王墓5號隨葬坑又出土了兩套鐵鎧和一頂鐵冑；1983年，廣州西漢南越王墓出土了一領保存得較完整的鐵鎧；1991年，西安市郊發現一座被盜的西漢早期墓，也出土了一領完整的鐵製甲冑。此外，1994年，江蘇徐州獅子山頂的西漢楚王墓被發現，墓中出土了約8465片鐵製甲片。後經中科院專家修復，成功復原了四種鎧甲和一種冑。這些甲冑的出土，使後人得以一睹漢代鐵甲的風采。

從形制上來看，這些鐵甲皆為札甲，但結構上又存在異同。中山靖王劉勝的甲為方領口，前胸對開襟，穿上後以細線作為扣連。齊王墓中出土的兩領鐵甲雖也為方口領，但開襟不在前胸而在右肩和側腋下，以三組絲帶繫接，其中較為華麗的一領還貼有金銀飾片。

從劉勝甲與兩套齊王甲基本可以確定，漢代鐵甲較為完整的一種是由身甲、釬（披膊）、鍛鏂（盆領）組成，甲身下有一段垂緣。不過，南越王墓中甲、釬（披膊）、鍛鏗（盆領）組成，甲身下有一段垂緣。不過，南越王墓中的鐵甲無釬和身甲垂緣，與漢俑較為常見的掛身甲非常相似。漢代甲冑的革新除了材質由皮變鐵外，甲片小型化也是一大特徵。從戰國到西漢，身甲長度一般以80釐米為限，穿著時通常只及臀腹部位。但戰國時期出土的皮札甲形制大多比較簡單，如曾侯乙墓出土的皮甲，僅有181片甲片。出土較為完整的幾領漢甲中，劉勝墓的鐵甲甲片多達2859片；山東齊王墓的金銀裋片鐵甲，甲片也有2244片；西安城郊漢墓發現的鐵甲冑甲片也有2857片。

甲片小型化對甲冑有兩種重要作用，首先是能夠有效減少單甲片的受力面積，提升甲冑的抗打擊力；其次是這樣的甲上身後會更加柔軟靈活，使軍士在戰場上更靈活。實際上，從戰國到兩漢，甲片小型化都是趨勢。戰國初期的曾侯乙墓甲僅181片，到了秦代，兵馬俑中甲片較為多的魚鱗甲已有800餘片，而漢代王侯墓中出土的鐵甲，動輒兩三千片。甲片的編綴方式則與東周時期的皮札甲一脈相承。

專門研究中國甲冑的學者白榮金、鍾少異兩位老師在其著作中對古代甲冑甲片小型化做了這樣的總結：「中國甲冑甲片的小型化，始於皮甲，鐵甲繼承了皮甲的成果，並將之推向極致。」

▲東漢時期畫像磚上的東漢甲冑

大漢士兵穿什麼

漢代甲冑最明顯的兩個特徵是材料金屬化和甲片小型化，這種變革除了冶鐵技術發展等客觀原因外，也與漢代一直注重武備的政策息息相關。西漢景帝時期的名臣晁錯就在《言兵事疏》中明確說道：「兵不完利，與空手同；甲不堅密，與袒裼同；弩不可以及遠，與短兵同。」對甲冑提出了兩個硬性要求，一是要堅硬，能夠有效防刺穿；二是編綴時甲片一定要密，既能減輕受力，又可增加靈活度。而甲片形式也呈現多樣化，有方形、菱形、魚鱗形、精細魚鱗等，這些甲片也是後世中國甲冑甲片的基本形式。

▲西漢步兵俑，頭包髮巾，身穿紅色至膝長襦，腿紮行藤，僅有胸甲，右手半握拳上舉，原來應持有武器，現藏於陝西歷史博物館

必須強調的是，目前漢墓中出土的漢代甲冑都是高級將領穿的，代表著當時甲冑的頂尖水準。至漢武帝時代，朝廷已建立起一套較為完善的五官制度，因此士兵與軍官之間的服飾有著明顯的區別。那麼，漢代普通士卒身上的甲是否也跟上了時代的步伐呢？

先看甲冑。1972－1974年新發現的居延漢簡中，有枚簡記載道：「革甲六百五十，鐵鎧二千七百一十三。」居延舊簡中最早的紀年簡為武帝太初三年（公元前102年），最晚者為東漢建武六年（西元30年），內容涉及面很甚廣。這枚關於甲冑的漢簡中，鐵甲數量竟是皮甲的4倍多。結合其他史料中「鐵鎧」出現頻率遠高於「革甲」，基本可以確定，自漢武帝時代後，軍中主要有皮甲和鐵甲兩類甲冑，但鐵甲逐漸佔據主流，皮甲則退居輔助地位。

漢軍的披甲率究竟能達到多少至今仍爭議不斷，但斷無可能為百分之百。通過出土的漢代軍士俑，我們可以發現，漢軍與秦軍一樣，存在大量身無片甲、只穿戎服的士兵。東漢初年的史籍《漢官解詁》記載道「舊時以八月，都試講習其射力，以備不虞。皆絳衣戎服，示揚武威。」其中提到了西漢時候的戎服顏色主要為紅色。此外，漢代常提及的禁軍「緹騎」中的緹也是指服飾顏色，「緹，大赤也，今俗稱謂大紅也；緹，丹黃色也」(許慎《說文解字》)。

另一方面，由於舊時戰車被淘汰，騎兵開始登場，甲胄內的軍戎服飾也逐漸輕便化。漢初時，男子服飾主要為深衣。所謂的深衣，是古代上衣下裳改良後的一種新形制。大致從春秋後期開始，深衣開始在貴族階層中流行。儒家五經之一的《禮記》中專門有一篇《深衣》。到唐代，孔夫子的後代孔穎達這樣解釋深衣：「此深衣衣裳相連，被體深邃。」也就是說，深衣一改此前的衣制，將從前獨立的上衣和下裳合二為一，但在剪裁上仍保留著一分為二的界限，穿著時將全身深深包裹。《禮記》對深衣的長短也有要求，短不能露出肌膚，長

▲西漢彩繪陶武士俑，於1965年在陝西咸陽楊家灣漢墓出土。楊家灣漢墓共出土2500餘件彩色兵馬俑，這批兵馬俑形象地表現了漢初的軍陣，現藏於中國國家博物館（周渝 攝）

不能拖地吃灰。不過，實際情況不可能如記載中那般規矩。先秦時的戰爭流行戰車，軍士往往直接在深衣外披上戰甲，登上戰車作戰。

到了西漢，男子的深衣主要有曲裾袍和直裾袍兩種，曲裾袍是春秋戰國時期沿革下來的老款式，穿著時像螺絲釘一樣將身體繞起來，行動時多有不便。隨著騎兵的作用越來越大，曲裾袍很快便被淘汰。另一種直裾袍穿起來相對方便，但軍戎服飾體系中的直裾袍下擺往往會比平常的直裾袍下擺短。在楊家灣等處出土的漢俑大多穿有兩層深衣。另外，根據學者劉永華推測，漢代武士俑身上穿的深衣可能與秦俑一樣，是絮衣。這種衣服見載於《漢書·晁錯傳》：「可賜之堅甲絮衣、勁弓利矢。」「絮衣」和「堅甲」並列，可知絮衣很可能也是甲的一種。

▲西漢彩繪指揮俑，於1965年在漢高祖劉邦的長陵陪葬墓中出土，墓主為周勃或周亞夫。這尊指揮俑在地下指揮著龐大的軍陣，應為軍官裝束

此外，漢代官兵的軍服開始出現徽識。這種制度並非漢代首創，先秦時就已有，但在漢代發展得較為成熟。根據出土的漢俑和雕刻，漢代軍隊的徽識主要分章、幡、負羽三種。其中，章最為普遍，楊家灣漢墓出土的軍士俑背後有一長方形物為漢軍的章。

關於這種章的作用，主要有兩種觀點。第一種以《中國古代軍戎服飾》的作者劉永華為代表。結合史料記載，這種觀點認為，章是普通士兵乃至參戰平民都佩戴的姓名牌，上面注明了佩戴者的身分、姓名和所屬部隊，類似於二戰時期美軍的「狗牌」，在佩戴者犧牲後，便於識別其身分和收殮。另一種觀點以《畫說中國歷代甲冑》的作者陳大威為代表。這種觀點認為，並非每個士兵都佩戴識別身分的章，如果章是身分牌，沒有必要背在背後，還做得這麼大。陳大威認為：「這種章與第二次世界大戰時美軍戰地軍官所佩戴的鋼盔的識別作用可能一樣，是為了小隊其他人員能夠緊緊跟隨指揮官，避免跟錯隊伍而使用的，所以這種章很可能只是漢軍基層軍官佩戴的。」

至於幡的作用，也存在有分歧，主流觀點認為幡的用處類似於日本戰國時期足輕背後的「指物旗」，有識別部隊作用；但也有觀點推測是信使、傳令官或特殊職位特有的識別裝飾。

至於負羽，因為沒有實物和具體形象，究竟是什麼人使用也不明確，但可以確定的是，不會是基層軍官的標識，因為負羽目標太大，很容易吸引敵軍火力。還有人認為「負羽出征」的負羽，其實是漢代軍隊背後背負的弓箭、弩箭，漢代陶勇身上確實有裝羽箭的方形盒子。日本戰國時期的日軍中也有類似負羽的士兵，但多為傳令兵，他們因來往於戰場和大本營之間，危險性遠低於在前線直接作戰的官兵，因此，負羽作為傳令兵飾品的可能性相當高。

鐵冑與髀褌

堅甲可防身，但頭上的護具更重要。自商周以來，金屬冑就很普遍，戰國晚期已出現鐵製兜鍪，秦陵兵馬俑石甲冑中的冑也極可能是鐵製，而到了鐵器發達的漢代，新興的鐵冑取代延續了千年的青銅冑是毫無懸念的。

漢代鐵冑的樣式很多，前文提及的西漢齊王墓五號坑出土的鐵甲冑相對完整，其鐵冑的樣式非常獨特，高約25釐米，由魚鱗甲片編綴成圓錐筒形。其編綴方式有多種，頭部主要是下壓上，中間壓兩側，下方保護面頰部分為上壓下。不過與大多數傳統冑不同，齊王墓中的鐵冑為無頂形制，考慮到佩戴時不太可能直接套上鐵

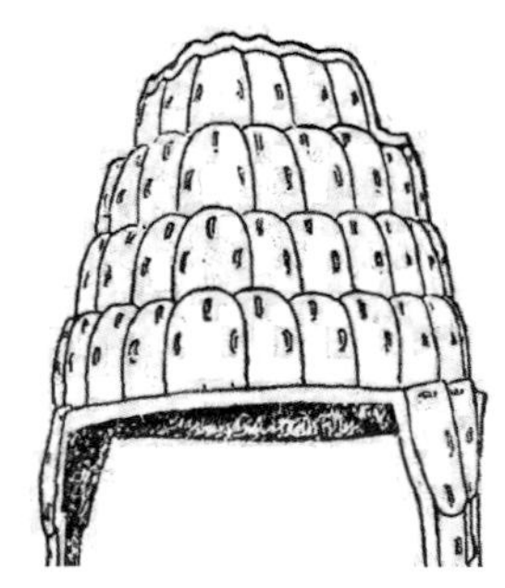
▲山東臨淄大武村西漢齊王墓出土的鐵冑示意圖

胄，將髮髻暴露在山東臨淄大武村西漢齊王墓出土的鐵胄示意圖外，所以，這頂鐵胄的穿戴順序應為，先戴上內襯包裹頭部和髮髻，然後再戴上無頂鐵胄。

另一種更為普遍的胄為有頂鐵胄，這種形制可以參考1980年在吉林省榆樹縣老河東漢墓出土的漢鐵胄。其胄體也是由甲片編綴而成，頂部由一排長甲片圍成，下排以短甲片編綴，佩戴後可以保護頭部、耳朵和後頸部位，邊緣有織物包裹以防擦傷，頂部的形制與日本古墳時代的「衝角付胄」相似。另一種防護性更強的鐵胄則可參考江蘇徐州西漢楚王墓出土的復原鐵胄，這頂鐵胄由120片甲片編綴而成，其中胄頂13片、胄體35片、垂緣72片，戴上後僅露出五官，其形制與戰國晚期的鐵兜鍪、秦陵中的石甲胄如出一轍。

除了鐵胄外，漢俑中還普遍存在頭戴皮幘、武冠的情況。陝西咸陽楊家灣出土的一尊彩繪將軍俑上有很多重要資訊，這名將軍身穿方領口形的魚鱗札甲，靴子也色彩華麗，但沒有佩戴鐵胄，只有一頂巾幘，這種裝束應該不會用於戰場，很可能是在非戰時狀態或儀仗場合使用。楊家灣出土的騎兵俑頭上戴的武冠則更為常見。戴這種武冠時，要先戴皮幘，而後在幘的外層罩武冠。漢代的幘與武冠種類繁多，如樊噲冠、鶡冠、平巾幘、屋山幘，等等。總而言之，這個時期的幘、冠都與秦代的相差較大，有明顯的漢代特色。

▲西漢鐵兜鍪，江蘇徐州獅子山西漢楚王陵出土。這種鐵兜鍪與戰國、秦代的兜鍪相似

西漢有較多甲胄實物出土，東漢時甲胄資料反而比較少，不過還是可以從出土的東漢時期陶俑看出其發展軌跡。東漢甲胄在西漢的基礎上取得了進一步發展。首先，形制上有所突破，出現了「髀褌」。髀指大腿部位，褌為有襠的褲子，甲胄中的「髀褌」就是裙甲，比之前80釐米左右的

身甲要長出不少。其次，隨著「百煉鋼」工藝的成熟，東漢甲冑的品質也大幅提升。東漢末年的文學家，名列建安七子之一陳琳的《武庫賦》對當時進貢的鍛造甲冑進行了讚美：「鎧則東胡闕鞏，百煉精鋼。函師震旅，韋人製縫。元羽縹甲，灼爚流光。」

陳琳在辭賦中首推東胡和闕鞏國所產的甲冑，東胡乃春秋戰國時期的北方民族，因居匈奴（胡）以東而得名。至於闕鞏國，本是上古時期以製造鎧甲聞名的小侯爵之國，《左傳．昭公十五年》：「闕鞏之甲，武所以克商也。」但闕鞏後來也被周武王姬發吞滅。史載闕鞏國隸屬豫州，此地善於打造鎧甲的傳統一直流傳到東漢末年。

這個時期的甲冑，無論是數量還是質量都有很高的需求，生活在漢末三國時期的諸葛亮在《作剛鎧教》中明確規定：「敕作部皆作五折剛（鋼）鎧。」這裡的「五折」指，折疊反復鍛打5次才算合格。漢末三國時期頻繁發生戰爭，自黃巾之亂到三國歸晉，兵禍持續了近一百年。群雄逐鹿的形勢催生武備的發展與革新。西晉的一統也沒有換來天下承平，隨著八王之亂、永嘉之亂的爆發，中國進入大分裂的諸侯混戰時期，作為戰爭必需品的甲冑，也由此進入一個新階段。

◀漢甲士示意圖，圖中繪的是東漢時期的鐵札甲，比西漢時期的有所發展，綜合參照老深河出土的東漢鮮卑甲冑、烏桓校尉府壁畫、東漢畫磚等資料繪成。此處鐵冑為鐵葉編綴，肩臂部採用筒袖形式，大腿部增加了防護，配長環首刀（楊翌 繪）

服飾貼士

1. 長冠，又稱劉氏冠、齋冠，用竹皮編製，通常搭配袀玄使用，漢高祖劉邦先前戴之，後定為公乘以上官員的祭服。

2. 袀玄，即純玄色（全黑色）的外袍，秦代至西漢時期為貴族男子的禮服。

3. 帝王著袀玄時，裡面要著絳色（紅色）緣領袖的中衣。中衣又稱裡衣，相當於今天的襯衣，起搭配和襯托作用。

4. 帝王著袀玄時，所穿的褲子與襪子也為絳色。

5. 正坐，中國古代居坐的一種方式，即席地而坐。

秦漢時期的皇帝應該穿什麼樣的衣服？很多影視劇、動漫或古畫像展現給我們的都是，皇帝身穿龍紋黑袍，頭戴冕族禮冠，他們的服飾莊重而華美，只要看一眼就能認出他是帝王。螢幕上的帝王服飾都是以冕服形象呈現，冕服的確是古代的一種禮服，主要由冕冠、玄

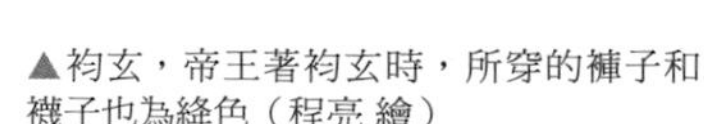

▲袀玄，帝王著袀玄時，所穿的褲子和襪子也為絳色（程亮 繪）

◀頭戴漢代長冠的衣木俑，湖南長沙馬王堆漢墓出土

衣、練裳、白羅大帶、黃蔽膝、素紗中單、赤舄等組成。不過，冕服主要是古代帝王在重大儀式時穿的禮服，並非時刻都穿著。

冕服在先秦經典《禮記》中就有記載，服飾外袍稱為玄衣，肩部織日、月、龍紋；背部織星辰、山紋；袖部織火、華蟲、宗彝紋。練裳織藻、粉米、黼、黻紋各二，合稱「十二章紋」不過，這種冕服在秦代就中斷了，我們都知道秦始皇統一六國後，下令書同文，車同軌，廢除六國舊文字，焚燒經典，統一度量衡。在這一系列大刀闊斧的改革中，周代傳下來的華麗冕服也被廢除。從那時起，貴族男子的禮服色調與配飾就變得極其簡單，秦代尚黑，故改用全黑深衣作為男子禮服，名為「袀玄」西漢繼承秦朝制度，帝王的禮服也隨秦代沿用袀玄，上至帝王，下至官員，皆以袀玄為禮服，直到東漢的漢明帝恢復冕服為男子禮服。從此，皇帝才又戴上冕旒，穿上「十二章紋」的華麗服飾。此後，冕服作為帝王禮服傳承了一千六百餘年，直到在清朝被廢止。

▲漢代早期流行的深衣款式。在騎兵興起之前，甲冑裡面通常穿著深衣。隨著騎兵的發展，深衣便不再作為戎服（程亮 繪）

知識連結

摸金發丘：曹操首創「官盜」體系

西元前202年，秦帝國的掘墓人項羽在楚漢戰爭中敗死，他的對手劉邦建立漢帝國後，實施了一項重要舉措——開始設守塚人。項羽曾破壞始皇陵，而劉邦卻為之設「守塚二十家」，這也標誌秦始皇陵開始受到政府保護。此外，原六國君臣的陵墓也被劉邦指派了守塚人，此舉意味著「戰國末期以來長期的社會動亂中，各地紛起的盜掘君王貴族陵墓之風，終於開始受到官方的制止」。到了班固著《漢書》時期，「掘塚」已被稱作「奸事」，被視為違法行為之一。

儘管漢朝政府已命令禁止「掘塚」，但民間的盜墓行為依然屢禁不止，甚至有濟東王劉彭、廣川王劉去這樣的不法貴族參與其中。嚴格來說，劉彭掘墓行為不能稱為「盜」。此人殘忍、嗜殺，常以割剝、肢解、烹煮等方式殘殺後宮女子。他作惡後因擔心受害者鬼魂報復，竟「掘出屍，皆燒為灰」。

至於廣川王劉去，完全就是一個以盜墓為嗜好的少壯貴族。據《西京雜記》載，魏襄王墓、魏哀王塚、晉靈公墓、周幽王墓等皆是被他盜掘，但他更出格的是，盜掘了當朝大臣袁盎的墓。漢文帝時期名臣袁盎的墓穴中「以瓦為棺槨，器物都無，唯有銅鏡一枚」，令劉去大失所望。

劉彭、劉去掘墓既非為財，又非為了政治報復，前者掘墓焚屍是因恐懼而衍生的變態行為，後者「發古塚」則是出於好奇心，他們可算盜墓者中的異類。

亂世也是各代陵墓遭盜掘的高峰期，雖然成書於西漢的《淮南子·兵略》已將「毋掘墳墓」寫入軍紀，但西漢末年依然發生了軍人大規模盜墓、毀墓事件。王莽篡漢後，政局動盪，起義軍遍佈各地。當起義軍逼近長安時，王莽以囚徒組成一支臨時部隊迎擊，哪知這支部隊剛過渭橋便發生譁變，將王莽宗族的墳墓盡數挖掘，並「燒其棺槨及九廟、明堂、辟雍」。後來，赤眉軍進入長安後，又發生西漢帝陵被掘的事。據《漢書》載，除霸陵、杜陵完好外，「宗廟園陵皆發掘」。赤眉軍掘陵時，甚至有侮辱墓主屍身的惡劣行為。據《後漢書》記載，赤眉軍「發掘諸陵，取其寶貨，遂污辱呂後屍。凡賊所發，有玉匣殮者率皆如生，故赤眉得多行淫穢」。

東漢末年，黃巾起義引發了近百年的軍閥大混戰，中原大地戰火四起，蒼生倒懸，盡是「白骨露於野，千里無雞鳴」的慘象。另一方面，根據「亂世起，盜墓昌」，漢魏之際也是集團盜墓行為的高峰期。黃巾起義被平定後，西涼軍閥董卓進京專權，曹操、袁紹等十八路諸侯組成聯軍討伐董卓。190年，勢如破竹的討董聯軍攻破虎牢關，進逼洛陽，使得惶恐不安的董卓挾持漢獻帝西遷長安。據《三國志》載，董卓離開時放火焚燒洛陽宮室，並「悉發掘陵墓，取寶物」。而《後漢書》則詳細記載了董卓指使呂布「發諸帝陵，及公卿已下塚墓，收其珍寶」的掘陵行為。董卓掘墓很快被討董聯軍列為罪行，袁紹與眾諸侯歃血為盟時的誓詞中便有「發掘陵墓，虐及鬼神，過惡烝皇天，濁穢薰後土」之語。

與董卓焚城掘陵的粗暴行為比起來，討董一方的曹操則設置了專司盜墓的軍職。在軍閥混戰、群雄逐鹿的時代，軍餉與物資對軍事集團的重要性不言而喻，為彌補軍餉不足，有人在活人身上打主意（掠奪），也有人在死人身上做文章（盜墓），例如《鬼吹燈》與《盜墓筆記》中常提及的「摸金校尉」與「發丘中郎將」就是曹操所設。關於曹操在軍中設置盜墓軍職的說法最早出自陳琳的《為袁紹檄豫州》一文，該檄文指責曹操「特置發丘中郎將、摸金校尉，所過隳突，無骸不露」，並專門提及曹操發掘梁孝王陵墓之事：「……又梁孝王，先帝母昆，墳陵尊顯，桑梓松柏，猶宜恭肅，而操帥將吏士，親臨發掘，破棺裸屍，掠取金寶，至令聖朝流涕，士民傷懷。」

也有人認為，曹操軍事集團「發丘摸金」一事出自討伐檄文，有「汙過其虐」之嫌。不過，後來此檄文作者陳琳投靠曹操，曹操向他提及此檄文時說：「卿昔為本初移書，但可罪狀孤而已，惡惡止其身，何乃上及父祖邪？」可見曹操主要指責的是陳琳在檄文中罵了他的父祖，而「罪狀孤而已」以及「惡惡止其身」，似乎可理解為曹操默認了檄文中實施盜墓等行為。

有意思的是，曹操作為首位正式設置專司盜墓職位的君王，死後為防止陵墓遭盜，設了諸多「疑塚」，民間傳說他的「疑塚」有72處之多，這也是一種新的防盜之法。千年之後的明太祖朱元璋去世時也擺了一盤「十三城門同時出棺」的迷魂陣，與曹操的「疑塚」可謂殊途同歸。不過，曹操的兒子曹丕是一位堅持要子孫對自己進行薄葬的皇帝，他要求自己的墓地不建寢殿，不藏金銀銅鐵。因擔心後代不遵從自己的意願，他甚至發了毒咒，說如果不這樣做，自己將被「戮屍地下，戮而重戮，死而重死」。

漢末三國這段動盪時期，軍事集團對陵墓破壞的事例並非只出現在董卓和曹操身上，民間墓塚遭軍隊盜掘、破壞的記載多不勝數，與曹魏、蜀漢三分天下的孫吳政權也「發長沙王吳芮塚，以其材於臨湘為孫堅立廟」，開創了發掘前代陵墓用作建築材料的史例。

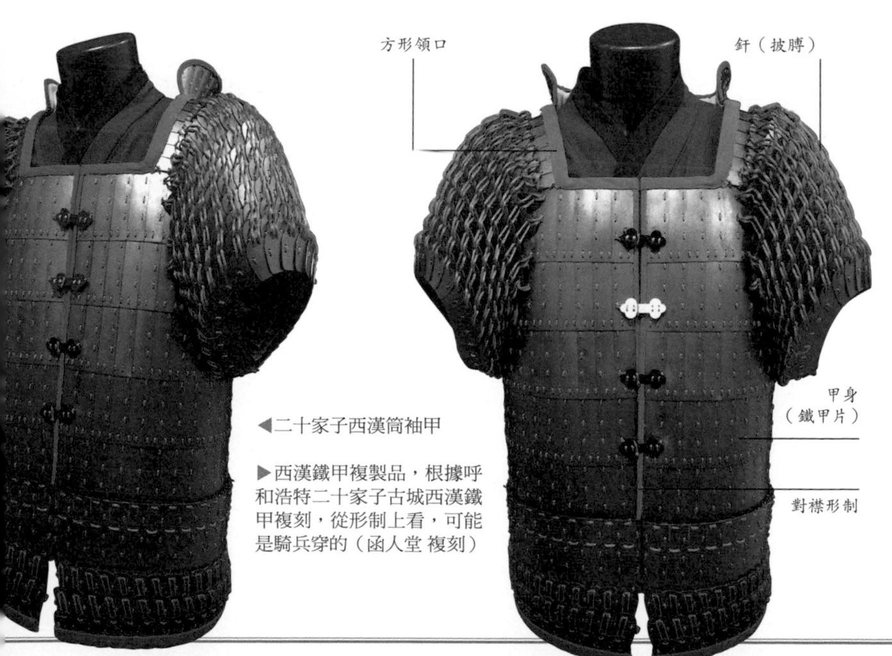

◀二十家子西漢筒袖甲

▶西漢鐵甲複製品，根據呼和浩特二十家子古城西漢鐵甲複刻，從形制上看，可能是騎兵穿的（函人堂 複刻）

▲二十家子西漢筒袖甲上身效果圖（模特：郝嶺）

▲西漢士兵玄鐵札甲，函人堂製。平巾幘皮武冠參考的是漢代出土陶俑，身甲參考的是南朝甲冑殘片（模特：郝嶺）

西漢將帥騎兵服飾復原圖（劉永華 繪）

·先秦

·秦

·漢

·三國兩晉南北朝

·唐

·宋

·元

·明

·清

第三章

甲騎馳騁

重甲騎兵的黃金時代

從三國到南北朝的角逐

何處望神州？滿眼風光北固樓。
千古興亡多少事？悠悠。不盡長江滾滾流。
年少萬兜鍪，坐斷東南戰未休。
天下英雄誰敵手？曹劉。生子當如孫仲謀。

——宋．辛棄疾《南鄉子．登京口北固亭有懷》

最熟悉的陌生人

東漢光和七年（184年）二月，一場由張角兄弟領導，影響波及全國，轟轟烈烈的黃巾民變就此爆發。張角根據《太平經》中天、地、人「三統」的思想，自稱「天公將軍」，二弟張寶稱「地公將軍」，三弟張梁稱「人公將軍」。遍地烽煙豪傑起，黃巾大潮以風捲殘雲之勢，一路攻城奪寨，斬殺官吏，焚燒官府，州郡官府大多棄地而逃，史稱「旬日之間，天下回應，京師震動」。勢如破竹的黃巾軍很快攻佔了河北地區的多個州縣，漢家的安平王劉續、甘陵王劉忠皆被俘。四月，冀州地區黃巾軍一路北伐，與當地黃巾軍會攻廣陽郡，斬殺幽州刺史。至此，冀州與幽州兩地的黃巾軍連成一片，聲勢日盛。與此同時，南陽郡的黃巾軍在渠帥張曼成率領下進攻宛城，斬殺南陽太守，控制南陽郡地區。汝南郡的黃巾將領波才、彭脫也率軍攻陷官府，率部進入潁川郡，直指洛陽。

黃巾軍雖來勢兇猛，但東漢朝廷還不至於一觸即潰。經過了初期的慌亂，朝廷逐漸鎮定下來，開始組織防守。靈帝首先依仗外戚勢力，何皇后的兄長、破獲馬元義密謀的何進被任命為大將軍，統領京師附近的軍隊，防守洛陽。同時，靈帝設置八關都尉，布重兵防守洛陽周邊的八個關隘，防止「太平道」勢力滲透京師地區。當年四月，漢靈帝下詔解除黨禁，赦免了之前黨錮之禍中的受害人士，並重新起用一批官員。這場聲勢浩大的黃巾之亂讓一批又一批生長於漢末的英雄豪傑登上歷史舞臺。漢末三國之爭拉開序幕，中原大地由此進入了長達四個世紀的動盪時期。

漢末三國時代是中國人最熟悉的時代，因為自宋明以來，在話本、評書、小說、戲劇中，三國故事都是最熱門的題材。1994年央視版《三國演義》曾經家喻戶曉，由日本傳入的光榮版《三國志》等遊戲更是深深影響了20世紀80

▲《關羽擒將圖》，圖中關羽、周倉等人所穿甲冑並非東漢末年款式，而是宋明之風，漢末三國時並沒有這樣的鎧甲

年代和90年代出生的人。可對大眾來說，漢末三國又是一個陌生的時代，說其「陌生」，是因為歷史上的三國並非大眾印象中的三國：正史中的三國，關羽不可能裝備青龍偃月刀，張飛沒有丈八蛇矛，張角也不是「不第秀才」；那個時代的戰爭，也不像《三國演義》虛構的那樣，陣前兩名大將單挑，他們決鬥的勝負往往標誌著戰爭的結局。演義中將領之間的決鬥充滿了藝術色彩，往往大戰三百回合不分勝負，於是相約次日再戰，而這些描述也給三國時代的騎兵戰爭蒙上了迷霧。

被層層迷霧籠罩的，還有漢末三國群英的形象：赤面長鬚的關羽、豹頭環眼的張飛、白面無鬚的趙雲……同樣深入人心的，還有他們身上的盔甲。實際上，這些人物形象基本出自明清兩代人之手。生活在明代宣德時期的宮廷畫師商喜留下一幅《關羽擒將圖》，題材取自《三國演義》中關羽水淹七軍、生擒魏將龐德的故事。全圖人物共6人，主角是關羽和龐德。圖中的關羽基本就是我們今天眼中的「美髯公」。在《關羽擒將圖》中，關羽藍巾綠袍，全身披掛，丹臉鳳眼，長髯飄拂，凝神危坐；龐德上身裸露，赤腳，雙目怒睜，咬牙切齒，毫不畏懼；旁邊還有為關公舉刀的周倉以及幾位身穿甲冑的軍士。

《關羽擒將圖》中的關公等人皆穿著華麗的甲冑，若仔細觀察，便會發現他們身上的甲冑與明十三陵神道兩側的大漢將軍雕像以及明代寫實宮廷畫《出警入蹕圖》中的大漢將軍甲冑非常相似，處處都有宋明甲冑的痕跡。也就是說，明人筆下的漢末三國人物，身上所穿甲冑基本是以明代儀仗甲為原型繪製的，從而影響了後世幾百年。除了幾百年來的各種繪圖，1994年央視拍攝的《三國演義》也影響現代人。這部鴻篇巨製在服化道方面基本參考了明代以來的傳統形象，同時還融入了日本甲冑元素，例如周瑜的鎧甲、曹操赤壁之戰時穿的鎧甲都有日本大鎧的既視感，頭盔上的「前立」更是濃濃的日甲元素。

總而言之，關於漢末三國人物所穿的甲冑，無論是古人留下的繪畫，還是經典的電視劇，我們都不能當真。之所以說他們陌生，也是因為這一系列形象太深入人心，使得他們原本的樣子被淹沒在了歷史長河。對中國人而言，漢末群雄的確堪稱最熟悉的陌生人。

迷霧下的三國鎧甲

184—589年，是中國歷史上的大動盪時期。這400年，中國經歷了士族地主的崩潰與庶族官僚的崛起，從漢末到魏晉再到南北朝時

▶清代關羽像，現藏於寧夏博物館。可以看到像上的關羽所穿甲冑並非漢末三國時期的，而是偏宋明之風（周渝 攝）

期頻繁的戰事也促進了武備的進步，其中，鎧甲的革新便是自三國時代開始。

言三國武備，不得不提一位鼎鼎有名的人物——諸葛亮。歷史上的諸葛亮與演義中「多智而近妖」的形象截然不同，但其人格魅力絲毫不輸於演義。諸葛亮不僅是一位治國謹慎的政治家，在軍事武備方面也成就卓越，他發明的木牛流馬、孔明燈等家喻戶曉，他改造的一次能發射十支箭的「諸葛連弩」亦廣為人知。不過，很多人不知道的是，還有以他命名的鎧甲。記錄南北朝歷史的《宋書．殷孝祖傳》載：「禦仗先有諸葛亮筒袖鎧帽，二十五石弩射之不能入。」

這種盛行於南北朝時期被稱為「諸葛亮筒袖鎧」的甲冑，相傳就是重視軍備生產的諸葛亮親自督製而成。這是一種什麼樣的甲冑呢？在河南偃師杏園村出土的一件武士俑身上的甲冑與「筒袖鎧」的記載十分吻合。這種甲冑胸背相連，有短袖，由小塊魚鱗紋甲片或龜背紋甲片編綴而成。與之前的漢甲相比，「筒袖鎧」有個明顯的特點是不開襟，穿時就像穿現代的T恤衫那樣直接從頭部套入。這樣一來，整個鎧甲就沒有薄弱環節。

筒袖鎧之所以能夠「二十五石弩射之不能入」，除了形制上被改造外，材質上也採用了東漢以來較為先進的百煉鋼。這種將薄鋼片反復折疊的百煉鋼技術使鋼鐵技術飛躍發展的同時，也讓甲冑防禦力迅速提升。這種百煉鋼技術打造的甲冑，當時堪稱堅硬無比，從三國到南北朝時期的甲冑，皆以此技術為主流。

三國甲冑的另一個重要資訊來自曹植，他在《先帝賜臣鎧表》中寫道：「先帝賜臣鎧，黑光、明光各一具，補襠鎧一領，環鎖鎧一領，馬鎧一領，今世以升平，兵革無事，乞悉以付鎧曹自理。」這段文字出現了一連串鎧甲的名稱：黑光鎧、明光鎧、補襠鎧、環鎖鎧、馬鎧。既然是先帝曹操所賜，這些甲冑無疑都屬於東漢末年，但曹植僅留下了簡單的文字，沒有解釋這些鎧甲的模樣，導致這幾類甲的形制存在巨大爭議。

爭議最大的當屬明光鎧，最早記載了明光鎧的史料是曹植的《先帝賜臣鎧表》。何為「明光」？主要有幾種觀點：20世紀70年代，學者楊泓考證，明光鎧可能是南北朝至唐時期流行的胸前有兩片板狀護胸的鎧甲，這一說法尚未被證實；第二種觀點最主流，即明光鎧主要是古代雕像上所穿的甲冑形制之一，

胸前通常有板狀護甲，在太陽照射下閃閃發光，猶如漢鏡的「見日之光，天下大明」，故稱「明光」。

但也有一種新觀點認為，早期的明光是指對甲片物理特徵的描述，那個時代做了強烈拋光處理的金屬甲片皆屬於明光範疇，而非對某一個部件或形制的特別描述。自三國兩晉以來，鑒於鐵甲容易鏽蝕，甲胄多改用鋼鐵製造。在此過程中，函人們發現可以通過水磨的方式來進行防銹，而且甲胄在經過水磨後，還能產生明亮的反光，在陽光下奪目刺眼，可使敵軍頭暈目眩，給披甲者創造有利的攻擊機會。

▲南北朝時期，頭戴衝角冑、身穿早期明光甲的武士。根據陝西出土的北齊彩繪持盾武士俑等文物繪製（劉詩巍 繪）

為行文方便，本書暫且採取主流觀點。可以確定的是，明光鎧自魏晉後便開始出現於各種記錄中，在南北朝時期尤其流行。根據南北朝時期的武士俑及石刻可以看出，當時的明光鎧已發展得相當成熟，除了帶圓鏡的護胸裝置，許多甲身上還有豎起的盆領，與垂有頓項的兜鍪連接。手臂部分有披膊，腿部則有裙甲防護。南北朝後期，北周將領蔡祐率部與北齊作戰，史載其「著明光鎧，所向無前」，北齊士兵皆大喊著「此鐵猛獸也」紛紛撤退。明光鎧的傳奇一直延續到唐代，在《唐六典》中，明光鎧位居各類鎧甲之首，這也是其輝煌的巔峰。此後，明光鎧出現的次數逐漸減少，到唐末已不見經傳。到北宋，《武經總要》收錄的各類甲冑名目中已找不到「明光鎧」。

補襠鎧與騎兵崛起

曹植的鎧甲列表，除了頗具爭議的明光鎧外，他提及的「補襠鎧」也是頗具那個時代特徵的一種鎧甲。這裡的「補襠」應同「兩當」。漢末劉熙所著的《釋名・釋衣服》曰：「補襠，其一當胸，其一當背也。」

顧名思義，補襠鎧是由一面胸甲和一片背甲在肩上用皮革扣結，穿時在腰間繫帶，其形狀與當時的服飾補襠衫相似，故而得名。在魏晉南北朝時期出土的陶俑或壁畫、畫磚裡，經常能看到身披補襠鎧的武士，大多數還有坐騎，且他們的坐騎同樣裝備著精良的鎧甲。這些文物中，又以敦煌第285窟的西魏壁畫《五百強盜成佛圖》最具代表性，從壁畫中能清楚看到身披補襠鎧、騎著披有具裝鎧的「甲騎具裝」重騎兵。

無論是補襠鎧還是「甲騎具裝」（人甲與馬甲的合稱），它們的出現都與戰爭形式的改變息息相關。前文講過，自戰國後期起，傳統的步兵協同戰車作戰

▲《五百強盜成佛圖》，出自敦煌莫高窟第285窟。從圖中可以看到身披補襠鎧、騎著披有具裝鎧的「甲騎具裝」形象

的方式已逐漸衰落，經過「胡服騎射」改革，騎兵開始在中原推廣。兩漢時期恰恰也是戰車向騎兵的過渡時期，至魏晉南北朝，馬鐙等一系列騎兵具裝應運而生。有了完善的馬具，尤其是使用了蹬後，人能夠更快地掌握騎術，更容易馴服和控制馬匹，並且騎馬時更舒服、穩固、省力，便於長途賓士和行軍。更重要的是，這種變革使許多屬於騎兵的、新的戰術動作能夠順利進行。這個時代，靈活機動的騎兵終於徹底取代了戰車，成為戰場主角。

顯而易見，裲襠鎧就是為了適應馬上動作而出現的。西漢時期騎兵使用的鎧甲，大多只有甲身，護住戰士的胸腹和背部。魏晉時期，漢代騎兵甲經過改進，發展成更適合保護騎兵的裲襠鎧。裲襠鎧與西漢時期只護胸腹的札甲不同，裲襠鎧帶裙甲，長至膝蓋之上，腰部之上為胸背甲，有的以小甲片編綴而成，有的則用整塊的大甲片，小甲片一般為鐵甲，大甲片多為皮甲。前後兩片甲在肩部，與身體兩側不相連，背甲上緣釘有兩根皮帶，穿過胸甲身上的帶扣後披掛於肩上。其腰部以下皮革製成的短形筒裙代替了腿裙，能有效保護騎兵的腿部。

魏晉南北朝時期的出土甲冑實物遠不及西漢多，但也並非沒有。1995年，遼寧東晉十六國時期的墓地就出土過一領鐵鎧，只是保存得不好。這套鐵鎧甲的甲身與西漢齊王墓出土的鐵甲很相似，但肩帶不是以甲片編綴，而是以兩根皮帶繫之。這套鎧甲有披膊、盆領和腿裙，但它們是如何連接的則無法考證。

總體而言，出現於漢末，在魏晉南北朝時期被廣為使用的裲襠鎧，從形制到編綴方式都與秦漢時期甚至先秦時期的札甲有一定的沿革關係。它最終形成很可能是在漢末三國到兩晉時期，裲襠衫大行其道，甲冑也被服飾影響因而定型。南北朝時期，這種裲襠鎧非常流行，隋唐時期仍能見其身影，只是那時的裲襠鎧更為精緻，全身都以魚鱗狀的小甲片編綴，長度延伸到腹部，取代了原先的皮革裙甲。事實上，南北朝晚期，裲襠鎧就已逐漸衰落，最終在唐代與「甲騎具裝」一起消亡。

「甲騎具裝」的黃金時代

南北朝時期最具代表性的軍士是什麼樣的？「甲騎具裝」！南北朝是中國重甲騎兵的黃金時期，不僅馬鐙等馬具逐漸完善，馬鎧亦在此時迅速發展。實際

▲南北朝時期甲騎具裝騎馬扎刺圖

上，在漢末三國時期，馬鎧算不上新甲種，因為戰國時期就已出現了馬鎧的記載，而秦陵兵馬俑中的完整馬鎧也證實了前人很早就注重對戰馬的保護。

這種習慣被漢代沿用，根據宋人修的類書《太平御覽—魏武軍策令》記載，在官渡之戰中，袁紹軍就裝備了馬鎧，曹操言：「袁本初鎧萬領，吾大鎧二十領，本初馬鎧三百具，吾不能有十具，見其少遂不施也，吾遂出奇破之。」這裡反映了一個問題，即袁紹有「鎧萬領」，馬鎧「三百具」。而曹操有鎧「二十領」，馬鎧「不能有十具」。無論是曹操還是袁紹，人鎧的數量都遠高於馬鎧，這也應該是當時的普遍情況。其次，這也證明雖然漢末群雄戰爭中沿用了馬鎧，但其數量不能與後來的南北朝時期相比。

兩晉之前的馬鎧有兩個主要特點：其一，西晉之前，馬匹非常貴重，戰爭中仍以步兵為主，騎兵數量有限，以至於馬鎧並非主流，但自漢末以來逐漸被各路諸侯推廣使用；其二，對馬的防護古來就有，漢末三國時期，馬鎧材質仍以皮甲為主。

至西晉傾覆，五胡入侵，匈奴、鮮卑、羯等遊牧民族問鼎中原並建立政權，割據一方。這些遊牧民族善於騎射，軍隊以騎兵為主力，他們的到來使中

▲北魏重騎兵武士俑，於1953年在陝西西安草長坡出土，現藏於中國國家博物館（周渝 攝）

原戰爭形式發生了變化，騎兵成為北方戰場上的決定性力量。與騎兵崛起同時進行的，是馬鎧的進化。首先是馬鎧的普遍化，其次是馬鎧的金屬化。那麼，重甲騎兵是什麼時候大規模裝備金屬馬甲的呢？根據現有考古成果來看，鐵馬鎧在軍隊中普遍使用始於東晉，南北朝時期達到巔峰，這一時期的史籍中，「甲騎具裝」動輒成千上萬，足以說明重甲騎兵已成為當時的主要兵種。

十六國到南北朝時期出土鎧甲的數量要遠遠少於西漢，這給復原當時甲冑的工作造成不少困難，但也不是完全無跡可尋。例如，遼寧北票西官營子、喇嘛洞和朝陽十二台鄉等地都先後出土了十六國時期的鐵馬甲。這個時期，馬鎧形制已相當完備，其結構由保護馬頭的「馬冑」（又稱「面簾」）、保護馬頸的「雞頸」、保護馬胸的「當（蕩）胸」、保護馬軀幹的「馬身甲」、保護馬屁股的「搭後」組成，馬臀部的護甲上還附著長羽毛作為裝飾，稱為「寄生」。幾個

▲北周甲騎具裝俑，1983年出土於陝西固原地區李賢夫婦合葬墓，現藏於寧夏博物館（周渝 攝）

部分分別以鐵銷相連，不影響馬匹活動。護唇、護頸、護頰部分則以甲片鉚合而成。這樣一套完整的馬鎧，將戰馬保護得嚴嚴實實，僅留眼、耳、鼻、口、四肢及尾巴暴露在外。這種結構嚴實、緊密的馬鎧被時人稱為「具裝」或「具裝鎧」身穿重甲、騎著披掛重甲的馬匹的重甲騎兵，就是史書中的「甲騎具裝」。

從史籍看，軍中裝備的馬鎧數量也隨著時間推移而增加。前文講過，漢末群雄逐鹿時，曹操與袁紹交戰，當時袁紹軍中有三百馬鎧已是很多。西晉永嘉六年（312年）十二月，王昌、阮豹率軍進攻後趙石勒，結果反被後趙軍打得潰不成軍，後趙大將孔萇「乘勝追擊，枕屍三十餘里，獲鎧馬五千匹」。這裡「鎧馬」數量已是漢末袁紹的十多倍。值得注意的是，這次戰爭中，晉軍將領段末波（又作段末柸）被石勒俘虜，段部首領段疾陸以「鎧馬二百五十匹，金銀各一簏」為贖金換回了段末波，從側面反映了馬鎧甲當時在軍事上的重要價值。

到了東晉十六國時期，史籍中出現的馬鎧更是數以萬計，隆安四年（400年），後秦國君姚興及其大將姚碩德率軍五萬，從南安峽（今甘肅張家川西）向西進攻西秦。此役一舉滅亡了西秦政權，取得「降其部眾三萬六千，收鎧馬六萬匹」的戰績，這也是史書記載的最多的馬鎧數量。

重甲騎士最後的輝煌

與甲騎具裝數量劇增相呼應的，是全新的重騎兵戰術。重騎兵作為突擊作戰的中堅力量，在南北朝時期的戰爭中發揮了重要作用。

▲南北朝具裝鎧示意圖
a面簾，用以保護馬頭；b雞頸，用以保護馬頸；c蕩胸，用以保護馬胸；d身甲，用以保護馬腹；e搭後，用以保護馬臀；f寄生，其作用可能是保護騎兵後背，同時也起到裝飾作用。上述6個部分構成一領完整的馬具裝，外加騎乘用的鞍具和馬鐙（g）

典型戰例如沙苑之戰。東魏天平四年（537年）十月，東魏丞相高歡親率二十萬人的大軍至蒲津攻打西魏，西魏派遣宇文泰前來迎擊，決心西魏生死存亡的大戰由此展開。面對二十萬東魏大軍，宇文泰手裡軍隊不足萬人，形勢岌岌可危。戰爭爆發後，東魏軍對西魏軍的左翼軍陣發動攻擊，左翼很快面臨崩潰的危險。千鈞一髮之際，處於右翼軍陣的李弼等將領率甲騎具裝對東魏軍實行突擊衝鋒，「鐵騎橫擊之，絕其軍為二，大破之」，東魏軍潰不成軍，七萬餘人被俘，主帥高歡落荒而逃。根據《周書・李弼傳》記載，此役，李弼率領突擊東魏軍的重甲騎兵僅有「六十騎」，當然還有其他友軍打助攻，但西魏能在敵眾我寡的情況下扭轉戰局，反敗為勝，是重騎兵突擊戰術的成功運用。

六十餘騎重騎兵能打亂數萬大軍的部署，看起來有些不可思議。不過，自封為「宇宙大將軍」的侯景，也是憑藉八百餘名重騎兵縱橫江東數年。在南北朝時期的戰場上，甲騎具裝所向披靡，並非虛言。

南北朝既是重騎兵的黃金時代，也是其盛極而衰的時期。馳騁沙場，所向無敵的重騎兵最終走向衰落主要有幾個原因。其一，破甲武器的大量出現。南北朝時期的甲冑材料異常堅硬，覆蓋面廣，從人到馬堅不可摧，許多尖銳兵器都奈何不了。在這種條件下，錘、鐧、斧等鈍器越來越被廣泛使用。在戰場交鋒時，鈍器不必刺穿堅硬的鎧甲，

◀北周鐵札甲，根據遼寧北票喇嘛洞十六國墓葬出土的甲冑樣式繪製（劉詩巍 繪）

▶遼寧北票喇嘛洞十六國墓葬出土的南北朝時期鐵冑

只要以巨大力量將對手震傷、震死即可。其二，重甲騎兵的高防禦能力是以犧牲敏捷性為代價的。機動性強原本是騎兵的優勢，但戰馬在披上馬具裝和載上穿著重甲的人後，機動性大打折扣。

這些弱點使得重甲騎兵只適合在正面戰場上突擊，在迂迴穿插、出奇制勝方面則要吃大虧，於是開始出現騎兵甲冑輕量化的戰例。450年，宋文帝北伐，宋軍將領薛安都卸去人、馬甲冑，輕裝穿插，突襲北魏軍陣營。宋軍作戰異常勇猛，「當其鋒者，無不應刃而倒」。西魏軍死傷無數，實在氣不過，於是令人放箭，結果「夾射不能中」。也就是說，卸去甲冑的宋軍因為提高了馬匹的機動性，能很好地躲避弓箭飛矢的攻擊，從而彌補防禦上的不足。

到了南北朝末期，突厥人以輕騎兵在北方大行其道，所向披靡。中原進入隋朝後，多次遭到突厥的襲擾。當時，隋軍的重甲騎兵在突厥輕騎兵面前吃了不少虧，只有依靠步兵配合才能抵禦突厥輕騎兵的進攻。輕騎兵與破甲武器的廣泛使用終於撼動了甲騎具裝的地位，隋末唐初，重甲騎兵的神話終於不可挽回地走向破滅。入唐後，輕騎兵取代了重騎兵，就連李世民的坐騎也不再披馬鎧。身披補襠鎧、騎著披有馬具的馬匹馳騁沙場的輝煌歲月一去不復返了。

有客西來，至東而止

魏晉南北朝還是甲冑融合的時期。此前的甲冑以札甲為主，沒有受到外來甲冑形制的影響。但自這個時期開始，外來甲冑開始融入，成為中華甲冑發展史中的一部分。最典型的當屬曹植列舉鎧甲名目中的「環鎖鎧」，也就是我們常說的鎖子鎧。

▲中國人民革命軍事博物館中複刻的北魏具裝甲騎模型

▶南北朝時期北齊鐵札甲武士，根據河南鄴南城出土的鐵甲冑樣式繪製（劉詩巍 繪）

鎖子甲是用細小的金屬扣環互相套扣，通常每一環與四環相扣，層層疊加，形同連鎖。這種甲有兩大特徵：一是密度高，足夠堅固；二是柔軟性非常好，如同武俠小說中刀槍不入的軟蝟甲，可以像衣服一樣穿在身上，外面再套上衣袍，不易看出。鎖子甲顯然來自西方，是中世紀時期流行的主要鎧甲，據推測，它在漢末魏晉之際傳入中國，主要是北方政權的軍隊使用。《晉書》中對鎖子甲形制有這樣的描述：「胡便弓馬，善矛槊，鎧如連鎖，射不可入，以革索為 ，策馬擲人，多有中者。眾甚憚之。」

鎖子甲傳入的最直接途徑是戰爭。前秦君王苻堅派遣大將呂光征伐西域，大獲全勝。呂光在與西域軍隊的作戰中繳獲了大量戰利品，其中就包括鎖子甲。隨後，中原地區也逐漸掌握了鎖子甲的製造技術，讓這一新式甲在中國開枝散葉。不過，當時鎖子甲並非主流鎧甲，只有新疆、西藏等地裝備。儘管如此，它的生命力卻比補襠鎧、甲騎具裝強得多。後兩者到唐代時趨向消亡，而鎖子甲則位列《唐六典》，清朝依然能見到身穿鎖子甲的武將。

魏晉南北朝時期出現了「銷連」與「鉚合」兩種新的製甲方式。「銷連」是以銷為標準件，是定位零件，用來確定零件的位置，前文提及的馬鎧各部位組合多採用銷連法，這是歐洲鎧甲的基本製造方式，但中國傳統札甲很少採用，直到魏晉南北朝此法傳入中國後，中國才開始使用。「鉚合」，指的是用鉚釘把物品鉚接起來，這種方法當時多用於製胄。

南北朝時期兜鍪和胄的主流形制，與三國兩晉時期差別不大，主要有以下幾種：其一，半球體胄頂加甲片編綴的兜，有的從兜鍪兩側下垂，有的則包裹全臉，僅露眼、鼻、口；其二，無胄頂形兜鍪，這種盔與漢代齊王墓出土的鐵胄形制相似，不過其所帶頓項比齊王胄的要大得多，腦後可開合，應該可以根據頭圍大小進行微調；其三，普通鐵胄，這種鐵胄在呼和浩特曾有實物出土，整體由生鐵鑄成，胄頂有短管，應是插羽毛等飾品之用；其四為兜鍪罩甲，嚴格來說它不算頭盔，只是裝置於頭盔上的首鎧。南北朝時期通過釧合法製作的鐵胄、兜鍪還未有實物出土，但這種方法在唐代製胄時得到了發揚，魏晉南北朝，因兵禍連綿、動盪不安，各政權為了存活或取得霸權，不得不進行一輪又一輪的軍事角逐，客觀上刺激了軍事發展，包括甲胄在內的武備在這一時期推陳出新，可謂中國甲胄承上啟下的時代！

▶東晉十六國時期鐵札甲上身效果圖，函人堂製。頭盔參考了遼寧十六國時期的鐵胄，身甲參考的是喇嘛洞出土的編號為IM5型號的鐵甲（模特：郝額）

魏晉時期軍戎服飾復原圖（劉永華 繪）

·先秦

·秦

·漢

·三國兩晉南北朝

·唐

·宋

·元

·明

·清

第四章

盛唐重器（上）

與秦漢截然不同的審美

甲冑集大成的時代

黑雲壓城城欲摧，甲光向日金鱗開。
角聲滿天秋色裡，塞上燕脂凝夜紫。
半卷紅旗臨易水，霜重鼓寒聲不起。
報君黃金臺上意，提攜玉龍為君死。

——唐．李賀《雁門太守行》

盛唐時代的明光傳奇

詩人李賀一首《雁門太守行》將大唐帝國邊塞軍營的肅穆悲壯寫得淋漓盡致：塞上蒼莽，旌旗漫捲，金甲耀日，戰鼓四起。曾讓無數中國人驕傲的大唐帝國距今已過千年，長安至塞上的風貌早已不復存在，將軍與士卒身上的金甲戎裝也都湮沒於黃塵。那個時代的盛世甲冑又是何種模樣呢？

我們先從官方史籍入手。《唐六典》一共記載了13種唐代甲冑：明光甲、光要甲、細麟甲、山紋甲、烏錘甲、白布甲、皂絹甲、布背甲、步兵甲、皮甲、木甲、鎖子甲、馬甲，合稱「唐十三鎧」，其中最著名的非明光甲莫屬。

位列「十三鎧」之首的明光甲，前文簡單介紹過，這種鎧甲在唐代以前就已出現。記載最早見於三國時期，曹植在《先帝賜臣鎧表》言「先帝賜臣鎧，黑光、明光各一具」，但這裡的明光與後來所說的明光是否為同一類鎧甲則無法確定。20世紀70年代，學者楊泓考證，明光鎧可能是南北朝至唐時期流行的胸前有兩片板狀護胸的鎧甲，這一說法也尚未被證實。今天所說的明光鎧主要是古代雕像穿的一種甲冑，通常因為胸前有板狀護甲，在太陽照射下閃閃發光，故稱「明光」但也有新的證據表明，早期的明光是對甲片物理特徵的描述，那個時代做了強烈拋光處理的金屬甲片皆屬於明光，而非對某一部件或形制的特別描述。也就是說，現代意義上的「明光鎧」和古人眼中的「明光鎧」很可能並非同一回事，只是多年來約定俗成，這種形制便被人們習慣性地稱作「明光」了。

明光鎧在南北朝時期首現，元熙墓、元邵墓等墓中陪葬的陶俑都有穿明光鎧的。到了隋代，明光鎧仍保留著南北朝時期的大量特徵，以鋼鐵打造，寬大而厚重。唐代初期，甲冑及軍戎服飾都保持著從南北朝至隋代形成的樣式，貞觀以後，因服飾制度進行了一系列改革，加上國力強盛，海內承平，具有大唐

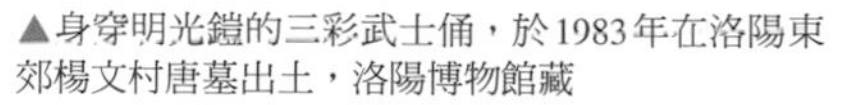

▲身穿明光鎧的三彩武士俑，於1983年在洛陽東郊楊文村唐墓出土，洛陽博物館藏

▲唐代德麟元年（664年）彩繪武士俑，於1972年在陝西禮泉鄭仁泰墓出土。墓主參加過唐高祖李淵的晉陽起兵和太宗李世民發動的玄武門之變，因此該俑身穿的明光鎧為唐初款式

特色的甲冑應運而生。

天寶年間，是甲冑最具唐代特色的時期。此時的明光鎧基本拋棄了過去的形制，有的甲冑腹部多了一塊圓圓的護具，頭上的兜鍪項盾高高翹起。作為「唐十三鎧」之首，明光鎧繼承了補襠鎧的優點，由甲片編綴而成的披膊開始大量出現，膝裙和頭盔也進行了改進，胸背以及肩部等處還露出了彩帶結頭。與此同時，越來越多的雕像兩臂開始出現臂韝（護臂），武士俑手上也帶有護臂。

晚唐時期的明光鎧複刻品（函人堂製）

一領完整的明光鎧，至少要有身甲、披膊、腿裙和吊腿四個部分。標誌性的護胸背的圓鏡，整體呈板狀結構。其製作方式與古代西方板甲十分相似，環地中海至西亞一帶很早就流行以一整片甲或大塊金屬以鏈條結合的方式製成鎧甲，這種製甲方式在魏晉南北朝時期開始沿絲綢之路傳入中國。起初，中國只是簡單模仿，進入唐代後則開始越來越具中國特色。明光鎧自然十分精良，對身體防護更加全面，頭部兜鍪也增加了衝角、耳護，同時也更注重對眉心的保護。

除了甲冑材質的精緻化，唐代明光鎧在美觀上也更進一步，最明顯的特徵是出現了獸吞。所謂「獸吞」，指的是甲冑肩部或腰帶部分出現的虎頭、獅面、龍首等金屬護具裝飾。獸吞也可能置於披膊上，或直接取代披膊。有觀點認為，獸吞最早為突厥人使用，在北方天氣寒冷時披在甲冑肩膀部位禦寒，隨著唐和突厥交戰，雙方互相學習，唐朝人也受到了影響，這從當時唐朝盛行胡風就能看出。只是後來隨著發展，獸吞的用料可能從生物材質演變成了金屬或其他材質。獸吞的出現與唐代陌刀的普及有極大關係。陌刀根據漢代斬馬劍發展而來，兩面開刃，全長1丈、重15斤，殺傷力相當強。唐代甲冑的肩部出現獸吞，也是為了應對陌刀等新武器的攻擊，增加對肩、臂等部位的防護。

與前代相比，唐代明光鎧最顯著的變化是鑄造上更為精巧，在增強防護力的同時，還增加了藝術裝飾。不過安史之亂後，唐朝由盛轉衰，甲冑也從此前的華麗浮誇向實戰性轉變，盛唐時期許多甲冑的裝飾物逐漸被摒棄，此前具有西域色彩的配件也變少了。

復原唐十三鎧的可能性

十三鎧中的光要甲形制存在較大爭議，有觀點認為光要甲是一種板甲，「要」同「腰」，即腰部有明亮圓滑的板甲，這種說法尚無定論。可以確定的是，光要甲是金屬甲的一種。至於山紋甲、烏錘甲和細鱗甲，據推測都是以甲片形狀來命名的，其中，山紋甲又存在巨大爭議，這一點在明代部分會詳說。總而言之，這幾種甲與明光甲、光要甲一樣，都是唐十三鎧中的金屬甲。木甲、皮甲、白布甲、皂絹甲和布背甲等，皆是根據甲的材質命名，比較容易理解。步兵甲和馬甲，是以甲的服務物件命名的。馬甲在諸多墓葬的陶俑中能見到，那麼，步兵甲長什麼樣呢？

在神像類的雕塑上，很難看到普通軍士。不過，在陝西西安長樂公主墓中有一幅唐朝貞觀年間的壁畫《武士出行圖》，畫中就有與傳統印象有很大差別的武士，他們更具隋唐過渡時期的武士風格。巧的是，在敦煌130窟的唐代壁畫中也有類似裝束的武士。這類武士的甲冑形制與唐代最具代表的明光鎧差別較大，為前開襟，左襟壓於右襟之上，前後左右連在一起形成一件完整的甲衣，肩上有相同的披膊，頭盔覆蓋面積也較大，僅露出臉部。僅從視覺上判斷，就可知這是一套著重於實戰而非禮儀的甲冑，與後來的步人甲有些相似，唯有胸前兩片圓護具有唐甲特色。這種甲應該就是步兵甲的一種，但可以肯定，它絕不是唐代步兵唯一的甲冑。

▲《武士出行圖》中的唐軍武士形象

在缺乏出土實物，壁畫及雕像又有限的情況下，要精准復原出唐十三鎧的可能性幾乎為零，只能盡可能地利用有限的資料去還原已知的甲冑。

十三鎧中資料最常見、存世量最大的非鎖子甲莫屬。在講述魏晉南北朝時期的甲冑時，已簡單介紹過鎖子甲是由西域傳入的，南北朝時就有記載，但其真正傳入中原地區是在唐代中期。途徑主要有兩條：一是通過戰爭繳獲，這在《舊唐書》中有記載，開元六年（718年），唐將郭知運率軍在九曲大破吐蕃，「獲鎖子甲」；二是藩國的進貢，《唐書．西域傳》記載，中亞康國曾向唐王朝進貢過鎖子甲。在《唐會典》中，鎖子甲排在十二款人甲末尾，這倒不是說鎖子甲不好，而是指在唐朝的中原地區，鎖子甲一直不是主流。直到宋代，大部分中原將士都與鎖子甲無緣。

為何會如此？《武經總要前集》（卷13）記載，甲「有鐵、皮、紙三等，貴者鐵則有鎖甲」。也就是說，直到宋代，鎖子甲仍是最貴的甲種，擁有它的人也僅限於有功勳的高級將帥。鎖子甲稀有，最重要的原因是其製作成本太高，不僅對金屬韌性有很高的要求，編綴方式也有講究。不過值得注意的是，在當時的吐蕃軍隊中，鎖子甲大行其道，根據唐代《通典》記載，吐蕃「人馬俱披鎖子甲，其製甚精，周體皆遍，唯開亮眼，非勁弓利刃之所能傷也」。在唐十三鎧中，鎖子甲是生命力最強的鎧甲，也是最容易復原的甲種，它雖不是中國主流甲冑，但對世界有深遠的影響。唐衰落後，明光鎧等著名甲冑走向衰落，鎖子甲卻一直存在。

為何唐甲存世甚少？

隋唐時期出現了一大批精緻的鎧甲，盔冑也呈多樣化。經過幾個世紀的戰爭與融合，頗具異域色彩的獸頭盔開始在中原地區出現。出土的隋代武士俑已有不少頭戴獸頭兜鍪，既有獅頭兜鍪，也有虎頭兜鍪。這種獸頭盔似乎也是世界潮流，無論是古代西方還是日本，都有不少以動物作為盔頂的兜鍪。初唐「胡服熱」的大潮之下，獸頭兜鍪與蹀躞帶、翻領袍比比皆是，從甲冑到服飾都顯現出與秦漢時期截然不同的審美。

▲唐代壁畫《張議潮統軍出行圖》（局部），現位於莫高窟第156窟。畫中打著三辰旗的甲士共兩隊，應為儀仗隊。位於上方的甲士所戴兜鍪有明顯的大鳳翅，有點類似於日本大鎧的吹返，但沒有足夠證據表明兩者之間有傳承關係

另一方面，鉚合技術在唐代趨向成熟，多用於製冑。黑龍江甯安縣渤海國遺址出土過一頂金屬盔，現藏於哈爾濱市博物館，姑且稱之為「渤海盔」。作為歷史長河中曇花一現的地方政權，渤海國給後世留下的東西並不多，因此被蒙上了一層神祕色彩。698年，正是中國歷史上唯一的女皇

▲黑龍江寧安縣渤海國遺址出土的金屬盔，現藏於哈爾濱市博物館

帝武則天掌權的武周時期，在白山黑水間的塞北，粟末靺鞨首領大祚榮在東牟山（今吉林敦化西南城子山山城）正式建立了屬於自己的政權，自稱「震國王」（一作「振」）。經過十餘年，中原政權回到了李唐手中，而大祚榮的政權經過穩步發展，713年與唐王朝的聯繫首次出現在史書上。那年，唐玄宗冊封大祚榮為「渤海郡王」並加授忽汗州都督，此後以「渤海」為號。半個世紀後的762年，唐朝再次詔令，將渤海升格為「國」，「渤海國」之稱就此而來（此外還有「靺鞨國」、「渤海靺鞨」等別稱）。

渤海國遺址出土的這頂渤海盔，冑頂為半圓球狀，以12塊鐵片鉚合而成。因為冑體甲片形狀較為特殊，適合以鉚合法製作，冑的垂緣或頓項則必須柔軟，可活動，故而多以小甲片編綴。從出土文物可以看出，唐代時，即使地處邊遠的渤海國也能熟練用鉚合法製作甲冑，至於中原地區，大量出土的武士俑證明這種製冑技術已推廣。盛唐以後，兜鍪各式各樣，包括獨具特色的翻耳盔、鐵珠鐵盔。甲冑附件也出現了抱肚（呈半圓形，圍在腰間的甲冑附件）、肩吞、蹀躞帶等新裝備。

可以說，唐朝是中國甲冑集美觀性與防護性之大成的黃金時代。甲冑不僅製作精良，產量也相當驚人。杜佑編撰的《通典》記載，唐代的標準是著甲士兵要占士兵的60%，這個比例遠高於漢代。若以開元時期唐軍有54萬人來算，鎧甲多達32.4萬領。為什麼著甲率高的唐代，遺留下來的甲冑卻遠不及漢代多呢？

主要有兩個原因。第一是歷代統治者對甲冑管制極其嚴格，在中國古代，私藏兵器未必犯法，但私藏甲冑卻被視為謀反，將被治以重罪。有個很著名的例子，西漢初期的名將周亞夫，晚年偷偷買了朝廷禁止交易和私藏的五百甲盾，被人告發後，負責調查的廷尉向他說的第一句話就是：「君侯欲反邪？」周亞夫解釋說那都是喪葬品，怎麼會是謀反呢？沒想到廷尉諷刺道：「君侯縱不反

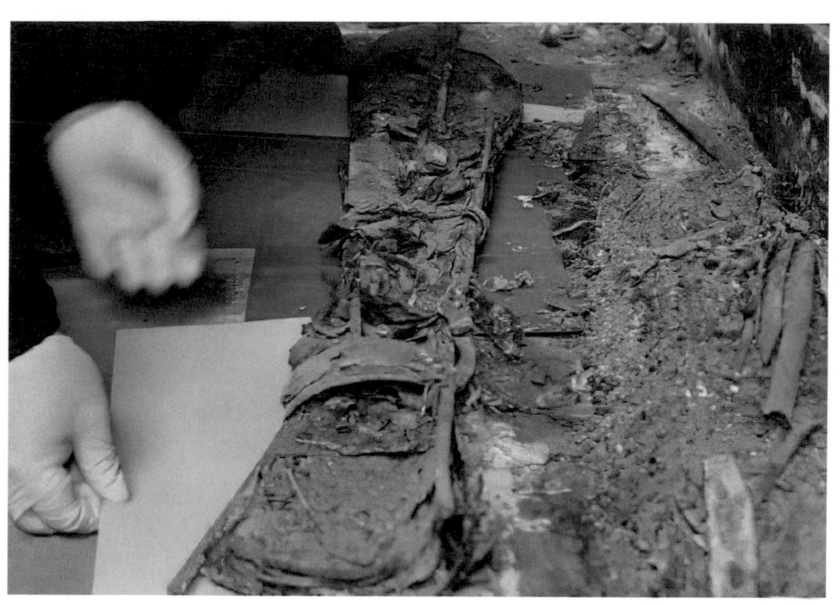

▲2019年9月底，甘肅天祝縣祁連鎮岔山村的唐墓中出土了一領較為完整的甲冑，圖為出土甲冑的一部分，其完整形態還需要等待研究者進行復原

地上，即欲反地下耳。」說周亞夫就算生前不在地上謀反，死後也會在陰曹地府謀反。這件事直接導致一代名將周亞夫被氣得吐血身亡。可以說，甲冑在歷朝歷代都受國家控制，換個思維來講，甲冑其實屬於進攻性裝備，而非大眾認為的單純防禦性裝備。隋代在少府設有專掌甲冑的官署甲鎧署，貞觀六年（632年）改為甲坊署，對甲冑的管控比前代還嚴。

第二個原因是西漢有功勳者，有將生前所穿甲冑陪葬的習慣，現存的西漢鐵甲冑基本都出自漢墓。但到了唐代，甲冑已被視作國家軍備資源，不可隨意用來陪葬。五代和宋初時期，就連北方的契丹政權都三番五次頒佈法令，禁止使用甲冑作為陪葬品。西漢後，用甲冑陪葬之風不再盛行，導致東漢、魏晉乃至隋唐時期存世的甲冑不如西漢時期數量多。

不過，也有特立獨行之人偏要以甲冑陪葬。2019年9月底，甘肅天祝縣祁連鎮岔山村的唐墓中出土了一領較為完整的甲冑，從初步的外形來看，這應該是一領實戰甲冑。根據志文內容，墓主為「大周雲麾將軍守左玉鈐衛大將軍員外置喜王」慕容智，因病於「天授二年三月二日薨」。這裡的「大周」指的是武則天的武周政權。目前這領甲冑已在進行保護性修復。它的出現意義重大，在此之前，唐墓從來沒有出土過一領完整鎧甲，而慕容智甲極有可能打破這一紀錄。

山川異域，風月同天

大唐的甲冑不僅是國甲發展史上的集大成者，其影響甚至遠播海外，對唐甲最為推崇的當屬東鄰日本。

日本最早關於甲冑的記載出現在《古事記》和《日本書紀》。書中記載，古墳時代至飛鳥時代期間，日本出現了「掛甲」，即一種用金屬零件組合起來的短甲，屬於小札鎧，是當時日本鎧甲的主流。同一時期，中國出現了明光鎧。《續日本紀》載，761年，遣唐使歸國之際曾帶回樣甲一具；762年，「其製作一律仿唐朝最新款式」、「製作棉甲一千領，儲存於鎮國的衙府」。由此可知，這時期的日本鎧甲深受中國唐朝甲冑的影響。

唐代之後，中日聯繫斷絕，衣冠甲冑各自發展，因此日式鎧甲的名稱與中國有很大差異。日本鎧甲叫法不斷變化，相繼出現了鎧、武具、著背長、具足等名稱，流傳最廣的是「具足」。日本人認為，「鎧」是從「具備」、「穿著」演化而來，故而取其本意。武將頭部戴的頭盔稱為「兜」；像面具一樣的東西稱為「面頰」，包裹腹胸等部位的稱為「胴」，肩上的兩大塊叫「大袖」，從手背到手臂部分的護具稱為「籠手」，大腿部位的兩塊甲稱為「佩楯」，小腿部分的護具喚作「臑當」。

毫無疑問，唐甲對日本甲冑曾產生影響，因此很多人便說唐甲是日本甲冑的老祖宗，這種說法有沒有道理呢？沒有！追根溯源，日本甲冑的起源是上古時代。鎧甲的演變與武器息息相關，在原始社會，日本人所用的攻擊武器多是碎石、木棒，沒人想到要什麼防護工具。日本舊石器時代後期（繩文時代），出現了石槍、石斧、木弓等武器，這個時段戰爭烈度較低，武器也原始落後，護

▶日本大鎧，從形制上看，與中國甲存在較大區別，不存在沿革關係

具方面儘管出現了一些木製甲，卻未形成制式裝備，也未大規模使用。直到彌生時代（前300—西元250年），青銅、鐵器等青銅武器從中國等地輸入日本，攻擊力大幅度提升，防護工具才開始被重視。

彌生時代，日本的鐵劍、大刀、戈、短刀等已具備武器雛形，為減少傷亡，日本人開始裝備簡單樸素的短甲和掛甲進行防禦。它們的主要材質為皮革和金屬片，短甲由札片連綴成整體，以保護住胴體主要部分，後來日本人把其稱為「胴」。至於掛甲，則是用繩索穿連，下面的甲片覆蓋上一片的底端，從而形成下層寬於上層的鎧甲。奈良時代後期，日本遣唐使從中國帶回唐甲並仿製，前文已詳說，此為日本甲胄發展的第一階段。

日本從大唐帶回鎧甲並加以仿製雖是事實，但日本鎧甲主要還是受國內戰爭影響而發生的變革，隨後形成了民族特色。平安時代中後期至鐮倉時代（1185—1333年），日本政體發生變化，天皇大權旁落，武家崛起，頻繁的戰爭催生了有濃厚大和民族特色的大鎧。大鎧又名「整鎧」，由補襠式掛甲發展而來。大鎧出現首先是因為武器更新，平安中後期，弓箭、大刀、長柄大刀成為主要攻擊武器，尤其是弓箭的廣泛運用讓簡單的短甲和札甲不能應付，原因很簡單，守方用短甲護住身體時，攻方可以射頭，再不濟也可以射四肢讓守方喪失戰鬥力。面對攻方的窮凶極惡，守方以盾克矛，以甲禦箭，攻方欲射首就戴頭盔（兜）想射四肢，就四肢都加護具，這樣一來，甲胄就從簡單樸素走向了複雜華麗。

日式鎧甲的健全化和美觀化與戰爭形態、武士文化緊密相連。鐮倉幕府建立後，作戰形態從之前的徒步打變為騎射戰。與此同時，隨著武士文化興起，「一騎討」戰法開始流行。所謂一騎討，指的是武將單挑武將定勝敗。這些變化對武將的鎧甲至少有兩個影響：第一，為了方便騎馬，大鎧採取金屬、皮革、竹片結合使用的方法，製作時用皮革和鉚釘固定，使鐵甲靈活性得以提升；第二，既然是武士單挑，身分自然很重要，所以鎧甲要裝飾華麗。最醒目的是武將頭上戴的兜，使用得比較廣泛的叫星兜，「星」指的是頭盔上鑲嵌的鉚釘，被稱為「威武之星」，著名的嚴星兜是鉚釘多而整齊的一塊頭盔。此外，兜上額頭部分有「眉庇」，兩側有「吹返」。鎧甲兩肩的兩塊大甲片，稱為「大袖」。大河劇《義經》中的鐮倉戰神源義經穿的華麗甲胄正是大鎧。

大鎧在形制上與中國鎧甲已是兩個體系，實在看不出有任何傳承關係。唐時國力強盛，甲冑遠播東瀛，是盛唐的驕傲與傳奇，但那僅是日本甲冑漫長發展史中的一個插曲，因此便強行說中國甲冑是其祖宗，絕非盛唐的氣度。

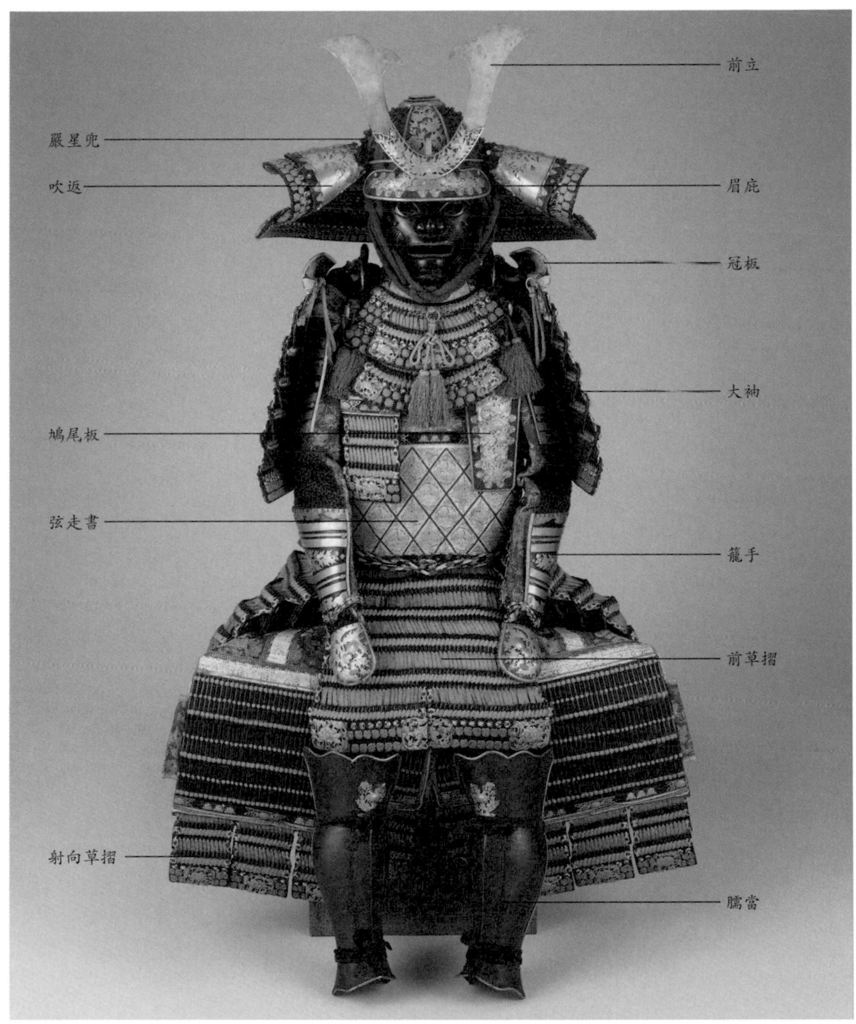

▲ 18世紀，日本江戶時代的鎧甲愛好者復原的日本大鎧。從結構圖我們可以看到，日本甲冑與中國唐甲有相當大的差別

·先秦

·秦

·漢

·三國兩晉南北朝

·唐

·宋

·元

·明

·清

第五章

盛唐重器（下）

當代甲師如何復原出的盛唐戎裝？

聚焦《長安十二時辰》

青海長雲暗雪山，孤城遙望玉門關。

黃沙百戰穿金甲，不破樓蘭終不還。

——唐・王昌齡《從軍行》

《長安十二時辰》背後的甲冑團隊

目前為止，沒有一領完整的唐甲存世（慕容智甲尚在修復中）。所幸的是，我們想要一睹大唐甲冑的風采也不是沒有可能，除了大量陶俑與壁畫，至少有些在服化道方面都盡力考據的電視劇可以直接將其形象展現在大眾面前。盛唐戎裝的另一半故事，我們便藉助一部電視劇中的甲冑來講述。

2019年6月27日，古裝懸疑劇《長安十二時辰》在沒有預熱和宣傳造勢的情況下悄然播出，出乎預料的是不到一周竟成「爆款」。從畫質、劇情、節奏、敘事模式到劇中的服化道，乃至建築、飲食，都成為觀眾討論的熱點。儘管不是歷史正劇，但將時代背景定於唐天寶三年的《長安十二時辰》卻被眾多觀眾認為「復原了真正的盛唐長安」。導演曹盾接受採訪時曾說「我不確定是不是真正恢復了大唐時的模樣」，但「我們盡力去做了」。

平心而論，《長安十二時辰》的確是一部製作精良的良心古裝劇，從唐代服飾與妝容復原來看，也是古裝劇中的佼佼者。讓筆者印象頗深的是，劇中軍士們不再像以往古裝劇那樣穿著衣箱化的塑膠甲，而是披上了質感十足的金屬甲冑，這些甲冑的形制也與過去電視劇中出現的盔甲有明顯區別。由於缺乏傳世實物，要在影視劇中百分百還原唐代甲冑幾乎是不可能的，儘管如此，《長安十二時辰》中出現的唐代甲冑依然廣受好評，被認為是唐代題材古裝劇中「最認真的復原甲」。

觀眾之所以如此驚喜，也是因為長期以來中國古裝劇在甲冑方面衣箱化現象嚴重，即使是歷史正劇，也極少有劇組願意對劇本講述時代的衣冠、甲冑、習俗等進行嚴謹考據。以央視版的《三國演義》為例，該劇各方面都堪稱經典，但在服化道上有諸多瑕疵，其中又以鎧甲為甚。裡面出現的鎧甲有大量模仿日本鎧甲的痕跡，並且對之後的古裝劇產生了影響。同樣堪稱經典的歷史正劇《大明王朝1566》在服化道方面同樣一塌糊塗，服飾幾乎全錯，戚繼光等人穿的甲冑也塑膠感十足。

不過，也有一些在這方面做得不錯的作品：由陸川導演，於2012年年底上映的電影《王的盛宴》，對軍士的甲冑進行了一定的復原，可惜當時幾乎無人發現這一亮點；2016年2月播出的《女醫明妃傳》，對皇帝甲冑及部分軍士甲冑進行了復原，劇中朱祁鎮穿的甲冑是以《出警入蹕圖》中萬曆皇帝的甲冑為原型製作的；2017年5月播出的電影《蕩寇風雲》中，士兵的衣甲是根據明代仇英所繪《倭寇圖卷》中的明軍進行復原的，配合複盤的鴛鴦陣，效果非常好；2018年3月，由央視出品、石姝麗執導的歷史類紀錄片《土司遺城海龍屯》，也復原了大量明代布面甲。

不難看出，影視劇對古代甲冑進行考據和復原的歷史非常短，還不到十年。而這一切也與近十幾年來，出現了大量甲冑愛好者、冷兵器愛好者相關。這些愛好者中不乏能復原古代甲冑的甲師、甲匠。在傳統復原甲資料匱乏的時

▲《長安十二時辰》中四軍會面的場景。圖中右一為旅賁軍，除了崔器穿著家傳的鎧甲，其餘軍士皆穿著傳統的札甲；右二為右驍衛，他們身上的甲是根據長樂公主墓壁畫中的武士甲復原的，頭盔則是根據出土的渤海盔復原；右三為神武軍，其甲冑與前者的區別主要在於顏色，皆為金色；右四為龍武軍，該軍甲冑基本是按壁畫中唐代武士的甲冑和頭盔復原的

期，甲匠們每完成一件作品，幾乎都會在圈內引起轟動，大家爭相傳播，繼而出現各種周邊產品，如繪畫、遊戲貼圖、兵人模型等。筆者也是甲冑愛好者，收藏過數套復原甲。在撰稿前，筆者拜訪了為《長安十二時辰》復原甲冑的甲師們，邀他們一同講述歷史上的唐甲。

《長安十二時辰》中的甲冑，一部分是劇組製作的，其他的則是由函人堂工作室和甲師溫陳華及其團隊提供。溫陳華以復原明光鎧等唐代甲冑而聞名於甲冑愛好者中，此次他負責劇中所有軍官的甲冑。著重於復原歷代實戰甲冑的函人堂團隊，則承擔了劇中士兵的甲冑。據函人堂的統籌人陳斐孺介紹，他們為該劇一共製作了197套士兵甲冑，其中包括旅賁軍全套、聖人禁軍軍全套士兵甲、右驍衛全套士兵甲、烽燧堡之戰全套士兵甲馬甲。其他部件還包括崔器出場時所帶的翻耳盔，王宗汜將所有士兵和張小敬腰間的跨帶，唐軍所穿的六合靴等。

解密士兵甲复原過程

劇中出現的第一套甲冑，是第一集剛開場的長鏡頭中西市閣樓下站崗的軍士身上的銀色甲冑，形制與長樂公主墓壁畫上的步兵甲相似。在《長安十二時辰》中，這套步兵甲被設定為右驍衛的戎裝。當然，這只是劇中的設定，歷史上唐代右驍衛穿什麼樣的甲冑已無從考證。後來劇中又出現了更為華麗的龍武軍甲冑，形制上更接近唐代長樂公主墓壁畫上武士的甲冑。

這些頗具唐代特色的甲冑是怎樣被復原的呢？函人堂甲冑設計師郝岭向筆者介紹道：「這是一套經典的唐代初期甲冑，因為有清晰的長樂公

▶函人堂甲冑復原團隊根據《武士出行圖》等壁畫復原出的唐代武士甲冑，這款甲冑在《長安十二時辰》中是龍武軍的甲冑（模特：「武藏東山再起」）

主墓壁畫參考，我們和甲冑愛好者都希望複製一套，這原本是在電視劇開拍以前就做好的樣品，後來被劇組看上就光榮地『轉正』了。」

有觀眾會好奇，劇中這些質感十足的甲冑，究竟是真正的金屬甲，還是用其他材質做成，只是把外觀製成金屬甲的模樣？對此，郝嶺很坦誠地說，劇中的甲冑與壁畫中的還是有些小區別，在製作過程中做過優化處理。「壁畫中的頭盔部分是由十幾片甲拼接的，我們為了生產方便做成了四瓣四筋；護喉部分我們也做了優化，有點像宋金時代的鐵浮屠雛形；身甲左右甲片應該是有疊壓的，我們做了對襟式，但是保留了胸部最明顯的隋唐特徵—明光胸片。」

或許有人要問，為什麼不能完全按照壁畫復原，非要以「優化」為名進行改動？實際上，這也是影視劇拍攝需要，要知道這套甲屬於上下一體的直身甲，如果全部由鋼鐵製作重量可達40多斤，普通人穿一天是相當難受的。函

▲《長安十二時辰》中的烽燧堡守軍甲，主角張小敬以及軍士們身上穿著傳統札甲

人堂團隊配合劇組需求，優化了內部結構，把甲片換成了鋁鎂合金，重量減少了，提高了演員穿戴舒適性，使大量打鬥動作變得可能。郝嶺說：「正是因為對甲冑做了輕量化處理，這才有了崔器穿士兵甲死戰的那場戲。總體來說，我們複刻了壁畫中大概60%的樣子，有時間、有機會的話我想使它接近100%。」

相信看過劇的讀者對第一集中唐軍突入「狼窩」那個廝殺長鏡頭印象頗深。參與這次行動的唐軍，身上穿的都是最為常見的札甲。札甲在中國古代正確稱呼為「甲札」，現代人為了理解記憶口頭稱呼為札甲。可以說，札甲是最具代表性的中華甲冑，從先秦一直延續到明末清初。製作札甲時，先將長條形金屬甲片用繩子左右串聯成一排排的，然後再上下串聯成甲冑的各個部分，值得注意的是，這些甲片沒有固定的規格，即使在同一朝代，它的單片尺寸也大小不一。《長安十二時辰》中，無論旅賁軍、神武軍，還是龍武軍、右驍衛，皆使用札甲片作為基本元素。

是否因為札甲流傳得久，所以更好復原呢？陳斐孺否定了這種看法，他說：「中國幾乎歷代皆有札甲，但真正要復原它並不容易。由於歷史久遠，中國目前出土的唐代札甲片極少，且保存情況不佳，我們只能參考大量的唐代壁畫和雕塑，從中選擇了這款通用性較高的札片作為組成甲冑的基本元素。選定了甲片基本組成元素後，考慮到是給士兵穿，所以儘量偏於實戰。甲冑武備是有歷史延續性的，畢竟拍電視劇不是做考古，在條件允許的情況下我們也參考了一些相似的朝代，例如旅賁軍肩膀披膊靠繩帶左右交叉固定的方式，參考了遼宋時期的畫卷，因為從907年唐朝滅亡到宋建立僅隔了幾十年，甲冑的樣式不會出現巨大變化。」

崔器甲冑背後的玄機

《長安十二時辰》還帶火了一個此前鮮為人知的機構「靖安司」。靖安司是玄宗朝設立的統攝整個西都賊事策防的機構。張小敬身分的稱呼也很清奇，叫「不良帥」——唐代主管偵緝逮捕的官差。從全劇核心為靖安司這點來看，就可知這是一部披著歷史劇外衣的唐代版刑偵劇，故而也被網友戲稱為「西安反恐24小時」。

▲劇中身穿魚鱗甲的崔器

靖安司的崔器給觀眾留下的印象頗深，他一出場就身著一套做工精良的鎧甲，肩上架有一對大錘，若不瞭解還會誤以為這是一名唐軍大將。雖然他統領著一小隊旅賁軍，但他的身分並非軍事將領，而是相當於今天的員警。給他配備一對鐵錘作為武器倒也合理，要知道這玩意兒在巷戰時尤其好使，而且打擊犯罪分子時只要沒擊中要害，一錘下去還不至於要命，能留下活口錄口供。不過，不少觀眾也提出，崔器作為治安警察，他穿的甲冑太隆重了，是不是唐朝太有錢了，員警都能穿這麼好的甲？

唐朝的「員警」穿什麼已無從考證，但崔器身上的甲的確是有些來頭的。簡而言之，崔家來頭不小。自兩晉以來，門閥政治大行其道，興起了不少大姓。這些門閥壟斷政治資源，自南北朝後，各朝代都通過各種方式不同程度對其進行打擊，但龐大的士族門閥並不是一朝一夕就能被消滅的。至隋代、初唐，「盧」「崔」「鄭」「王」等家族的影響力都還很大。也就是說，崔器的祖上也許有過輝煌的時刻。可我們在劇中看到，崔氏兄弟混得不好，為了區區隴西軍籍到處拼命，哥哥崔六郎還因此丟了性命。這是因為唐朝建立一百多年後，對門閥的打擊已見成效，到了唐中期，「崔」，「鄭」等門閥士族地位已完全下降。

不過，再落魄的士族門閥也有不同於普通人家的地方，到了崔器這一代，他們崔家輝煌的印記就只剩下他身上的寶甲了。這套魚鱗甲是甲師溫陳華的作品，溫陳華在訪談中說：「雖然在這個時代，崔家已經沒落，但他是有家底的，這套魚鱗甲就是他們崔家的家底。如果你仔細觀察，你會發現崔器身上穿的甲和其他軍官穿的不一樣，因為那是他家傳的鎧甲。但由於他級別不高，所以他肩上、腹部沒有獸吞等配件，這些東西我就換成了一種圓形的簡單防具。

崔器這套魚鱗甲還有一個明顯特徵，那就是腰部有一個圓形的板甲式護具，這也是根據唐代的雕塑複刻的。對此，溫陳華這樣解讀：「唐代有很多這樣的雕塑，級別高一些的，還會有一個繡球狀的護具。關於《唐六典》中的光要甲，有一種解釋就是說那個『要』字通『腰』，是指腰部那裡有很光亮的一個圓盾形的護甲。當然，這只是其中一種解釋，並沒有定論。」

崔器首次出場時頭戴幞頭。後來執行任務時，很多人都注意到他戴著一頂很別緻的翻耳盔，看上去頗似日本古代武將頭盔上的「吹返」。這種兜鍪在唐代的雕塑和壁畫上比較常見，為方便讀者閱讀，我們姑且先稱之為「翻耳盔」。在現存的出土文物中，河北定州貢院內靜志寺塔基地宮出土的唐代鎏金銅天王像所帶的兜鍪，敦煌榆林窟第25窟前室東壁南側南方毗琉璃天王的兜鍪，以及上海博物館所藏的唐代天王像的兜鍪，都是這種「翻耳盔，有觀點認為，當時的頭盔在頓項處有吊掛裝置，平時可以將頓項拉起，讓穿戴甲冑的武士可以免受悶熱之苦，作戰時又能放下頓項，作為防護。

劇中崔器所戴的翻耳盔出自函人堂工作室的甲冑復原師何東明（網名「大漢蕭何」）之手。據何東明介紹，製作這頂頭盔，對他是一次挑戰。他說：「這個盔是幫劇組手工打造的，因為沒有歷史出土物，只有雕塑和壁畫做參考。從盔形上看，大多是由左右兩瓣拼接組成，但也有雕塑展示這種盔是由一圈一圈札甲片拼接圍成的。我個人覺得，兩側的翻耳其實是護項的一部分，是專門保護頸部的，由皮革材質的小札甲片甚至鎖子甲組成，平時不作戰時用繩子掛起來通風透氣，作戰時放下來繫在下巴處作為防護。」

▲劇中幞頭搭配札甲的穿著。幞頭起始於漢代，盛行於唐代。在唐朝，幞頭因穿著方便，富有變化而深受社會各階層歡迎，成為百官士庶的常服

何東明認為，翻耳盔的這一功能可能與中亞、北亞民族帶的冬帽一能向上翻和放下來護臉——有異曲同工之妙。他說：「唐代屬於民族大融合時期，吸收周邊以及更西邊民族風格的可能性很高，我們在唐代以及後世很多壁畫中，甚至明代以及西藏現存甲冑都看到過這個部件的上翻表現，壁畫和雕塑作者可能出於美化目的昇華了這一部位，演化成日後的鳳翅盔還是有很大可能性的，這是我個人的理解。」

儀仗甲有防禦效果嗎？

在《長安十二時辰》中，宮廷儀仗隊穿的華麗甲冑也給人留下了深刻印象，這就是絹甲！

絹甲在《唐六典》中也有記載，屬於唐十三鎧之一。盛唐時期的出土文物中有不少武士俑、天王像身上都穿著繁縟而華麗的鎧甲，這些甲的質地看上去十分柔軟。根據學者劉永華的推測，這些甲應該就是《唐六典》中提到的絹甲。絹甲是以絹帛、皮革及部分金屬材料製成，看上去又美又華麗。這種甲以圖案華美的絹或織錦為面料，內襯加數層厚棉製成，顯然是一種儀仗甲，而非實戰

▲《長安十二時辰》中的明光鎧

甲，通常是宮廷侍衛、武士所穿的戎服。

那麼，作為一種儀仗甲，絹甲的防禦功能又如何呢？溫陳華認為，即使是儀中仗甲，也需要具備防護功能。他曾根據試驗得出結論：「唐絹甲採用的應該是乾漆夾苧法，所以它可以有很好的造型。但是，無論絹甲表面多麼華麗，或是彩繪，或是絹布本身的花紋，其內部都是由多層絹、膠以及複合布一層層疊加而成的。根據我們的試驗，我們一層布一層膠疊加，三十層後，我們讓一個兩百斤的大個頭對其進行撞擊，結果發現絹甲沒有變形。我個人認為，在國力強盛的時期，儀仗甲同樣也具備強大的防護功能，就像總統的車，雖然不上戰場，但它一定具備強大的防彈功能。」

五彩斑斕的絹甲亦是盛唐戎裝走向巔峰的象徵，大氣恢宏的甲冑搭配當時已聞名遐邇的鎏金、貼金、包金等金屬飾品，繪製了一卷令人夢迴千年的盛唐畫卷。

知識連結

揭開「不良人」的神祕面紗

若不是影視劇和動漫的影響，唐代「不良人」大概會繼續被淹沒在歷史長河中，鮮為人知。《長安十二時辰》主角張小敬號稱「十年西域兵，九年長安帥」，這裡的長安帥指的是他擔任了九年的「不良帥」之職。劇中，由不良帥統領的「不良人」組織嚴密、行蹤莫測，且個個都是身懷絕技、忠肝義膽的好漢，偵察、臥底、暗殺、搏鬥無所不能，頗有現代特警的風範。實際上，最先將「不良人」帶給大眾的是動畫《畫江湖之不良人》，在那個江湖中，不良人就更神祕了，他們的首領不良帥竟然是活了幾百年的袁天罡，不良人組織在他的率領下，欲圖光復已滅亡的唐室。

通過影視、動漫作品的一番渲染，「不良人」成為大唐帝國最為神祕的組織。那麼，歷史上的不良人又是什麼面貌呢？

徵用作奸犯科者充任捕役？

歷史上，不良人的確存在，而且是唐代官職名稱。簡單地說，不良人是唐代府（州）縣主管偵緝逮捕的吏，又稱「不良」，其統領稱「不良帥」，職能與後世的「捕役」、「捕快」相同。之所以被文藝作品賦予那麼多神祕色彩，首先是「不良人」的稱呼太有特色，讓人「不明覺厲」；其次是史料中關於「不良人」的記載太少，給藝術創作留下了足夠的空間。當《畫江湖之不良人》和《長安十二時辰》熱播後，關於唐代「不良人」的科普也如雨後春筍般現於網路，其中有個引人關注的點——為什麼有惡跡的人還能為唐代官府效力？

「不良人」，通常看著就不是好人，很容易和現在的「不良少年」、「不良習慣」聯繫起來。不過它既是古代官職，就得考察一下這個詞在古代的意思。「不良」一詞首現於《詩經》：「夫也不良，國人知之。」鄭玄箋：「良，善也。」那麼，不良所指的便是不善。兩漢之後，這個詞仍指不善，如《後漢書．章帝紀》中有「今吏多不良，擅行喜怒，或案以不罪，迫脅無辜」的記載。唐代出現「不良人」這麼一個職位，讓人往「不是好人」的方向想也在情理之中。

一些關於不良人的科普文章介紹，不良人是指唐代有惡跡的人充當的官吏，為朝廷行緝捕偵查之事。這個解釋讓人費解，為什麼要找有惡跡的人來當官吏？實際上，這說法並非毫無根據，它最早出現在《唐五代語言詞典》的詞條中，該詞典這樣解釋「不良」：「唐代官府徵用有惡跡者充任偵緝逮捕的小吏，稱為『不良』，俗又稱為『不良脊爛』，其統管者稱『不良帥』。」看起來頗有《水滸傳》中朝廷收編梁山好漢去打方臘起義軍的意味，張小敬看起來無所不通，又帶有幾分痞氣，還真有「惡跡者」的模樣。

但問題來了，《唐五代語言詞典》是現代學者編撰的，1997年才出版。對「不良」這個詞的解釋有不嚴謹之處，尤其是以「有惡跡者充任」屬於望文生義的推測。儘管這種推測並非毫無依據，中國古代的確有徵用「賤民」甚至有犯罪前科的人充任捕役的現象，但多出現在明清時期。在古代社會，尤其是宋之後，捕役屬於賤業，以清代為例，衙門裡的執役人除了「壯班」外，其他普通衙役都是「賤民」出身，連參加科舉的資格都沒有。以此類推，唐代不良人職能與捕快、衙役一樣，加上「不良」這一頭銜，很容易讓人將其與後世由「賤民」充當的衙役結合起來。

這種推測有一定合理性，唐代不良人很可能與後世的捕役一樣，成員皆為出身卑賤之人。但必須注意的是，這些是根據後世相同職業結合「不良」之稱而進行的推測，沒有任何記載說「不良人」就是由「賤民」擔任的，且唐代社會也不能與後世等量齊觀。從史料記載的稀少程度來看，這個職業在當時或許不那麼風光。官府斷不至於專門尋找一些作奸犯科的人來擔任這一職業。「不良」可能只是對「賤民」或「賤業」的一種稱呼，並不是指有惡跡之人。

唐人筆下的「不良人」

要揭開不良人的神祕面紗，最直接的方法是從唐人的記載中尋我。在唐代，關於不良人的記載很少，從現在可知的史料來看，這個稱呼最早出現在唐代小說家張鷟（約660—740年）筆下。張鷟所著的《朝野僉載》是一本記載朝野佚聞的筆記小說集，主要記載從貞觀到武周時期之事，內容龐雜豐富，不乏怪誕離奇的坊間傳聞。

在該書第三卷，「不良人」首次登場的事件就十分勁爆。大致是說尚書左丞李行的前妻之子李忠幹了一件膽大包天的事，他先與自己繼母通姦，然後金屋藏嬌。為了我人背鍋，李忠竟然對外宣稱繼母被李世民弄到皇宮裡去了，給李世民扣了個淫亂臣子妻妾的帽子。李行信以為真，竟然進宮我李世民要人，李世民遂下旨嚴厲追查。後來李忠做賊心虛，私下我人打探消息時，「被不良人疑之，執送縣」。經過幾番審問，此事終於真相大白，李忠也認罪伏法。這個故事的真假無從考證，但「不良人」終於出鏡了，由此可知在唐代早期不良人就已存在，且有刑偵逮捕的職能。《朝野僉載》第五卷還出現了「不良主帥魏昶有策略，取捨人家奴，選年少端正者三人布衣籠頭至衛」的記載，機智的魏昶應該是唯個有名可查的不良帥。

除了唐人的筆記小說，不良人也在官修正史中出現過。《舊唐書・楊慎矜傳》有段令人毛骨悚然的記載：「先令盧鉉收太府少卿張瑄於會昌驛，系而推之，瑄不肯答辯。鉉百端拷訊不得，乃令不良枷瑄，以手力絆其足，以木按其足間。挽其身長校數尺，腰細欲絕，眼鼻皆血出，謂之『驢駒拔撅』……」主要講唐玄宗時期的官員楊慎矜遭李林甫陷害，鷹犬盧鉉派人把太府少卿張瑄抓到會昌傳舍，彈劾他和楊慎矜一起占驗讖諱。盧鉉對張瑄進行審問，張瑄不肯回答，盧鉉便開始濫用酷刑，由不良人來執行，他們先給張瑄上枷鎖，用手拉住腳，將木頭按在雙腳之間，打擊枷柄向前，將其身體拉長了數尺，連腰都快被撕扯斷裂，張瑄被折磨得眼鼻皆出血。不良人所用的這種酷刑被稱之為「驢駒拔撅」。

從這則記載可知，不良人不僅是街上刑偵緝捕的捕快，也是牢中負責對人犯實施酷刑的衙役。前者屬於維護治安，利國利民之舉；後者作為酷刑的實施者，的確算是在從事「不良」之事。生活在清代中晚期的官員、學者梁章 對古時的各種官職、稱謂進行考證後著成《稱謂錄》一書。該書結合了清朝早期文人吳震方在《說鈴續集》中的記載，對唐代「不良人」一職進行了簡明的解釋：「緝事番役，在唐稱為不良人，有不良帥主之，即漢之大誰何。」

在漢代，掌門禁者稱為「大誰」，屬「公車司馬令」。大誰也是掌管偵緝逮捕任務的官吏的職務名稱。相比後世對不良人的種種衍生解讀，清人梁章 表述的「緝事番役」反而是對不良人最準確的注解。

並非「唐代錦衣衛」

自從「不良人」走入大眾視野，有不少人將其稱為「唐代錦衣衛」，我們不妨看看，不良人與數百年後大明朝的錦衣衛究竟有沒有可比性。

首先得承認，不良人與錦衣衛至少有一點是非常相似的——都是通過影視作品而被大眾熟悉。那麼在歷史上，兩者是否類似呢？錦衣衛，原本為負責皇帝安全和儀仗的都尉府和儀鸞司，相當於儀仗隊，1382年被朱元璋改為錦衣衛後，除保留原有的保鏢和儀仗隊功能之外，還增設了一項重要職責：巡查緝捕。這個職能與不良人「緝事番役」類似，也是不良人被視作「唐代錦衣衛」的重要依據。

儘管不良人這個名頭今天聽起來很酷，但終究是唐代府（州）縣管理體系下的捕役人員，其傳奇色彩多是後世文藝作品賦予的。錦衣衛就不同了，其厲害之處在於可以繞開刑部等司法機構，直接逮捕、刑訊除皇帝以外的任何人。以前歷代的特務機構大多只負責情報，案件的後續處理則移交司法機關。如果是司法機關處理案件，多少要依據法律，公開審理處罰。而錦衣衛辦事，只用向皇帝一人彙報，他人無權過問。由於權力缺乏限制，錦衣衛往往為邀功請賞而不擇手段，羅織罪名、擴大牽連範圍，製造了無數冤假錯案，令舉國官員聞之色變。

一言以蔽之，明代錦衣衛是皇帝身邊的人，權勢熏天。而唐代的不良人僅是官府小吏，甚至可能是出身微賤的「賤民」。所以，不良人絕不可能是「唐代錦衣衛」，兩者沒有可比性。關於錦衣衛的記載比比皆是，如紀綱謀反、馬順橫死、袁彬護主、陸炳救駕等。相比之下，不良人就很可憐了，史書中就那麼寥寥幾筆，甚至連配角都算不上，或許只有在影視和動畫的世界中，他們才能華麗轉身。

◀唐代絹甲，搭配翻耳盔，函人堂製，參考的是敦煌莫高窟及唐代陶俑

晚唐明光鎧

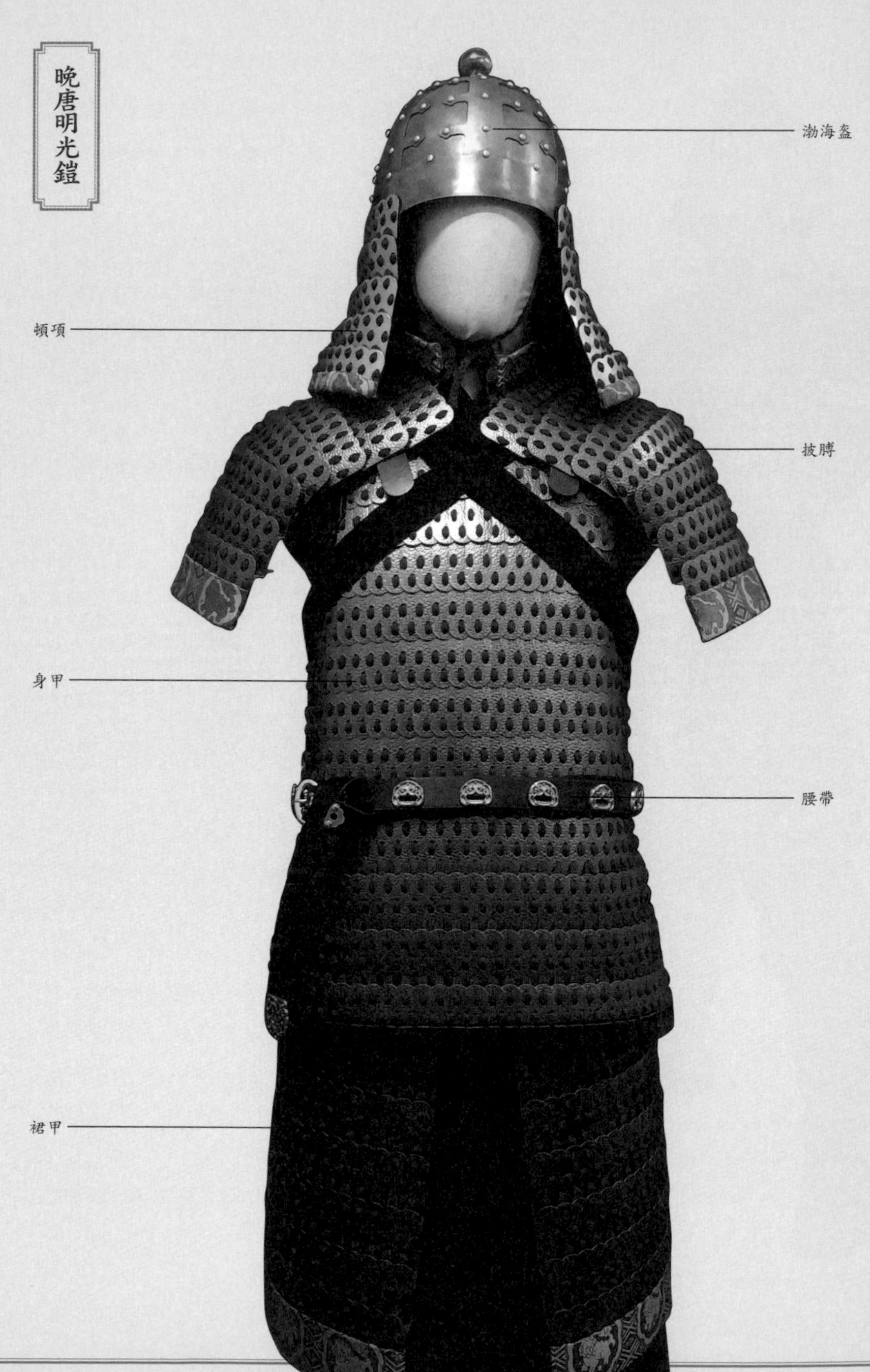

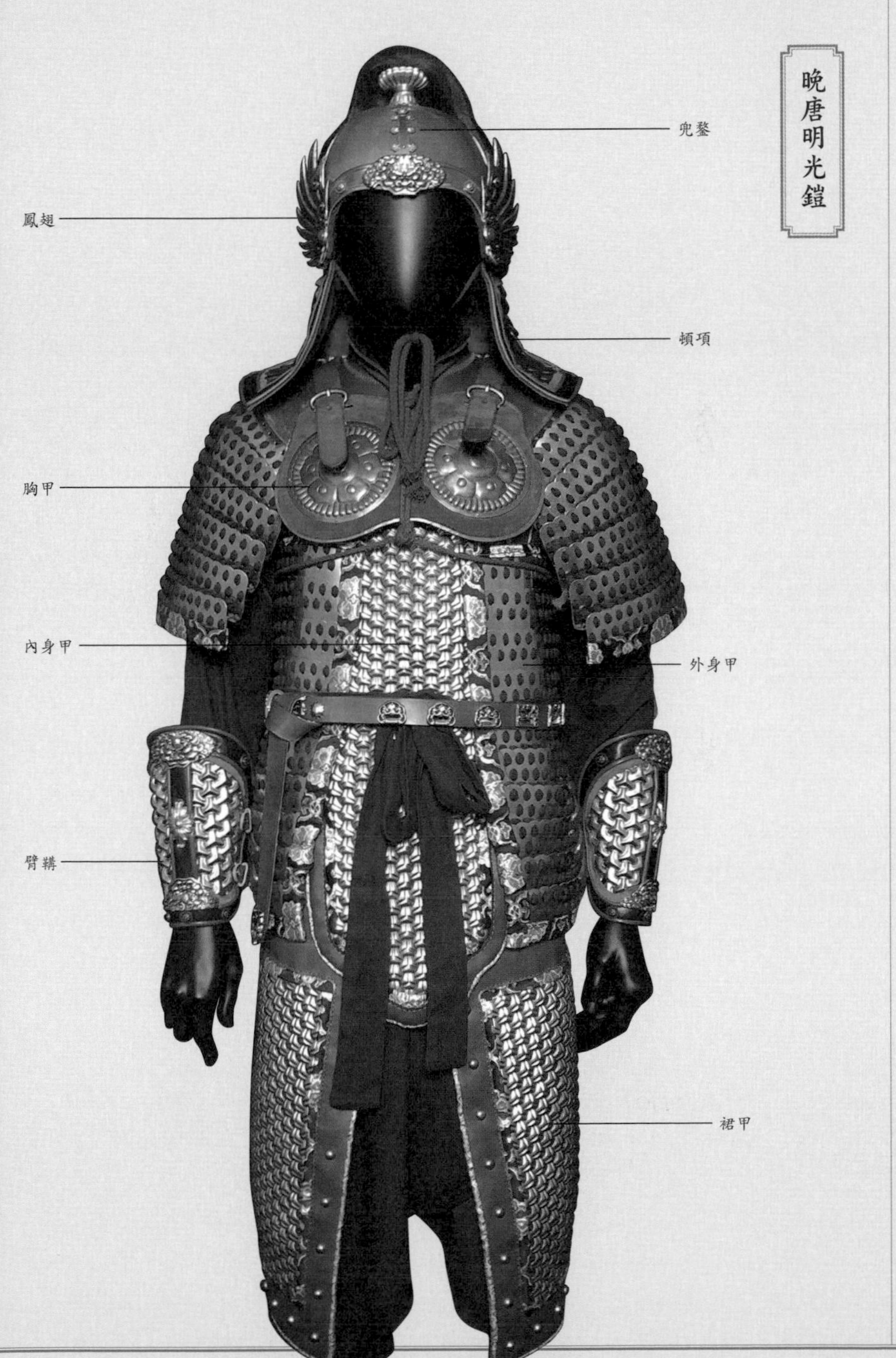
晚唐明光鎧
兜鍪
鳳翅
頓項
胸甲
內身甲
外身甲
臂鞲
裙甲

· 先秦

· 秦

· 漢

· 三國兩晉南北朝

· 唐

· 宋

· 元

· 明

· 清

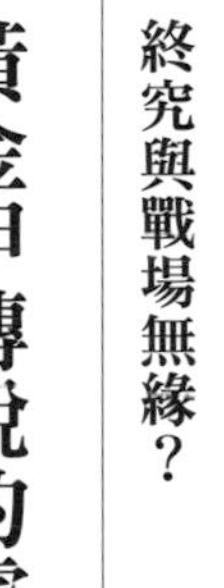

第六章

亂世迷蹤

終究與戰場無緣？

黃金甲傳說的虛與實

待到秋來九月八，我花開後百花殺。

沖天香陣透長安，滿城盡帶黃金甲。

——唐·黃巢《不第後賦菊》

滿城盡帶黃金甲

安史之亂後，盛唐凋零，而後又有黃巢之亂，給予大唐帝國致命一擊，繼而朱溫篡唐，終結了唐帝國。隨之而來的是一個「天子甯有種耶？兵強馬壯者為之耳」的軍閥混戰時代，中原地區後梁、後唐、後晉、後漢、後周五個王朝你方唱罷我登場，中原之外前蜀、後蜀、南吳、南唐、吳越、閩、楚、南漢、南平（荊南）、北漢、武平等地方政權城頭變幻大王旗，這個史稱「五代十國」的大分裂時代，實際上何止十國。在大唐帝國由盛轉衰，分崩離析之際，盛唐甲冑華麗浮誇之風亦為之一變。然而，五代時期的甲冑在眾人心中的形象卻是模糊的。

▲電影《滿城盡帶黃金甲》中周杰倫等人皆身穿黃金鎧甲，但在真實歷史中，這種情況並不會出現

五代十國雖然也是中國歷史上的大分裂時期，但其知名度遠不及春秋戰國、漢末三國，反映這個時期的影視作品也相當少，有些知名度的大概是張藝謀導演的電影《滿城盡帶黃金甲》。影片根據曹禺的話劇《雷雨》改編，背景為五代十國時期以後唐為原型的「某國」電影不但直接採用黃巢詩句作為片名，鏡頭中還出現了一大批身披「黃金甲」的將士，就連周潤發扮演的皇帝也穿上了一身浮誇的黃金鎧甲。問題來了，黃金是否可以用來製作盔甲？中國古代真的存在黃金甲嗎？

在古代詩人的作品中，「金」與戰甲的搭配倒是很常見，如王昌齡《從軍行七首》中的「黃沙百戰穿金甲，不破樓蘭終不還」，李賀《雁門太守行》裡的「黑雲壓城城欲摧，甲光向日金鱗開」。當然，傳得最廣還是黃巢的那句「滿城盡帶黃金甲」。

但是，《滿城盡帶黃金甲》中那種浮誇的場景在歷史上是絕對不可能出現的。首先，黃金歷來是珍貴的金屬材料，若用黃金打造鎧甲，那將是很龐大的一筆軍費支出；其次，黃金很軟，在戰場上起不到防護作用，製作成防禦的鎧甲或盾都不是首選；第三，黃金密度高，很重，做成甲冑穿在身上，會大大降低士兵的靈活性，這在命懸一線的戰場上是非常致命的。總而言之，黃金不僅不是做武器的料，也不是做防具的料，古詩詞中的「金甲」、「金鱗」並非真正的黃金。

那麼，在儀仗甲中，黃金甲是否就真的存在呢？實際上，絕大多數的「金甲」不過是貴族為了顯示身分而在鎧甲上的鍍金，但也不能因此說黃金與戰甲就徹底絕緣，在甲冑的製作中，絲狀的黃金完全可以被派上用場，廣為人知的當屬漢代皇帝駕崩後身穿的金縷玉衣。在漢代帝王陵墓中，已經出現以金縷為線製作的服飾或甲冑。到了唐代，只要家庭富裕的人都能穿上金縷織成的衣服，白居易在《秦中吟．議婚》中就有「紅樓富家女，金縷繡羅襦」的詩句。用在戰甲方面也同理，無論是漢代開始出現的「環鎖鎧」，還是古代歐洲的「鎖子甲」，都是由鐵絲或鐵環套扣綴合成衣狀，每環與另四個環相套扣，形如網鎖。這就會出現一種情況：皇帝或貴族為顯示身分的尊貴，便以金絲取代鐵絲，作為製作專屬鎧甲的材料。

比較出名的還有「金絲軟甲」，這種甲冑無論在古代中國還是古代西方都有

▲金縷玉衣，現藏於國家博物館。玉衣是穿戴者身分等級的象徵，皇帝及部分近臣的玉衣以金線縷結，稱為金縷玉衣，其他貴族則使用銀線、銅線編造，稱為銀縷玉衣、銅縷玉衣（周渝 攝）

出現，造價十分昂貴，透氣性好，但不能抵擋大力的打擊和刺擊，通常只有重要人物在出席重要場合時穿。「金絲」在古代既指絲狀黃金，也指絲狀的其他金屬，因此，「金絲甲」是否由黃金製成並不可知。

存世文物乾隆皇帝的鎧甲倒是印證了用絲狀黃金裝飾甲冑的說法。乾隆的甲冑在1860年英法聯軍火燒圓明園時被掠奪並流失海外，現收藏於法國軍事博物館。「此甲為明黃緞繡五彩朵雲、金龍紋，下為海水江崖圖案，月白綢裡。甲面有規則的金帽釘。衣正中懸鋼質護心鏡，鏡四周飾鋄金雲龍紋。兩袖用金絲條編織，袖口月白緞繡金龍。裳分左右，腰以布相連，裳面以金葉片、金帽釘、彩繡龍戲珠紋相間排列。」其中提到的「金帽釘」、「金葉片」以及金絲條編織的兩袖皆為黃金裝飾，鎧甲雖已有兩百多年的歷史，但保存得好，色彩明豔。這套鎧甲雖名為戰袍，卻始終與戰場無緣，因為清代自康熙之後，就再沒有皇帝御駕親征的情況出現。

除了乾隆甲這一類的存世文物，偶爾也能見到「黃金甲」的蹤影。《資治通鑒》（卷189）記載：「甲子，秦王世民至長安。世民被黃金甲，齊王元吉、李世績等二十五將從其後，鐵騎萬匹，甲士三萬人，前後部鼓吹，俘王世充、竇建德及隋乘輿、禦物獻於太廟，行飲至之禮以饗之。」

這一年是621年，虎牢一戰，李世民先後擊破王世充的鄭軍與竇建德的夏軍，凱旋長安獻俘時，身穿「黃金甲」。但這個「黃金甲」究竟長什麼模樣，是用什麼材質做成的，一來史籍沒有詳細記載，二來沒有存世實物佐證。以常理推測，「黃金甲」應該不是純金的鎧甲，更可能是鍍金或色澤為金黃色的鐵甲，與「黃沙百戰穿金甲」、「滿城盡帶黃金甲」的意思一樣，不可簡單粗暴地判斷黃金甲就是以純金打造的甲冑。

真實的五代甲冑

實際上，真實的五代甲冑遠遠不如影視作品中那般浮誇。嚴格地說，五代的甲冑完全沒有自己的時代特色。主要原因有三個：其一，五代雖是戰亂分裂時期，但從907年朱溫篡唐建立後梁，到960年趙匡胤發動陳橋兵變，前後不過53年，遠不能與前面幾個亂世相比；其二，冷兵器時代的甲冑發展至唐代，形制、性能等已相當成熟，五代亂世很難再有突破；其三，五代時期的君主基本都是唐末時割據的藩鎮，其甲兵自然也為唐制。

▲唐太宗李世民像

基於以上三個原因，五代甲冑基本襲承自晚唐。不過值得一提的是，晚唐的甲冑與盛唐時期是有所變化的。自從安史之亂後，大唐帝國便不再太平，甲冑也從更強調裝飾性變為更重視防護功能。這時，位列「十三

▲五代時期，後梁浮雕武士石刻，1995年河北曲陽王處直墓出土，墓主曾是唐朝任命的義武軍節度使，現藏於中國國家博物館（周渝 攝）

鎧」之首的明光甲已基本退出歷史舞臺，取而代之的是以細小山紋、細鱗甲片編綴的胸甲，只是還保留了明光鎧兩個圓護的形狀。此外，唐軍還重新使用金屬片編綴絹甲，肩下重新裝置披膊，作為戎服附件的「抱肚」也開始流行，以甲身、披膊、腿裙幾個為主，取消了盛唐時期大量的甲冑附件。

另一方面，此前唐甲濃厚的西域風又回歸到傳統的中國風。兜鍪方面，最具中華甲冑特色之一的鳳翅盔閃亮登場，至五代，盔前的「獅齒」、「翅展」、「鬼角」等裝飾越來越豐富。這一時期形成的風格對之後的宋、元、明三代皆有深遠的影響。

五代時期的鳳翅盔與宋明時期的鳳翅又有所區別，五代的鳳翅普遍比較大，這裡以王處直墓中出土的武士浮雕為例。王處直是五代十國初期北平國的統治者，後歸附於晉王李存勗。921年年底，養子王都發動兵變，王處直被囚禁，死於932年。1994年6月，河北省曲陽縣靈山鎮西燕川村西墳山上的一座古墓被盜掘，後發現這座墓的主人便是王處直。王處直墓室兩側入口處有一對漢白玉武士浮雕。從形象上看，武士甲冑形制與晚唐無異，兜鍪上有一巨大鳳翅，也有人認為這是頓項反卷後的樣式。這種形制與日本平安晚期出現的「大鎧」頭盔上的「吹返」極為相似。有意思的是，這兩種甲冑出現的時間幾乎重合，只是目前還沒有足夠證據表明唐末五代時期的甲冑與日本平安時期的大鎧存在關係。

經過半個世紀的混戰，隨著黃袍加身的趙匡胤以宋代周，發動一系列征伐，中原地區終於趨於統一，中華甲冑至此步入了一個全新時代。

知識連結
難以上戰場的黃金武器

既然說了黃金鎧甲的傳說，這裡便展開談談黃金武器。對新生的一代人而言，黃金武器並不陌生，因為它總是出現在電子遊戲或動漫作品中，如20世紀90年代風靡一時的日本動漫《聖鬥士星矢》中就出現了黃金聖衣、黃金聖劍、黃金箭、黃金匕首等以黃金製成的武器裝備。黃金武器不僅能裝飾角色，同時還代表著使用者的能力等級。然而在歷史上，黃金武器遠沒有藝術作品中的那麼多。這並不奇怪，因為與青銅、鋼鐵等金屬比起來，黃金數量稀少，純金的質地不僅軟而且重，根本不是做武器的料，通常只是武器的裝飾。

但是，相對於黃金甲，黃金武器存在的證據更足。甘肅玉門火燒溝夏墓出土的金耳環（鑄造較粗糙）是迄今為止中國已知的最早的黃金製品，據此推算，中國人大約在舊石器時代晚期或新石器時代早期就已掌握了黃金的屬性。作為世界上最早使用黃金為人類服務的國家之一，中國歷代存世的文物中，雖然以黃金製成的器具多不勝數，但黃金武器少之又少。原因大致有兩個：首先，中國自古以來都缺金少銀，儘管古書中頻頻出現「賜金十斤」等詞，實際上並非真金，而是指黃銅等金屬品；其次，黃金武器不像金釵、金耳環、金碗等金器那樣既具觀賞性又有實用性。因此，黃金與武器的結合只能是添花。

在中國古代，黃金和白銀是比玉器和青銅更稀缺的材料，先秦時期，金器往往為貴族專用，是身分的象徵。從現存文物來看，中國早在周代就有用黃金裝飾武器的現象。例如，大英博物館有一把來自中國的鏤空鑄金劍柄，這把精細的劍柄是從山西渾源（當時屬燕國勢力範圍）的古墓出土的，是春秋晚期鑄造的武器，由於劍身已不存在，無法判斷是銅劍還是鐵劍。博物館這樣注解的劍柄：「金劍柄的兩側具有明顯的縫合線，表明它可能是投在一個兩件式模具中。它的頂部與劍柄和劍刃相接處都向外凸出。劍柄是鏤空的，兩面都裝飾著著名的『蟠龍紋』……」其中提到的「蟠龍紋」是先秦時期青銅器常見的紋飾之一，即龍形巨首有兩角，雙目圓睜，身似蛇形，有鱗紋，盤曲如球狀，空間填以獸、鳥和魚紋等。值得注意的是，大英博物館的注解中還推測「黃金劍柄易碎，極有可能不能使用在真正的劍上。製作這個劍柄可能是作為展示或放在墓穴中陪伴亡者」。

結合黃金在古代中國的地位與價值，不難推測，大英博物館這把黃金劍柄的原主人應是一名燕國貴族。實際上，在先秦時期，以金柄銅劍或金柄鐵劍作為陪葬品並非個例。1992年5月，寶雞市考古隊在清姜河東岸搶救發掘了兩座春秋墓葬，其中2號墓葬出土了以國寶級文物——柄鐵劍為代表的200多件珍貴文物，在考古界引起轟動。該墓出土的金柄鐵劍共3把，劍身皆已被腐蝕，但黃金製成的劍柄卻保存完好，其中1號劍與3號劍的劍柄與大英博物館的金劍柄相似。2號劍劍柄的首尾為黃金打造，中間部分為其他材質。儘管至今無法確認益門2號墓的主人，但其出土文物和春秋戰國時代的君王墓葬相當，應該不是尋常人家。

自秦漢之後，「黃金成為上幣，高純度的金餅、馬蹄金、麒趾金，大行於市」，著名的金縷玉衣、鎏金宮燈、鎏金印章等金器皆出現於漢代，但與武器相關的金器依舊屈指可數。不過，在西南少數民族地區的墓葬中倒是發現了兩把「壓花牛頭紋金劍鞘」。這兩把劍鞘出土於雲南省晉甯縣石寨山漢墓，皆由金箔壓製而成，各成三段，每段皆有凸起的圖案及紋飾。上段為牛頭及瓣形紋飾，故得名「壓花牛頭紋金劍鞘」。劍鞘的中段由三小節組成，均飾以雉堞紋。下段以圓圈、麥穗等紋飾構成。值得注意的是，這種劍鞘並非漢人所用，而是滇國的典型器物。滇國是漢代時由少數民族在西南建立的政權，疆域主要在以滇池為中心的雲南中部及東部地區，歷史學家習慣稱之為滇族，據文獻記載和考古發現，滇國在雲南歷史上大約存在了500年，出現於戰國初期，消失於西漢初年。西元前109年，漢武帝出兵征討雲南，滇王降漢，不久後漢武帝賜給滇王一枚純金鑄造的黃金王印，這枚王印也在石寨山漢墓出土，由此推斷，那兩件「壓花牛頭紋金劍鞘」的主人很可能是一位滇王。

說起黃金兵甲與使用者的身分，不少人可能會想起金庸小說《射雕英雄傳》中郭靖被鐵木真封為「金刀駙馬」的故事。儘管金刀駙馬只是虛構的，但「金刀」二字足以讓讀者看出其尊貴地位。

雖然蒙古帝國沒有「金刀駙馬」，但大明王朝有「金瓜武士」之說。《明史·李時勉傳》中「命武士撲以金瓜」是正史裡關於「金瓜武士」的記載。所謂「金瓜武士」，多指皇帝金殿上的儀仗兵兼侍衛，因手持武器的長杆頭部為金瓜狀而得名，但這種武器究竟是不是由黃金製造的則不得而知。清末革命黨人為推翻清朝後建立的新政權選國旗時，就有人提出「金瓜斧鉞旗」的方案，並闡明「金瓜」象徵大明朝皇權，斧鉞象徵帥權。若此說屬實，象徵皇權的「金瓜」有黃金裝飾並不奇怪，但整個武器皆為黃金鑄造的可能性依然很小。

除了儀仗侍衛的「金瓜」，古代演義小說中還有一把出鏡率極高的名槍也值得一提，它就是「虎頭湛金槍」。與之前說的劍柄、劍鞘、金瓜都不同，虎頭湛金槍是叱吒於戰場的武器，《評書三國演義》中的馬超、《隋唐演義》裡的秦瓊、《岳飛傳》裡的高寵、《明英烈》裡的常遇春等無不使用這把金槍。著名的蘇州評話演員張國良在其作品《評話三國》中更是生動地解說了虎頭湛金槍：「槍身乃寒鐵打造而成，長一丈一尺三，槍頭為黑金虎頭形，虎口吞刃，槍體鍍金，乃鉑金鑄就，鋒銳無比，砍刺剁劈，不怕火煉，百煉精鐵。」當然，這只是小說家的藝術加工，因為即使真以鉑金鑄槍，也不太可能達到「鋒利無比」的效果。

在雲山彼端的西方，黃金同樣是尊貴的象徵。古希臘神話中將人類的時代分為黃金、白銀、青銅、英雄、黑鐵五個，其中，「黃金時代」最為完美（相當於克羅諾斯統治的時代）。相傳那個時候，人類無憂無慮，與神幸福地生活在一起，並虔誠地聽從神的旨意，因為食品豐富而不用勞動，身體強健有力，也不用擔心疾病與死亡。此外，希臘神話中眾神的兵器也常與黃金有關，例如海神波塞冬乘坐的是一輛白馬駕駛的黃金戰車，他的代表性武器「波塞冬三叉戟」也常被人們描繪為金黃色的。在歐洲的傳世藝術作品中，黃金甚至還帶著某種超乎自然的力量。其中，「萊茵河黃金」這個故事出自德國著名的古典音樂大師理查·瓦格納創作的歌劇《尼伯龍根的指環》。在故事中，萊茵河底有一塊由萊茵女仙守衛的魔金，相傳誰能取得魔金並鑄成指環，誰就可以擁有統治世界的力量，前提是這個人必須先拋棄愛情，於是尼伯龍根家族的阿爾貝利希在感情受挫後，憤而爭奪「萊茵河黃金」鑄成指環的故事由此展開。

神話畢竟只是神話，生活在現實中的西方人也同樣得面對黃金不適合打造武器這個事實，從他們傳世的文物來看，黃金用於武器的形式與古代中國大同小異。現藏於羅浮宮博物館名叫「咎瓦尤斯」的名劍，位列歐洲三大聖劍名單，據敘事詩《羅蘭之歌》記載，這把寶劍是法蘭克王國加洛林王朝國王查理大帝的佩刀，名字來源於法蘭克軍開戰時的 喊聲。還有種傳說稱，「咎瓦尤斯」的刀刃是由耶穌受害時刺入他身體的「朗基努斯之槍」的尖端部分鑄造的，故而被視作聖物，成為法王加冕儀式上必定出場的重寶之一。「咎瓦尤斯」又被稱為「黃金之劍」，後人望文生義，常在藝術作品中將此劍寫為一把純黃金寶劍，實際上它僅有刀柄是黃金打造的，與前文所說的東周黃金劍柄一樣。羅浮宮博物館對此劍的介紹倒沒有太多神話色彩，只是簡單地稱其為法王加冕用劍及法國的王權象徵之劍，歷代法國國王登基都必須持此劍才能夠做肖像畫。

以純金打造的武器也是存在的。20世紀20年代，英國考古學家倫納德·伍利爵士在發掘烏爾城時發現了被稱為「死亡地窖」的陵墓——蘇美爾國王和王后的墓地。但是，王族成員並非單獨被埋葬，而是將朝臣和僕人們一起帶到冥府。正是在這座有大量殉葬者的陵墓中，考古人員發現了一把特別的黃金匕首：從武器主體到匕首鞘皆為黃金打造。儘管這是一件註定不會用於戰鬥的陪葬品，但其精湛的做工足以讓後人對幾千年前的蘇美爾文明有更直觀的認識。

・先秦

・秦

・漢

・三國兩晉南北朝

・唐

・宋

・元

・明

・清

第七章

大宋風華

『戎具精勁，近古未有焉』

國甲步入顏值巔峰

醉裡挑燈看劍，夢回吹角連營。
八百里分麾下炙，五十弦翻塞外聲，沙場秋點兵。
馬作的盧飛快，弓如霹靂弦驚。
了卻君王天下事，贏得生前身後名。可憐白髮生！

——宋，辛棄疾《破陣子》

製甲走向規範化

在很多人心中，大宋是一個風雅的時代，它的文治遠高於武功已是定論。但同時人們也普遍認為，宋朝的軍事實力是中國大一統王朝中最弱的，軍隊不堪一擊，戰功乏善可陳。近年來，這種看法有翻案的傾向，有人走極端，說宋朝軍事實力不輸盛唐。這並非沒有道理，過去宋朝的軍事實力的確被臉譜化地低估了，這個王朝至少在軍事防禦方面做得還不錯。宋朝的軍事力量偏弱，重要原因之一是，經歷了五代血腥的洗禮，唐末武將擁兵自重以及藩鎮割據的局面後，宋太祖趙匡胤吸取教訓，以文臣統兵，形成了重文輕武的局勢。

但重文輕武不等於不修武備，相反，宋代在兵制和武備方面的制度更加完善。宋朝實行的是募兵制，宋軍主要有四種：禁軍廂軍、鄉兵和藩兵。其中最重要的是禁軍，即帝國的正規軍，有殿前司、侍衛親軍

▶宋甲士示意圖。兩宋不僅是鐵甲的高峰期，也是札甲的高峰期，這一時期士兵的防禦面積全面且嚴密，兜鍪、披膊、身甲、護襠、腿裙，結構完整。重甲時代重型打擊兵器盛行，圖中甲士配備的便是鐵鞭（楊翌 繪）

步軍司侍衛親軍馬軍司，這三個機構合稱「三司」。調兵權屬樞密院，而樞密院使通常由宰相兼任。廂軍屬於駐州之鎮兵，主要來自招募，受州府和某些中央機關統管，總隸於侍衛馬罕司、侍衛步車司。廂軍一般沒有訓練，雖名為常備軍，實際上只是各州府和某些中央機構的雜兵，無論地位還是待遇都比禁軍低。鄉兵則屬於負責地方治安的民兵。藩兵，顧名思義，是指由少數民族組成的邊防軍。

宋軍不僅兵制上等級分明，軍用的甲杖裝備也都由朝廷軍器監負責製造。宋朝建政後，太祖趙匡胤就在京師設置了南、北作坊（神宗時期改為東、西作坊），專司製造兵器、甲胄等武備物資，並親自檢查，使作坊出品的兵器與甲胄品質大幅度提升。宋代著名文學家、政治家曾鞏對宋代甲胄給予了相當高的評價，他在《本朝政要策．兵器》盛讚：「凡諸兵械置五庫以貯之，戎具精勁，近古未有焉。」這個評價大抵是經得起考驗的，因為自南、北兩作坊設立以來，對兵器甲胄的製造皆有嚴格規定，製作一領鎧甲需要經過51道工序，鎧甲不同部件所需甲片數、重量都有明確規定，甲胄此時走向規範化、統一化。正因如此，後世發現的宋代壁畫、石雕等文物中的甲胄形制基本一致。

北宋初期，甲胄形制基本襲承了晚唐和五代的風格。由於連年戰亂，這時的甲胄偏重於實戰，明光甲已退出歷史舞臺，西域風也被濃濃的中國風取代。《宋史．兵志》就記載了金裝甲、連鎖甲、長短齊頭甲、鎖子甲、黑漆順水山字鐵甲等多種甲胄，種類不亞於唐代。此外，宋初還出現了一種皮與金屬組成的新鎧甲——製作時以皮革作為甲片，再以鐵、銅薄片作為附屬，這種甲具備柔軟、重量較輕等優點。

相比於前代，宋代甲胄在史籍中留下的資料較多，有甲胄的壁畫、浮雕、石刻也不少，但實物幾乎沒有。因為東漢之後，甲胄已被禁止作為陪葬品入土，加上宋代對甲胄的管理比前代更為嚴格，後人無法從宋墓中獲得當時的甲胄，故而只能根據史籍、浮雕、石雕、壁畫、繡像等資料復原大宋鎧甲。

《武經總要》中的大宋甲胄

慶曆四年（1044年）是中國文學史上知名度很高的一年，范仲淹的《岳陽樓記》首句即是「慶曆四年春」。實際上，在中國軍事史上，慶曆四年也被載入了史冊。這一年，北宋大臣曾公亮、丁度編撰的《武經總要》正式成書。這本書包括軍事理論與軍事技術兩大部分，可以說是北宋前期，由文臣編纂的兵書集大成者，同時也是中國第一部新型兵書。《武經總要》總結了武器、甲冑等生產記錄，並將當時甲冑的基本款式繪製成圖收錄書中。

首先要說明的是，宋代《武經總要》原版已失傳，目前能看到的基本為明代弘治、正德年間的版本，明代翻刻版不僅有遺漏且出現了一些偏差，只能作為參考。《武經總要》前集卷十三《器圖》一共收錄了5領甲冑並附帶其分解圖，為接下來的解析行文方便，這裡姑且將這5領甲冑編為甲、乙、丙、丁、戊。先看甲款，全甲由兜鍪、身甲、披膊、掩心組成，其中「披膊」分為兩款，實為披膊與掩心，掩心穿於內，披膊穿於外。甲款甲冑的兜鍪在書中稱「頭鍪頓項」，冑頂為帶紋樣的半圓頂，裝置有盔纓，下半部分的頓項由甲片編綴而成。身甲平鋪時由上下兩部分組成，上身部分為「山」字形，裙甲部分為「凹」字形。上下甲片編綴方式不同，從圖上看，上身甲片更大，下半部分則採用了兩種不同的細鱗甲編綴。

乙款甲冑的結構與甲款一樣，不過兜鍪比甲款更尖，下方頓項呈扇面展開。身甲用若干鐵片和皮條編綴，上身胸甲與下身裙甲用的是同一種甲片，幾乎可以護住士兵的全身。這種甲冑有個廣為人知的名字一步人甲。前文說過，宋朝軍事實力偏弱，馬政尤其不容樂觀，自從宋立國後，中原便陷入了騎兵不振的困境。北宋時，北境有遼、西夏等政權虎視眈眈，南宋時又受金、蒙古的壓迫，沒一天安寧日子。契丹、黨項、女真、蒙古等民族都以騎兵見長，宋人不能與他們正面對抗，於是主張「以步制騎」，在提高步兵甲的防禦力上下功夫。在這一背景下，步人甲應運而生。

從形制上看，步人甲並非宋人原創，而是源自唐代的步兵甲。用《武經總要》的解構圖結合宋代石刻形象，可知宋代步人甲兜鍪上多裝置有頓項，身甲用皮帶扣在雙肩位置，兩肩所覆披膊為獸皮紋，腰帶下的腿裙相當大，與唐代長樂公主墓壁畫上的鐵甲武士形制有些相似。宋步人甲基本可以保護全身。根據南宋紹興四年（1134年）的規定，步兵穿的鎧甲由1825片甲葉編綴而成，重29公斤。

《武經總要》中的丙款和丁款形制大體相同，兩者區別在於兜鍪形制不同，但皆裝置有頓項。身甲襠部的「吊魚」，丙款為長方形，丁款為半圓形。這兩款甲冑均只有兜鍪和身甲，並無披膊。戊款甲冑是書中所載5領甲冑中最華麗的一款，推測為將領或儀仗人員所穿。由兜鍪、掩膊（披膊）、胸甲、身甲幾個部分組成。戊款甲冑的兜鍪上可以看到人們熟悉的中國甲冑標誌「鳳翅」，自晚唐出現的鳳翅盔發展至宋代已相當成熟，並在此時定型。披膊上裝置有獸吞，胸甲與身甲皆有華麗的獸紋，可以說是唐末以來傳統鎧甲的整合體。

宋代鎧甲是中國傳統鎧甲的集大成者，其顏值達到了國甲的巔峰。但《武經總要》的5領鎧甲不足以代表宋代甲冑的全貌，例如，書中記錄的最為華麗的戊款鎧甲，僅從結構圖很難看出上身效果。要說它是國甲中最好看的，還得參考宋代石將軍！

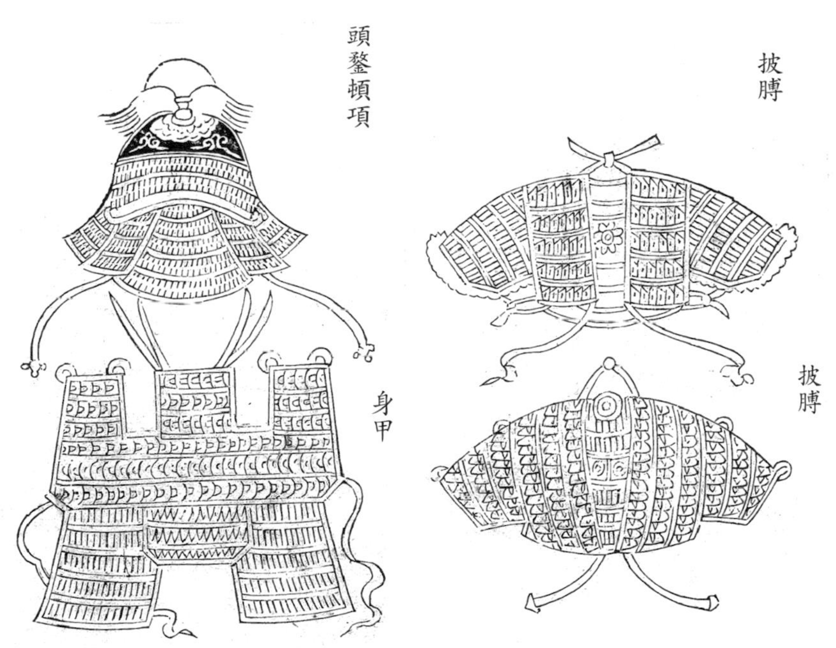

▲《武經總要》中繪製的甲冑，即本書中的「甲款」

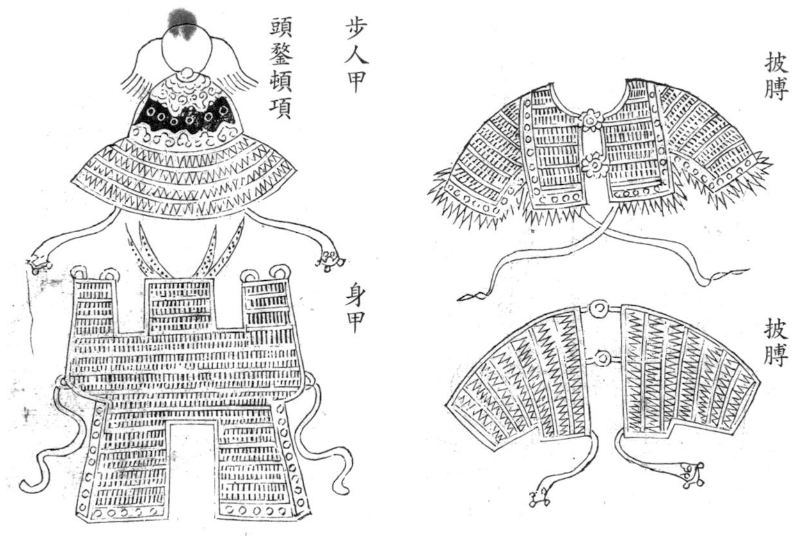

▲《武經總要》中繪製的甲冑，即本書中的「乙款」

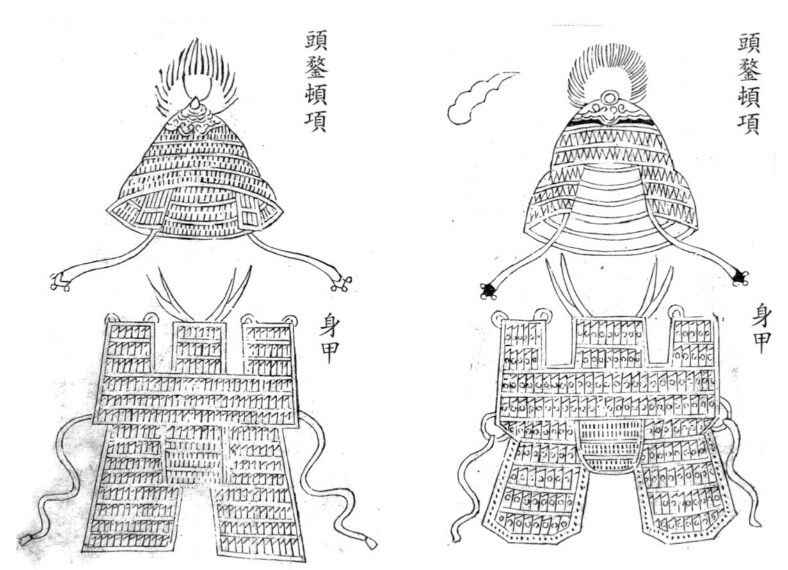

▲《武經總要》中繪製的甲冑，即本書中的「丙款」 ▲《武經總要》中繪製的甲冑，即本書中的「丁款」

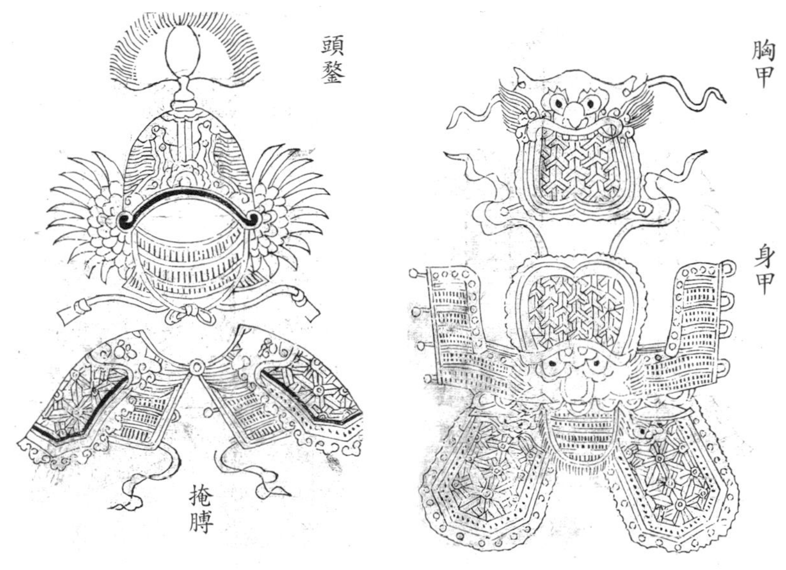

▲《武經總要》中繪製的甲胄，即本書中的「戊款」

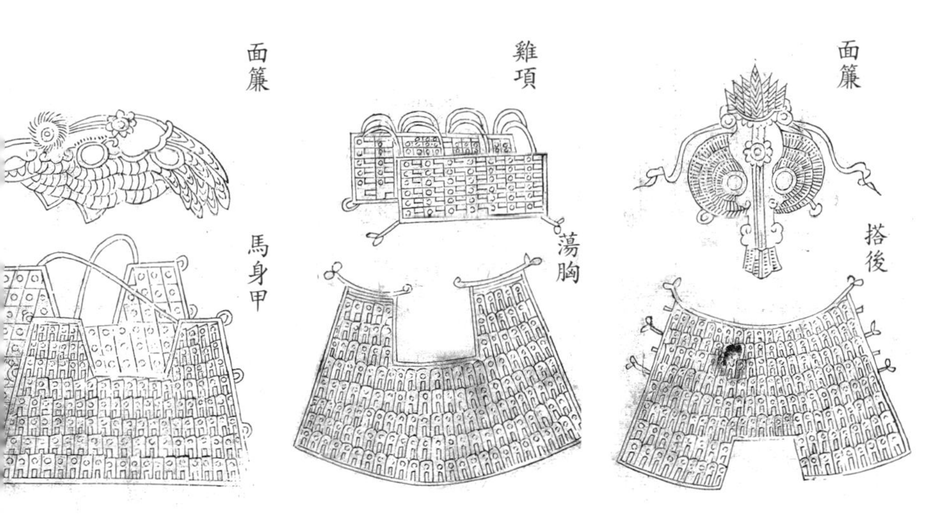

▲《武經總要》中的馬鎧

中華甲冑的標誌形象

位於浙江省寧波市東南15公里處的東錢湖及周邊地區，是史浩、史彌遠、鄭清之、史嵩之南宋最重要的四位宰相的墓園所在。他們的政治生涯幾乎涵蓋了南宋歷史最重要的高、孝、光、寧、理五個時代，他們的墓道留有大量石刻，文臣武將應有盡有，被譽為「江南兵馬俑」，為後人研究宋代甲冑和服飾提供了重要的形象資料。

以史氏陵園為中心的東錢湖南宋石刻群中的武將身穿甲冑，雙手握劍，威武肅穆。石刻鎧甲的甲片形狀各不相同，兜鍪也有區別，但形制大體一樣。在他們身上可以看到《武經總要》中戊款甲冑的上身效果：武士將甲冑穿上身後，胸甲中間皆有用扣環相連的繫帶，是為「束甲索」，披膊上有肩巾。值得注意的是，石

▶北宋李公麟繪的《免冑圖》(局部)，現藏於臺北故宮博物院。此圖描繪的雖是唐代故事，但甲冑樣式皆為宋代款

刻上的甲冑出現了《武經總要》中沒有記錄的部分：臂韝（臂甲）、吊腿和護腰。

臂韝是比較新鮮的裝備，最早出現於唐代，主要是寺觀、祠廟中的神將在穿。入宋後，無論是貢縣的北宋皇陵石刻，還是表現北宋皇宮儀仗隊的宋畫《大駕鹵簿圖書》中的北宋騎兵，都沒有裝備臂韝。到北宋晚期，臂韝又開始普遍，生活在北宋晚期的畫師李公麟曾繪製過《免冑圖》，雖然是表現唐代郭子儀的故事，但圖中人物展現的卻是北宋武將的裝備。在該圖中，郭子儀等人所穿甲冑與南宋石刻上的將軍甲一致，而且也裝備了臂韝。從時間上推測，臂韝在北宋早期並不常見，應該是北宋晚期到南宋這段時間將領的裝備。東錢湖石刻中武將的臂韝形制雖統一，但紋樣各異，十分華美。作為甲冑的主要配件，臂韝一直延續至明代，入清後才退出歷史舞臺。

▲南宋播州安撫使楊粲墓門上穿著宋式鎧甲的武士 雕刻，現藏於貴州省博物館（周渝 攝）

吊腿即護腿，也出現於唐代，原為套在小腿外的防護裝置，不過宋代石刻中吊腿與鞋連為一體，如同靴子一般。最具特色的是護腰。護腰是圍在甲冑腰部位置的配件，在唐代甲冑形象中並不多見，入宋後卻比比皆是。無論是東錢湖武士石刻，還是河南貢縣孝義陵區永昭陵的鎮陵將軍像，抑或是成都博物館的三彩武士俑，都裝備了護腰。除了石刻，《免冑圖》、四川彭山虞公著墓壁畫上的甲士、貴州遵義永安鄉南宋楊粲墓門石刻的武士浮雕同樣有護腰。

在宋代，護腰不僅是甲冑的配

▲南宋彩繪武士俑，於2006年在漢中出土，現藏於陝西歷史博物館（周渝 攝）

件，也是役卒、民夫、婦女的裝備。當然，民用護腰和軍用護腰是有區別的，一般役卒或平民用的看起來質地柔軟，材質應為布錦。武將的看起來則華麗堅挺，材質應為皮革、氈等。護腰不僅在宋人中極為普及，對北方的遼國也產生了影響。遼人耶律倍繪製的《騎射圖》中契丹武士雖身無片甲，但戎服外裝備了護腰。契丹人的護腰帛面襯有皮毛，除有防衛功能外，還可禦寒。

身穿甲冑的武將裝備護腰後會用腰帶固定，這樣一來，整套鎧甲就被分為上下兩部分，上狹而下寬，視覺上亦非常美觀。有的武將還會在甲冑外面穿一件袍服，如宋人繪製的《薛仁貴像》。薛仁貴雖是唐人，但裝備是宋朝的，他頭戴氈帽，甲外罩著繡衫，讓鎧甲更具層次感。這種繡衫稱為「衷甲」，在唐代已有文字記載，壁畫、浮雕等實物中沒有，也不知其具體形象，但宋代留下的文物中能見到。至南宋時，衷甲越來越寬大，使得厚重威嚴的鎧甲也不失風雅飄逸。

總而言之，宋代甲冑是魏晉南北朝以來甲冑發展的巔峰，它最終能成為中國甲冑的標誌，與其兼具防禦性和美觀性有很大關係。

▲宋人繪製的薛仁貴像，雖是唐代人物，但薛仁貴穿的卻是宋甲。圖中可以看到薛仁貴頭上戴的宋軍大帽，甲冑外面穿有繡衣

鍛甲不易，介冑不拜

除了頭戴鳳翅盔，身穿華麗甲冑的威武大將軍，人們對宋軍還有另外一種印象，那就是頭戴大簷氈笠，身穿簡易札甲。這種形象主要來自央視1998版《水滸傳》，林教頭身披簡易札甲，頭戴氈笠，長槍上繫著酒葫蘆。後來，有關宋代電視劇中的宋軍多以此為範本。不得不說《水滸傳》在戎服考據方面是下了一番功夫的，頭戴氈笠的確為宋代士兵的標誌之一。

宋朝普通士兵大多有甲無冑，頭上戴著氈笠或皮笠，其形制如《凌煙閣功臣像—薛仁貴像》中薛仁貴戴的那樣，器械的插圖也出現了戴笠的宋軍士兵。氈笠、皮笠與護腰一樣，影響非常大，明代軍隊仍盛行。明人所著的《武備志》插圖中，有些士兵頭上所戴之笠形制就如宋軍戴的。雖然兜鍪數量有限，但宋軍著甲率還是相當高。從宋代留下的史料中，我們還能看到這個時期甲冑發展較為成熟的兩個標誌：一是冶鐵技術突飛猛進，鐵甲經過淬火後變得堅硬無比；二是宋代甲冑在設計時不僅重視甲的實用性、美觀性，同時也更人性化。

宋代時，製作甲片大致要經過幾個工序：將鐵製成甲札（甲片），然後打札、粗磨、穿孔、錯穴、錯棱、精磨等。甲札製作完成後再以皮革條編綴成一領完整的鎧甲。工藝的提升使得甲片非常堅硬，活動時往往會磨傷肌膚。為此，宋太宗在至道二年（996年）專門下詔，命令製甲時一定要在甲身內部襯以綢裡。雖然這種設計一定程度上降低了鐵甲對肌膚的磨損，但仍然不能完全解決問題。於是出現了一種叫「胖襖」的厚棉戎服，之前的問題雖然得到了解決，但新問題隨之產生一軍士的甲衣更重了。

筆者因經常穿金屬復原甲，對古代軍士承受的甲冑之苦算是有一定的體驗。一般而言，筆者穿的復原甲重量為17—23公斤，著甲活動一下午便覺精疲力竭。宋代步人甲多重呢？宋高宗在1134年規定，甲冑重量不能超過29.8公斤。換言之，之前的甲冑重量也許超過了29.8公斤，故而下令規範。但重29.8公斤也很驚人。最要命的是，夏季天氣炎熱，衣甲往往不透氣，穿甲作戰實在不是一件好玩的事。考慮到穿甲作戰相當有挑戰性，宋代招募士兵時都要以「勝舉衣甲者」優先。對身穿鐵甲的軍士，在禮儀上只需行拱手禮，不用跪拜，也就是軍禮中的「介冑不拜」。

宋代不僅是國甲顏值的巔峰，也是鎧甲製造業的高光時刻。怎麼說呢？北

▲明代畫家仇英臨摹宋人畫作，圖中可以見到身穿甲冑的宋代騎兵，實際上畫中的宋代騎兵與金代重騎兵非常像，這也是由於宋朝與金朝甲冑很相似，並無明顯的區別

宋時期鼓勵官員參與、研究武備，的確為後世留下諸多成果，如前文提及的《武經總要》，可謂記錄宋人武備的重要史料。北宋科學家沈括的《夢溪筆談》中也有關於宋朝甲冑製作的記錄。沈括曾兼管軍器監，是一位負責的官員，為了提高兵甲品質，他多次到東、西作坊考察，收集資料，研究製甲方法。他還特別記錄了用冷鍛技術製造甲冑「凡鍛甲之法，其始甚厚，不用火，冷鍛之，比元厚三分減二乃成。其末留箸頭許不鍛，隱然如瘊子，欲以驗未鍛時厚薄，如浚河留土筍也，謂之『瘊子甲』」。

根據沈括的記錄，這樣一領鎧甲製作出來後，在五十步的距離外以強弩射之，不能洞穿。宋人鍛甲技術由此可見一斑。

皇家儀仗甲之風貌

相對於幾乎沒有裝飾的實戰甲，宋代的儀仗甲更重視美觀。現藏於中國國家博物館的北宋《大駕鹵簿圖書》讓後人得以一睹宋代彩色儀仗甲冑的風貌。所謂「鹵簿」，指的是皇家儀仗隊。宋太宗曾令人繪製了3幅《鹵簿圖》，藏於秘閣。仁宗統治時，又重新制定大駕鹵簿，編寫《圖記》10卷。現藏於國博的圖卷就是在《圖記》基礎上繪製完成，作者已不可考，繪製時間應在皇祐五年（1053年）至治平二年（1065年）之間。

圖卷展現了宋代帝王前往城南青城祭祀天地時的宏大場面，圖中有官兵5481人、車輦61乘、馬2873匹、牛36頭、象6隻、樂器1701件、兵杖1548件。

軍馬儀仗隊中還有幾列全甲騎兵，著甲者戴冠、無冑，身甲為銀白色，披膊處有絨毛包邊。宋代儀仗隊所穿之甲當然不止這一種顏

▲北宋《大駕鹵簿圖書》讓後人得以一睹宋代儀仗彩色甲冑的風貌。著甲者無冑而戴冠，身甲為銀白色，披膊處有絨毛包邊

▲國家博物館2019年特展，四川地區宋墓中出土的宋代執斧武士石刻（周渝 攝）

色，根據《宋史一儀衛志》的記載，甲冑有黃、青、朱、白、黑、金、銀等色，猶如唐代的絹甲，非常華麗。圖中全甲騎兵座下之馬亦全副武裝，頂盔擐甲，非常引人注目。

馬鎧曾興盛於南北朝時期，自唐代後開始衰落，但入宋後又有回潮跡象。《武經總要》中也有對馬鎧的記載，並附有復原整體圖與細節圖。根據書中的注解，北宋時期的馬鎧由面簾、雞項、蕩胸、馬身甲、搭後幾個部分組成。再看《大駕鹵簿圖書》中的馬鎧，色彩非常華美，面簾為紅色，頭頂帶有獸面裝飾；馬甲為肉紅色，蕩胸邊緣有華麗的藍白相間絨毛，搭後形狀與飛碟類似。馬身甲材質似為布面排釘，甲邊沿為毛皮，色彩豔麗，多馬並駕齊驅時頗為壯觀。

宋代馬鎧與南北朝時期的重裝騎兵甲最大的區別在於鎧甲材質。根據《武經總要》所載：「貴者鐵，則有鎖甲；次則錦繡緣繒裡；馬裝，則並以皮，或如列鐵，或如笏頭，上者以銀飾，次則朱漆二種而已。」儘管從宋代馬鎧款式上還能看到南北朝時期重裝騎兵甲的影子，但材質已經以皮革為主，可能只用於儀仗甲。

無論人鎧或馬鎧，宋代都將甲冑之美發揮得淋漓盡致；無論是儀仗甲，還是實戰甲，宋代甲冑都對後世造成了深遠影響。從橫向來說，當時與宋並存的遼、金、西夏等政權的甲冑，出乎預料地與宋保持著高度一致。從縱向看，元、明兩代士兵所穿的步人甲、氈笠皆襲承自宋代。曾鞏所說的「戎具精勁，

▲宋軍步人甲，函人堂製，參考了《武經總要》及四川彭山的宋墓壁畫（模特：郝嶺）

近古未有焉」用來概括宋代甲冑並不過分。

但另一方面，從宋代開始，中國鍛甲技術便開始停滯不前。入宋後，火器開始登上戰爭舞臺，儘管早期火器的威力不能與後世相比，甲冑依然在以後很長一段時間主宰戰場，但火器的出現無疑也宣告了：在以後的戰爭中，甲冑的作用將會越來越小，最終會成為無用之物，退出歷史舞臺。

▲宋代士兵札甲，函人堂製。宋代時，並非每個士兵都有頭盔，他們普遍頭戴范陽笠（模特：郝嶺）

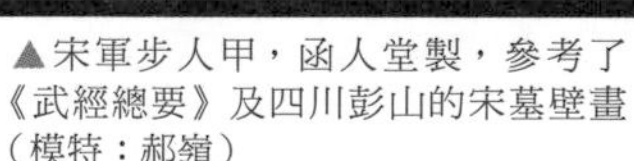

宋步人甲

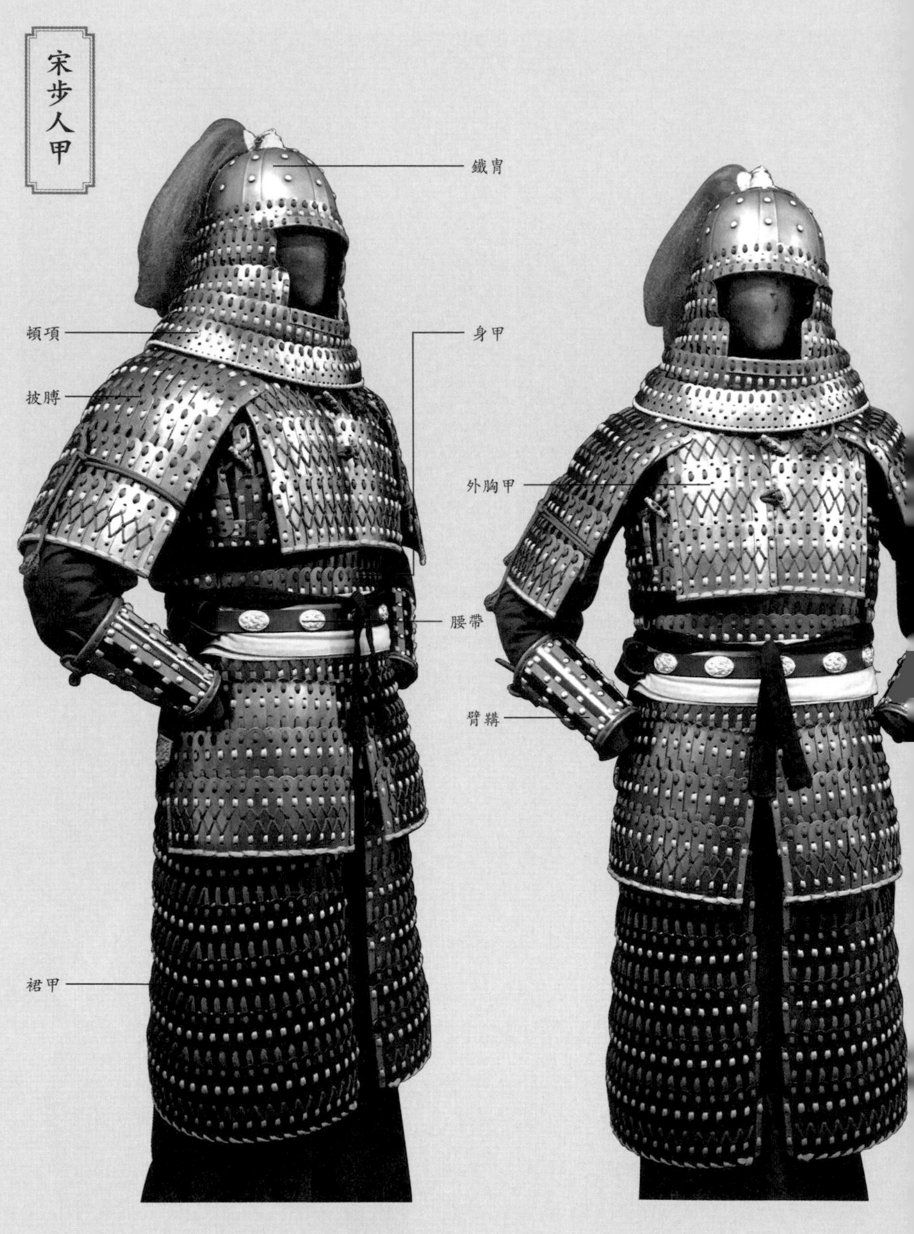

宋代將校札甲

宋步人甲

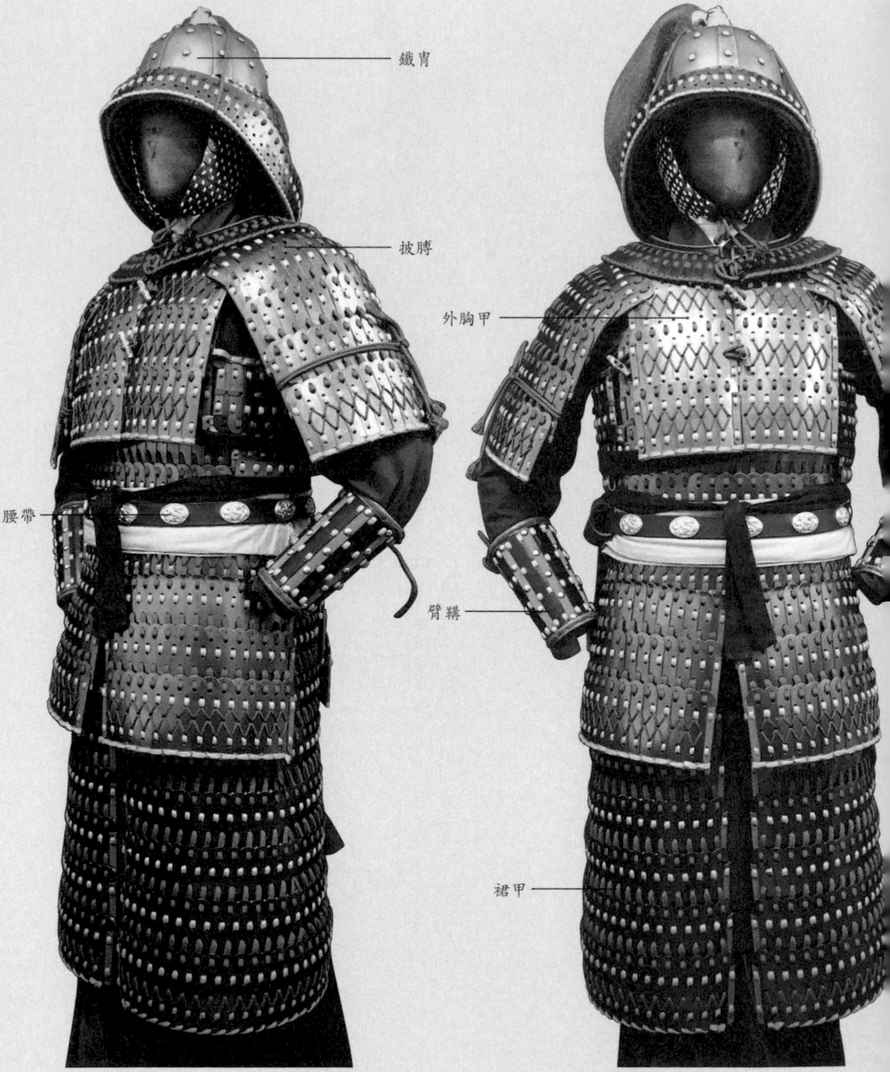

宋代將軍甲

・先秦

・秦

・漢

・三國兩晉南北朝

・唐

・宋

・元

・明

・清

第八章

最後一代中國甲冑誕生

草原帝國的鎧甲戰爭

西望月窟九譯重，嗟乎自古無英雄。
出關未盈十萬里，荒陬不得車書同。
天兵飲馬西河上，欲使西戎獻馴象。
旌旗蔽空塵漲天，壯士如虹氣千丈。
秦王漢武稱兵窮，拍手一笑兒戲同。

——元・耶律楚材《西征》

並非印象中的大遼

有宋一代，中國甲胄形制已發展成熟，無論儀仗所用的禮儀甲還是作戰時用的實戰甲，均在形制、材質、編綴方式、審美方面取得了成就，尤其是步人甲。不過，宋代也是中國歷史上大一統王朝中最具爭議的一個，主要原因是沒能完成南北統一，五代時期留下的燕雲十六州問題始終沒有解決。北方先後有契丹人建立的遼與女真人建立的金兩個政權，西北有黨項人建立的西夏，塞上三朝長期與之並存，戰爭頻發不得安寧，遑論吐蕃、大理等地方政權。

在這樣一個多政權並存的特殊時代，爆發戰爭是必然的。那麼，北宋北方最大的威脅遼人的武備戎裝是何等模樣呢？大多數人對遼代戎裝的印象來自《天龍八部》、《少年楊家將》等影視作品，劇中的遼國君主和軍人，幾乎清一色頭戴皮毛大帽，身穿獸皮複合甲，毛皮暖帽兩側通常還垂著兩條毛茸茸的尾巴。這種遼軍典型的形象是怎麼來的？從傳統戲曲和古代小說繡像中來的。明代嘉靖年間，出現了一本叫《北宋志傳》（又名《楊家將演義》）的小說，廣為流傳，到清代繡像本中，我們可以看到耶律沙等人的穿著已完全與宋軍陣營的人不同，戲曲中為分清敵我，遼兵往往獸皮衣甲、狗尾大帽一齊上陣，與宋軍的區別一目了然。這種畫風一直延續至今，為眾多反映北宋時期宋遼戰爭的影視作品所吸收。

那麼，遼代的契丹武士穿的甲胄應該是什麼樣的呢？相對宋朝而言，遼代留下的史料和文物要少得多。根據現存的遼代人物畫卷、壁畫及塑像，遼代軍士的甲胄幾乎與宋軍一樣，若不標注，讓人完全分不清是遼軍還是宋軍。可以說，早期遼、宋在武備上吃的都是大唐的遺產。關於宋代甲胄的基本形制，上一章已詳述，這裡就以幾個典型的遼代存世文物來看遼軍的甲胄。山西大同觀音堂中遺存有遼代的彩色天王像，天王所穿的甲冑為上下結構，無論胸甲、裙甲、獸吞，還是所謂附件的護腰、皮帶等，均與北宋中期的甲冑完全相同。神像頭戴鉚合鳳翅兜鍪，儘管鳳翅已損壞，但仍能看出其形。

在瀋陽市天垢淨光舍利塔地宮出土的遼東壁畫中，也有身穿全甲的遼代將軍，其甲冑從結構到風格，與五代晚期、北宋早期的甲冑完全一樣。而在內蒙古解放營子遼墓出土的壁畫中，則有頭戴大鳳翅盔的武士形象，這種大鳳翅在中原五代時期亦多次出現。如果非要說遼宋甲冑有什麼區別，似乎只有遼軍腿裙明顯比宋軍的短，這應該與遼軍善於騎射，短腿裙便於騎馬有關。

此外，遼代軍士也不是電視劇中裹著獸皮作戰的形象。根據《遼史》記載，早在契丹建政之初，契丹武士們就已經裝備鐵制鎧甲了。內蒙古赤峰市大營子遼駙馬墓就出土過一頂遼代鐵盔，由於保存不太好，該盔只剩冑頂，其形制與黑龍江渤海國遺址出土的渤海盔有些相似，但做工更精緻。遼代甚至與中原一樣，也有衷甲。《遼史・儀衛志》中記載：「太祖丙寅歲即皇帝位，朝服衷甲，以備非常。」可知耶律阿保機登基時，在衣服裡也穿了鎧甲，主要是為了防止意外發生。

除了一頂不完整的鐵冑，遼代幾乎不見鎧甲出土，完整的鎧甲更是沒有。這與遼代君主極其重視甲冑、武器、戰馬等軍

▶遼國身穿鐵札甲的武士圖（劉詩巍 繪）

用物資有關。遼聖宗耶律隆緒在位時，先後四次下令「禁止葬禮殺馬及藏甲冑、金銀器玩」，導致後世在遼墓中找不到一領完整的甲冑。

拐子馬與鐵浮屠

遼軍甲冑與宋軍幾乎如出一轍，這也從側面反映了宋代甲冑的影響力——不僅對後來同為漢家政權的明代產生了深遠影響，對周邊少數民族政權也產生了影響。當然，這並不是說契丹人與漢人就完全一樣。實際上，這兩個民族在衣冠、禮儀、習俗和髮型方面都有不少區別。

最直觀的區別就是髮型。宋朝人束髮，契丹人則有髡發的習俗，這種髮型沿革了古代東胡系民族的髮式。從遺存的古壁畫中的契丹人來看，髡發也有多種髮式，共同特徵是將頭頂部分的頭髮全部或部分剃除，只在兩鬢或前額部分留少量餘發當裝飾。契丹人與漢人的第二個區別在於服飾。契丹人主流服飾有兩種，一者為契丹服，一者為漢服。漢服自不必多說，而契丹服則有盤領、窄袖、前開襟長袍，「衣皆左衽」等特徵。但漢服對遼的影響越來越大。

根據《遼史．儀衛志》所載：「會同中，太后，北面臣僚國服；皇帝，南面臣僚漢服。乾亨以後，大禮雖北面以上亦用漢服；重熙以後，大禮並漢服矣。常朝仍遵會同之制。」會同是遼太宗耶律德光的年號，也就是說，在遼朝立國之初，北契丹穿南漢服的現象就已經出現。隨著時間推移，北方亦開始用漢服，漢文化對遼的影響越來越大，這種影響也涉及戎服。從現今壁畫來看，契丹人的戎服多用漢服，河北宣化出土的遼墓壁畫中的門吏甚至戴著宋制交趾幞頭，全無契丹特色。至於甲冑，受意識形態、民族區別等原因的影響比服飾要小得多，因此遼代甲冑出現悉如宋制的情況也在情理之中。

與遼代情況基本相同的是其掘墓人金朝。提到女真人建立的金朝，很多人會馬上聯想到「拐子馬」和「鐵浮屠」（又稱鐵浮圖），似乎金兵一登場就是黑壓壓一大片重鎧騎兵馳騁而來，震天動地。金人真有如此充足的戰備資源嗎？根據《金史》的記載，開國皇帝完顏阿骨打是一個不接受甲冑的狠人。他年輕時，在一次局部戰爭中，他的表現得到了渤海留守的賞識，準備贈送一領甲冑給他，卻被他婉拒了。他的叔叔完顏盈歌問他為何不接受，他答道：「被彼甲而戰，戰勝則是因彼成功也。」從這則故事可以看出，阿骨打起兵之初恐怕只有武器而無甲冑。

在那個時代，女真人生活的地區莫說是甲冑，就連鐵都少有。《金史》中有這樣的記載：「生女直舊無鐵，鄰國有以甲冑來鬻者，傾貲厚賈以與貿易，亦令昆弟族人皆售之。」也就是說，當時女真人的冶鐵技術十分落後，鐵資源匱乏，只能向鄰國收購。他們最早從遼國叛軍那裡得到500具鐵甲，這些甲自然是宋款的遼甲。從現在金國墓葬出土的武士俑甲冑來看，也是北宋式樣偏多。如山西襄汾金墓磚雕上金國武士的甲冑就與宋步人甲高度相似，而且，抱肚、護腰等甲冑附件也與宋朝的差不多。

那麼，著名的鐵浮屠和拐子馬是怎麼回事呢？《宋史．岳飛傳》中的描述是：「三人為聯，貫以韋索，號拐子馬，又號鐵浮圖。」也就是說，三匹戰馬用索子連起來。山西侯馬金董明墓中出土的彩繪磚雕騎馬武士，與宋朝騎兵沒什麼差別。在宋代畫家蕭照創作的絹本設色畫《中興瑞應圖》中，倒是能看到身穿重鎧的金國騎兵，他們及坐騎皆披重甲，與南北朝時期的重騎兵相似，這也是鐵浮屠最直接的圖像來源。不過，圖中依舊無法看清「三人為聯」，用繩索連起來的拐子馬細節。拐子馬是否真的存在，清朝的乾隆帝早就出來闢過謠。

乾隆皇帝令臣僚以他的名字編纂《御批歷代通鑑輯覽》時，專門針對《宋史》中拐子馬的問題寫了一條「御批」：「北人使馬，惟以控縱便捷為主。若三馬聯絡，馬力既有參差，勢必此前彼卻；而三人相連，或勇怯不齊，勇者且為怯者所累，此理之易明者。」乾隆還說，拐子馬之說，《金史．本紀．兵志》及兀術等傳皆不載，只《宋史．岳飛傳》、《劉錡傳》有寫，不足以作為可靠的證據。而且完顏兀術戰陣嫻熟，必知得進則進，得退則退之道，豈肯羈絆己馬以受制於人？因此，他判斷「此或彼時列隊齊進，所向披靡，宋人見其勢不可當，遂從而妄加之名目耳」。

乾隆對拐子馬傳說的這番批駁有其道理。不過，金朝重騎兵「鐵浮屠」應是確實存在的，畢竟當時的金朝已經不是完顏阿骨打那個缺鐵，武器甲冑靠購買的時代。《三朝北盟會編》也有「金賊兜鍪極堅，止露面目」的記載，說明金人的制甲技術今非昔比，「止露面目」的形象也與《中興瑞應圖》中的金朝重騎兵相吻合，這很可能就是《宋史》中所說的「鐵浮圖」。

各式各樣的蒙古甲

金天興三年（1234年），擁有鐵浮屠勇士，重兵尚武的大金國迎來了末日。在與崛起的蒙古進行了數年戰爭後，金軍節節敗退，金哀宗逃往蔡州，蒙古軍與宋將孟拱、江海率軍聯合圍攻。正月，蔡州危急，不願當亡國之君的金哀宗將皇位傳給統帥完顏承麟，是為金末帝。不久，蔡州城陷，哀宗自殺，金末帝死於亂軍中，金朝覆亡。次年，蒙古繼續入侵南宋，宋軍在抗蒙戰爭中拼死抵抗。1279年崖山海戰，宋軍兵敗，陸秀夫背著宋末帝趙昺跳海而亡，南宋徹底覆滅。

蒙古帝國如同一台戰爭機器，它的鐵騎席捲亞歐大陸。早在成吉思汗時代，蒙古軍就數度遠征，先後攻滅西遼、花剌子模、西夏等政權。這台戰爭機器一旦運轉便再也沒能停止，成吉思汗去世後，蒙古帝國又消滅了金國、南宋、吐蕃、大理。滅宋後，忽必烈建國號為元。此後，蒙古又出兵遠征日本、安南、緬甸等地，橫掃東南亞。蒙古的征戰毀滅了許多文明，例如西夏的眾多史籍與文物毀於戰火，導致後世掌握的西夏史料及文物極其有限。

但另一方面，由於蒙古軍征伐過的地區眾多，因此很多地方都有他們的遺跡。他們在中國留下了很多甲冑資料和文物，在俄羅斯、日本等國也遺留了不少實物，至今被保存在兩國的博物館中，客觀上為後世提供了研究資料。

嚴格地說，蒙古軍的甲冑發展史與中原不存在傳承關係，而是一個滾雪球的過程。最初，蒙古諸部與女真人面臨同樣的問題——缺鐵。因此，被中原政權視為「雜胡」的蒙古部落武士只能用獸皮製作簡單的皮甲，武器也相當落後，箭頭依然停留在以骨石為材質的石器時代。但有一點蒙古人始終優於南方的漢人，那就是騎射之術。在蒙古部落早期征戰時，戰馬就被派上了用場。

為了彌補在甲冑方面的不足，蒙古騎兵甚至創造了一種特有的突襲戰術。即每當與敵軍遭遇，蒙古軍不會馬上列陣交戰，而是登上制高點觀察地形地貌，然後偵察敵情找到敵軍破綻。等到交鋒時，蒙古騎兵先以數隊輕騎佯攻，找機會衝亂敵軍陣形，而後輕騎兵隊長驅直入衝亂敵軍陣勢，一鼓作氣擊潰敵人。若敵人陣形不亂，蒙古軍則以一隊隊馬隊吸引敵軍，拖延時間，讓主力部隊形成合圍，最後一起發動總攻。若兩者皆不成，則以圓盾為掩護開始騎射，期望打亂敵軍陣形，伺機突破。總之，因為甲冑薄弱，早期蒙古軍的戰術都遵循一個原則——不

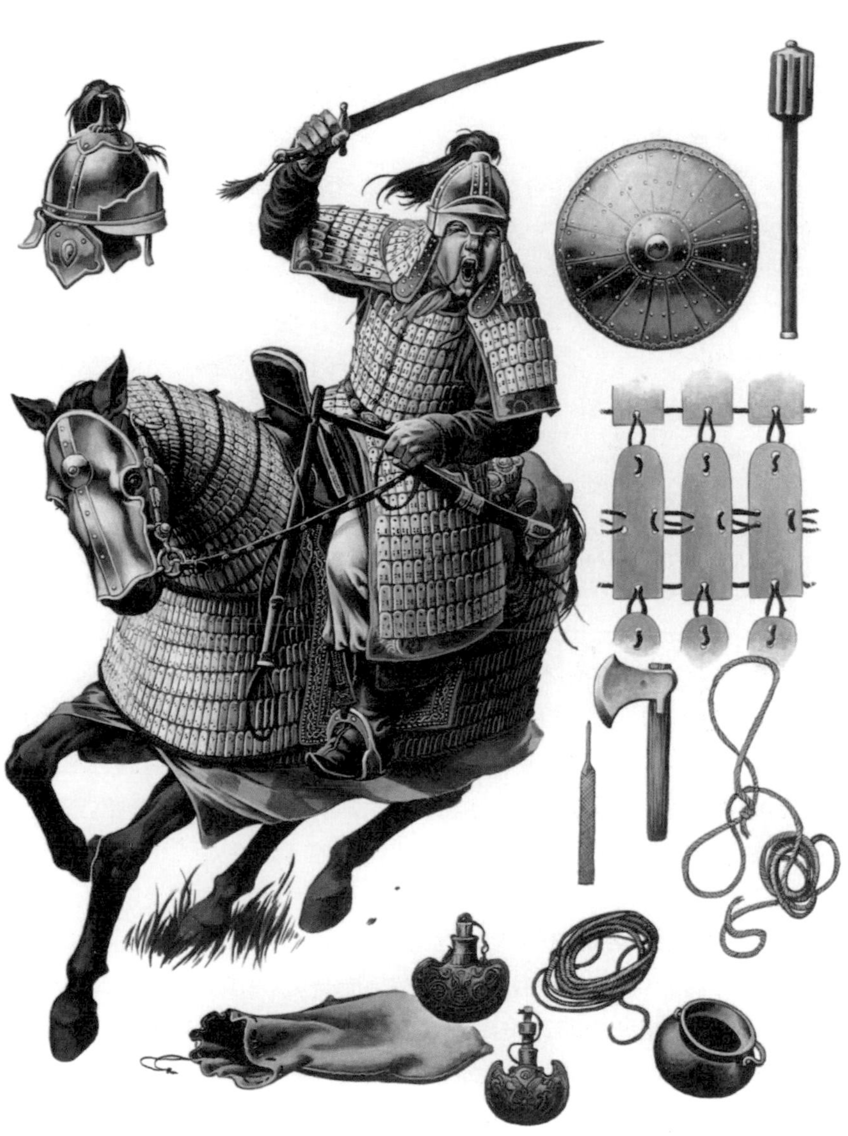

▲蒙古重甲騎兵及其裝備示意圖

▲反映帖木兒進攻士麥那的繪畫，現藏於沃爾特斯藝術博物館。1402年12月，帖木兒帝國攻陷士麥那，隨後進行了大規模的屠殺

與敵人進行正面對決。

蒙古軍的兵器與甲冑發展史，基本也是蒙古國的征戰史。宋人彭大雅所著的《黑韃事略》中載：「霆嘗考之，韃人始初草林，百工之事無一而有，其國除孳畜外，更何所產？其人椎朴，安有所能？止用白木為鞍，橋鞔以羊皮，鐙亦剜木為之，箭鏃則以骨，無從得鐵。後來滅回回，始有物產，始有工匠，始有器械。蓋回回百工技藝極精，攻城之具尤精，後滅金虜，百工之事於是大備。」

這裡明確表明，蒙古甲的發展正是從被征服者的文明中吸取的。從鐵木真時代一直到忽必烈時代，蒙古大軍兵鋒所指之處，屍山白骨，血沃千里。另一方面，被蒙古攻滅的政權，如契丹、女真、突厥、波斯以及宋朝中有不少人被虜，有的人甚至加入了蒙古大軍，這些人也會帶上具有他們特色的兵器、甲冑，從而使蒙古甲各式各樣，應有盡有。

征戰歐亞，廣納群甲

大蒙古國當年的擴張影響範圍極廣，以至於多個國家都留有反映那段歷史的畫卷、石刻、舊甲冑等，而在各國繪製的圖像作品中，我們很容易發現不同地區的蒙古軍所穿的甲冑都不同。蒙古軍甲冑的雜亂，在《黑韃事略》中亦有記載：

其軍器有柳葉甲，有羅圈甲（革六重），有頑羊角弓（角面連靶通長三尺），有響箭（即鳴鏑也），有駝骨箭，有批針箭，剡木以為栝，落雕以為翎；

▲13世紀日本繪畫，忽必烈的士兵身穿豪華的中式長袍和札甲

有環刀，效回回樣，輕停而犀利，靶小而褊，故運掉也易；有長、短槍，刀板如鑿，故著物不滑，可穿重札；有防牌以革編絛，否則以柳，闊三十寸，而長則倍於闊之半；有團牌，特前鋒臂之，下馬而射，專為破敵之用；有鐵團牌，以代兜鍪，取其入陣轉旋之便；有拐子木牌，為攻城避炮之具。每大酋頭項各有一旗，只一面而已（以次人不許置），常捲常掩，凡遇督戰，才舒即捲。攻城則有炮，炮有棚，棚有綱索以為挽索者之蔽，向打鳳翔，專力打城之一角，嘗立四百座，其餘器具不一而足。論其長技，弓矢為第一，環刀次之。

這段史料的關鍵資訊如下：第一，南宋時期，蒙古軍的甲冑已經有柳葉甲、羅圈甲等類型；第二，蒙古軍中已裝備鐵制團牌，通常以其代替頭盔，防護頭部；第三，蒙古軍攻城時已開始使用火炮，火器也逐漸在戰場上嶄露頭

▶《忽必烈的軍隊渡過揚子江》，印度莫臥兒王朝時代的想像畫，出自14世紀波斯故事《蒙古歷史》插圖。浮橋上的蒙古騎兵人馬皆穿重鎧

角，這勢必會造成甲冑的變革。

羅圈甲是元軍士兵普遍裝備的一種鎧甲，這種甲內部以牛皮為主的皮制材料打底，皮革甚至有六層之厚，外部為札甲形制，以甲片編綴，但又不像中國傳統札甲那樣將甲片上下疊加，這樣的甲做出來後，甲身呈現出一圈一圈的形態，箭弩難以穿透。柳葉甲事實上也是札甲，柳葉指的是甲片形狀。古畫中的蒙古軍札甲甲片相當細小，甲片越細小，穿的人行動起來就越靈活，可見當時蒙古人制甲技術已相當成熟。

蒙古士兵的札甲是怎麼來的呢？也是通過戰爭。在對金、宋的戰爭中，蒙古軍佔領大量地盤後，早期缺鐵的問題得到了解決，加上通過金國工匠掌握了中式傳統札甲的製作技術，蒙古軍中開始出現大量重甲騎兵。據《多桑蒙古史》記載，蒙古軍的主力「怯薛」軍均為騎兵，作戰時每人配備戰馬數匹，用來晝夜馳騁輪流作戰。這說明蒙古軍不僅精於騎術而且也不缺戰馬，加上掌握了金屬及札甲製作技術，他們的鐵甲重騎在戰場上就如閃電戰中德國坦克群組成的鋼鐵洪流，勢不可擋。

隨著對中亞及阿拉伯世界的西征，蒙古很快又吸收了不少具有伊斯蘭特徵的甲冑。有相當一部分的蒙古軍頭盔與清真寺的尖頂十分相似，後來蒙古人結合自身部族特色，結合中亞、西亞風格，製作出了「缽冑」，這種冑體影響了明清兩代，直至甲冑歷史終結。還有一種面部有護鼻的頭盔，具有種濃濃的拜占庭風格。此外，蒙古軍大量裝備有中國一直稀少的鎖子甲。

1236年，窩闊台汗統兵西征，一路勢如破竹，於1240年推進波蘭，整個歐洲陷入恐慌，各國勢力組織一批騎士，準備聯合在波蘭抵擋住這股西來的「黃禍」。1241年，雙方在波蘭境內的格尼茨城外展開大戰，4萬多名身穿鎖子甲的歐洲騎士向蒙古軍依次發動進攻，戰況異常慘烈。鎖子甲對於銳器的防禦力相當強，在中土向來稀少，因此也備受推崇，但蒙古軍擅用骨朵一類的鈍器，歐洲騎士的鎖子甲反而無法發揮作用。騎士們在戰鬥中傷亡慘重，最後連主將亨利也在戰鬥中陣亡。歐洲騎士屍橫遍野，血流成河。在這一系列戰役中，蒙古軍獲得了大量戰利品，其中就包括歐洲騎士常穿的鎖子甲。

▲反映成吉思汗及蒙古騎兵的繪畫。1219年，成吉思汗親征花剌子模，開始第一次西征。圖中，成吉思汗戴的頭盔有護鼻，明顯是受了西方甲冑的影響

▲表現14世紀蒙古進攻巴格達的繪畫，圖中蒙古士兵穿著類似宋步人甲的札甲

中國最後一代甲冑誕生

東征西討，所向披靡的蒙古軍當然也有折戟的時候。1274年和1281年，元軍兩次渡海進攻日本，不料遭遇颱風，船隻損失慘重，兩次皆鎩羽而歸。依當時的日本年號，日本人將抵禦元軍第一次進攻的戰事稱為「文永之役」，第二次稱為「弘安之役」，將入侵的元軍稱為「元寇」。當元軍退軍後，日本武士們將戰鬥中元軍遺留的兵器、甲冑等物品當作繳獲的戰利品，一直留著。如今位於福岡市的「元寇史料館」（前身為元寇紀念館）中就收藏有元軍留下的鐵冑與鎧甲，從館中實物來看，多為布面甲。

元寇史料館中藏有一領元軍留下的布面甲，僅從外觀來看，多數人都會認為是清軍的八旗布面甲，因為高度相似。這套布面甲為分體款，上衣齊腰搭配裙甲，兩臂處配有披膊，以黃色為底，衣服上繡有蟒紋圖案，應是將領所穿。這種布面甲表面材質為布帛，內部襯以鐵片，以泡釘整齊排列固定。頭盔為缽冑，面頰兩側的頓項部分為布面，對喉頸部分亦有防護。這種布面甲在元代時

▲1210—1276年，正在作戰的蒙古重騎（摘自魚鷹出版社出版的世界軍事史叢書《武裝者》系列第150冊《蒙古帝國》）

▲元代蒙古騎兵將領鐵胄

▲日本元寇博物館中所藏的元軍布面甲，不過現在有觀點認為這實際上是明清時期的布面甲

屬於新品，但根據日本人繪製的《蒙古來襲繪卷》，穿這種甲的元軍不在少數，可見元軍當時已大規模裝備。

布面甲的出現與火器發展息息相關。唐朝後期，火藥已經開始用於軍事。經兩宋時期發展，火器在戰場上所占的比重越來越大，而傳統札甲對火器的防禦能力相當有限，因此宋代後便停滯不前。到了元代，火銃的出現讓戰爭形態發生了變化，為了應對這種在當時看來近乎黑科技的新式武器，甲冑必須變革。進入13世紀後，元代的人發現，厚密纖維製品濕了之後，對火器有很好的防護作用，布面甲應運而生。但是，當時火器還不是主角，布面如何應對冷兵器呢？為了解決這個問題，元人便發明了以布面為外層，鐵片為內層，以泡釘固定的布面甲。

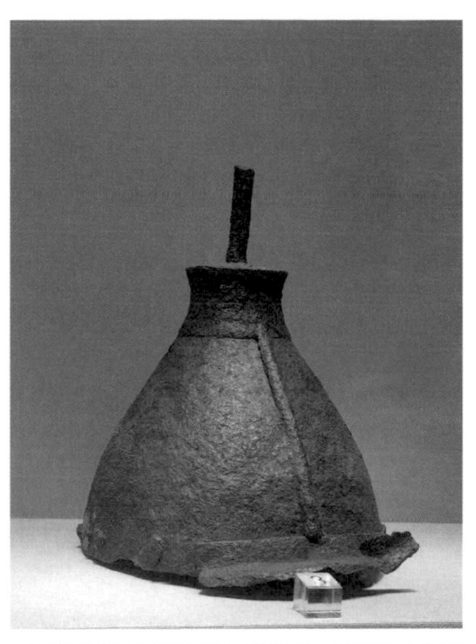

▲現藏於寧夏博物館的元代鐵冑，其形制與明代及清初缽冑基本一致（周渝 攝）

為應對火器而生的布面甲也是最後一代中國甲冑。隨著火器的發展，布面甲越來越普及，最終成為明清兩代的主要甲冑。實際上，日本元寇史料館中收藏的元軍布面甲奠定了明清布面甲的基本形制，一直到清初都沒有太大變化。比如，清代時，在義大利傳教士、宮廷畫師為乾隆皇帝繪製的《乾隆皇帝大閱圖》中，乾隆所穿的甲冑形制與元軍布面甲完全一樣。此外，與布面甲高度相似的還有康熙明黃色緞繡彩雲金龍棉大閱甲、康熙石青色緞繡彩雲藍龍棉甲等。

明朝的甲冑存世量比清代要少得多，但同樣能找到與元代布面甲傳承的證據。明代著名的《出警入蹕圖》、《平番得勝圖》中皆有大量布面甲，但多為直身形制，並非日本收藏的元軍分體布面甲形制。這是否能說明元清布面甲為一個體系，明代布面甲為另一個體系呢？答案是否定的。實際上，直身布面甲在元清兩代也存在，分體布面甲在明代則有實物存世。

山西博物院藏有一套明末時期的白色分體布面甲，這套甲的主人是山西寧武路靜樂營二隊鳥槍手守長趙勇，其甲之形制完全沿革了元軍布面甲，這套甲後文會有詳述。

甲冑海納百川的時代

除了日本留存的實物，在俄羅斯彼得大帝夏宮中，同樣有蒙古遠征軍留下的甲冑：甲片用銅絲連綴，內層以牛皮製作，全身用網甲製成，應該是一領鎖子鎧。此外，1983年在中國內蒙古赤峰市翁牛特旗也出土了一領元軍鎧甲，該甲相當重，為銅製，由護胸、護背、護肩、護腕、護襠幾個部分組成，這種類似板甲的鎧甲在中國出土的僅此一領。據推測，當時應該有皮制裡襯方能穿。

▲用鎖子甲做成的胸甲，刻有阿拉伯文，16世紀初由鄂圖曼土耳其製造，現藏於佛羅倫斯斯提波特博物館

▲元代武士石刻，其甲冑形制與宋代相同，這也是元代甲冑多元化的體現，現藏於陝西歷史博物館（周渝 攝）

元代甲種類繁雜，頭盔也呈多樣化。前文講了元軍獨具特色的缽胄。此外，元軍與遼軍、金軍一樣，也有不少宋制兜鍪與甲胄。北京昌平區居庸關遺留的元代武士石刻、山東濟南千佛山的元代壁畫以及四川華陽保和鄉第5號元墓出土的武士俑，均身著宋制札甲、頭戴鳳翅兜鍪。這種情況也與元軍始終沒有在被征服地區強制易俗有關。久而久之，在中原地區的元軍士兵潛移默化地穿上漢人傳統的甲胄，也就不足為奇了。

元代國祚雖短，但武備的影響力極大，明代基本延續的是元代甲胄和戎服。到了明代中後期，明人依舊在考證和記錄元代甲胄。明末官員朱國楨在《湧幢小品》中記錄了元代一種集輕軟與堅韌為一體的「蹄筋翎甲」。他這樣寫道：「元太宗攻金，懷孟人李威從軍，患世之甲胄不堅，得其婦兄杜坤密法，創蹄筋翎根別為之。太宗親射不能入，寵以金符。威每戰先登，不避矢石。」

按照朱國楨的記錄，這種蹄筋翎鎧甲是李威從妻子兄長杜坤那裡得到的密法，穿上後可以「不避矢石」，元太宗孛兒只斤・窩闊台為了驗證還親自拉弓射箭，發現的確好用，於是投入量產。只可惜這種蹄筋翎甲並無實物存世，具體結構、材質及形制均無從考證。

總而言之，元代是甲胄發展海納百川的時期，由於元軍的征途遍及歐亞大陸，各地的甲胄特點均被元軍吸收，但元代國祚較短、戰亂頻繁，沒有足夠的時間消化五花八門的甲胄，形成自己的一套體系。儘管如此，元代開始裝備的布面甲卻是劃時代的標誌：在未來的戰爭中，火器越來越先進，布面甲必然成為戰場主角。

元代布面甲武士復原圖（劉永華 繪）

金代武士復原圖（劉永華 繪）

蒙古皮鐵羅圈甲

▶蒙古皮鐵羅圈甲上身效果圖，函人堂製，頭盔參考出土的蒙古盔殘片仿製（模特：郝嶺）

蒙古鐵葉札甲

缽體胄

頓項

披膊

身甲

臂鞲

裙甲

◀蒙古鐵葉札甲上身效果圖，函人堂製，頭盔參考出土的蒙古盔殘片仿製（模特：郝嶺）

・先秦

・秦

・漢

・三國兩晉南北朝

・唐

・宋

・元

・明

・清

第九章

甲胄剋星

大時代的光榮與夢想

明帝國火器發展史

千錘萬鑿出深山，烈火焚燒若等閒。

粉骨碎身渾不怕，要留清白在人間。

——明・于謙《石灰吟》

火器乃冷兵器時代克敵制勝的法寶之一，大約唐代就已出現簡單的火藥武器。在南宋中期到元代的諸多戰爭中，火器已是常客。在中國古代火器史上，明代被認為是中國火器發展的鼎盛時期。擁有專業的火器部隊是明軍的特色，亦是中國古代軍事史上的一大創舉。但另一方面，火器的發展與甲冑此消彼長，明代是中國甲冑退出歷史舞臺前的最後一個革新期，欲知這場變革的原因，不得不先瞭解火器在明代的發展情況。火器時代的到來對世界的改變是翻天覆地的，它將終結冷兵器時代的戰爭模式，同時為傳承千年的甲冑奏響挽歌。

火器對決：燃燒的鄱陽湖

1363年秋，一場規模空前、激烈異常的水戰在鄱陽湖面展開，決戰雙方是吳國公朱元璋與大漢皇帝陳友諒。

當時，剛解除洪都之圍的朱元璋趁陳友諒進攻洪都受挫之際，分兵據守鄱陽湖口，斷其後路。陳友諒大軍東出迎戰。這不僅是朱元璋與陳友諒的生死決鬥，也是中國乃至世界最早的炮艦對攻，在這場戰役裡，雙方都使用了大量火器。

曾追隨朱元璋南下婺州的劉辰，在《國初事蹟》一書中寫道，是年七月，「陳友諒率大船進鄱陽湖來侵，徐達棄圍援之。上（朱元璋）親領舟師往征，衣甲、鎧仗、旗幟、火炮、火銃、火箭、火蒺藜、大小火槍、大小將軍筒、大小鐵炮、神機箭及以蘆席作圈，圍五尺，長七尺，糊以紙布，絲麻纏之，內貯火藥撚子及諸火器」，可見朱元璋軍中火器之多。但陳友諒的裝備同樣不遜色，並且擁有比朱元璋更為強大的艦船部隊。

8月，大戰爆發。朱元璋的戰船為「白船」，陳友諒軍為「紅船」。白船體積較小，而漢軍的紅船，據《明史》載，「樓櫓高十餘丈，綿亙數十里，旌旗戈盾，望之如山」，簡直堪稱巨艦，做工也更結實，但有個阿喀琉斯之踵——船體巨大，不便轉動。朱元璋敏銳地發現了這一點，遂命自己的戰船載著弓箭手

「往來於湖中仰而射紅船」，「一日攻數次，白船輪次而戰，紅船疲倦」。劣勢變成優勢，一番車輪戰，便將漢軍巨艦的精力消耗大半。接下來，就該火器上場了。船上將士「比至紅船三百步間，箭銃、將軍筒、標叉俱發如雨」，密集的打擊，使得「紅船將士無所躲避，僅以板牌遮身，或伏匿，或趨走，無出視者」。

朱元璋憑藉火器一路乘風破浪，勢如破竹，而漢軍戰艦亦調動火炮進行反擊。鄱陽湖面濃煙滾滾，戰況極其慘烈。儘管朱元璋每艘戰船都裝備了大量精良的碗口銃，但面對漢軍綿延數十里「望之如山」、氣勢奪人的巨艦，依然難以取勝。關鍵時刻，救了朱元璋一命的仍是「火」。

朱元璋採納部將郭興的建議，挑選勇士駕駛7艘裝滿了火藥和柴薪的漁船，迫近敵艦，順風放火。火藉風勢迅速蔓延，一時烈焰飛騰，湖水盡赤，漢軍數百艘巨艦轉瞬間便被大火吞噬。這一幕與小說《三國演義》中的赤壁之戰極為相似，可惜漢軍沒有「華容道」可走，被燒死、淹死者不計其數。混戰中，一根飛箭射穿了大漢皇帝的頭顱，陳友諒當場殞命，盛極一時的大漢政權也在不久後灰飛煙滅。

此役能夠取勝，朱元璋戰船上配備的一種叫「碗口銃」的火器，立了極大的功勞。借用學者王兆春在《中國火器史》一書中的說法，鄱陽湖之戰中的碗口銃戰船為「世界上最早的炮艦，朱元璋也因此成為世界海（水）軍史上，創造火器與冷兵器並用的水戰戰術的統帥」。

▲明太祖朱元璋像

火銃：明軍標配的射擊武器

火銃，是一種射擊型管狀火器，有時又稱「火筒」。據史料記載，燃燒、爆炸性的簡單火器，大約在唐代後期便已運用於軍事作戰。自南宋中期至元代，火器多次被投入戰爭，形似小型火炮的火銃也應運而生。目前為止，中國乃至全世界公認的最早的銅火銃，出土於內蒙古錫林郭勒盟正藍旗元上都遺址，製作時間是元大德二年（1298年）。

朱元璋部隊在鄱陽湖水戰中使用的碗口銃，顧名思義，是炮口似碗口的一類火銃。它身管短、射速慢、射程近，由於沒有瞄準具，命中率無法與後來出現的火器相比。但元末明初，碗口銃是水軍克敵制勝的利器。陳友諒死後，朱元璋以迅雷不及掩耳之勢蕩平群雄，最終於1368年稱帝，締造了大明王朝。中國人民革命軍事博物館就珍藏著一件鑄造於洪武五年（1372年）的銅製大碗口銃，口徑三寸四分七、長一尺一寸、重六十三斤。根據銃上的銘文「水軍左衛，進字四十二號」可知，此物曾被用於水上作戰。按明代官修法典《明會典》給出的資料，弘治以前，明政府軍器局每三年要生產這種大碗口銃三千門。

軍器局是洪武十三年（1380年）設立的專門生產冷熱兵器的機構。同年，朝廷對軍隊裝備問題有了新的規定，《明太祖實錄》就有記載：「凡軍一百戶，銃十、刀牌二十、弓箭三十、槍四十。」由上可知，當時士兵配備的武器仍以冷兵器為主，但火銃已經結束了在軍隊中零散使用、臨時裝備的階段，正式成為明朝軍隊的制式化標配。這是明代火器史上第一個具有劃時代意義的重大舉措。

帝制時代，一個國家的科技、軍事與文化的興衰，很大程度上受制於最高統治者的認知。自打下江山的那天起，朱元璋就將火器製造提上了日程。在他的強勢推行下，上

◀明甲士示意圖。甲士身穿明朝晚期布面甲，布面之下內襯鐵甲片。此時火器已逐漸成為戰場主角，甲士所持者為三眼銃，這種火器明初就已出現，但晚明北方邊軍中仍大量裝備

至工部、內府，下至地方各布政司及各地駐軍，都下轄有兵器製造單位，工匠服役及生活條例政策被著意改善，以吸引專業人才。眾多冷、熱兵器以火銃優先。為保證火銃所需的發射火藥，朝廷設置了內官監和兵仗局管控的火藥局（專司監管、把控京師地區火藥製造），同時地方還開設了火藥作坊。火器上通常鐫刻有武器名稱、編號、鑄造時間和機構，具體監造者以及製作者姓名等資訊。一旦這些武器將來出了問題，就可根據銘文對相關人員進行追責；反之，如果它們在戰鬥中發揮了重要作用，相關人員就能論功行賞。根據已出土洪武火銃上的銘文，有七支火銃是由「寶源局」製造。寶源局原本以鑄錢為生，後來都成了朝廷的造銃單位，更別說各地不計其數的大小作坊。

朱元璋早年食不果腹，文化程度不高，為何在軍事手工業的建設上能有如此遠見卓識？這個草根皇帝的創業征戰史不可不提。

元末大起義時代，群雄並起，其中，陳友諒、朱元璋、張士誠這三股力量最為強大。儘管起兵的旗號都是反抗暴元，但南方諸雄之間的爭霸戰也非常激烈。徐勉之所撰的《保越錄》就記載了朱元璋與張士誠的一場火器大戰。

至正十九年（1359年），朱元璋的部將胡大海率部進攻張士誠勢力範圍內的紹興城。2月8日，來勢洶洶的胡大海兵臨紹興城下，守將呂珍見胡部尚未穩住陣腳，立即命守城將士以火銃、火炮攻擊其前鋒部隊。胡大海部頂著炮火攻城，士卒死傷無數，場景異常慘烈。戰至3月20日，一支守軍部隊從城中出擊，胡部正欲迎戰，忽然遭到對方火銃射擊，竟陣腳大亂，無法抵抗，只能悻悻而退。其後，胡大海部士兵的多次進攻都被守軍用火銃打退，春波橋一帶的戰鬥最為慘烈，據載，攻入此地的胡部士兵被守軍全殲。

慘痛的教訓終於使胡大海意識到了火器的重要性。在5月14日發動總攻時，他以彼之道還施彼身，命士兵以拋石機與常用箭打頭陣，繼而集中火銃、火箭、石炮、鐵彈丸等火器，向城內密集發射。守軍在胡部的狂轟濫炸下傷亡慘重。胡大海趁對方陣腳大亂，率部發動猛攻，一舉攻佔了紹興城。

從此之後，集中優勢火器擊敵，成為朱元璋的常用戰術。幾場鏖戰，朱元璋皆依靠火銃、火炮取勝，功成名就後自然要繼續發揚這一優良傳統。此外，火器之所以能在明朝發展迅猛，還有個客觀原因——缺馬。《明史》記載，洪武二十三年（1390年），全國官兵有一百二十多萬人，而能夠作戰的馬卻只有四萬多匹。明軍與北元蒙古騎兵交鋒，難免會出現步兵對抗騎兵的窘境。這種戰法風險巨大，明軍極易因陣形被衝散而崩潰，當時能彌補這一致命缺陷的唯有火器。

神機營：首支成建制的火器部隊

朱元璋駕崩後，燕王朱棣成功上位，並將首都遷至北京。他在洪武時期建立的衛所旗軍編制的基礎上，對軍隊進行整改，其中最具突破性的一項舉措便是創建了不同於衛所編制的「三大營」，以「內衛京師，外備征戰」。這裡的「三大營」是指京師京營，即五軍營、三千營和神機營，直接歸朝廷指揮。《明史》載：「居常，五軍肄營陣，三千肄巡哨，神機肄火器。」可知五軍營與三千營以冷兵器為主，神機營則專習火器。

神機營下轄五軍——左掖、右掖、左哨、右哨及中軍，官兵裝備神槍、

▲明代神機營五十七人隊（楊翌 繪）

單眼銃、手把銃、盞口銃、碗口炮、將軍炮、單飛神火箭、神機火箭等大量火器，並增設了監槍官，可謂專業性極強的特種部隊。朱元璋與陳友諒作戰時雖也臨時組建過火器部隊，但並未成建制，只能算是雛形。直到永樂四年（1406年），明軍與安南（今越南）交戰時，俘虜了一名叫黎澄的火器專家，學到了不少專業的火器用法，隨後便特置神機營肄習。神機營的創立，標誌著古代中國誕生了第一支獨立成建制的火器部隊。皇帝親征時，三大營環守於皇帝大營，神機營居外、騎兵居中、步兵居內。

到英宗朱祁鎮在位的正統年間，部隊裝備又有了新變化。「總操神機營」的將領顧興祖發現，「神機軍士為五軍週邊，遇敵至則先摧敵，慮恐敵出不意，或值風雨陰霾，槍銃火器倉卒難用，無他兵器可以拒抗」（《明英宗睿皇帝實錄卷》）。為彌補火器部隊在作戰時的這種缺陷，他向朝廷建議「每隊前後添設刀牌」，神機營從此在裝備火器的同時，也配置相應的冷兵器。

明初火銃的最大缺陷在於「發莫能繼」——發出一彈後，短時間內無法再次發射。正統年間，許多能臣武將意識到了這一點，於是，兩頭銅銃、十眼銃、五雷神機一類可連發的火銃陸續誕生。據《武備志》記載，十眼銃可以「十眼裝完，自口挨眼，番轉鬭故（放）」。五雷神機，顧名思義可連放五發，「一銃放後，輪對星門再放」。《明英宗實錄》提到了山西應州火器發明師師翶製造的一種新式火銃：「其銃柄上有活離線，頃刻之間可連放三銃，第一銃放藥箭七支，第二銃放鐵彈三四十個，第三銃藥箭彈子隨用，每銃可打三百步外。」從這段描述來看，連發火銃與後來的連發槍頗為相似，但因記載過於簡略，又無實物參考，我們無法做進一步考究。不過至少可知，當時明人針對火銃單發的缺陷進行了改進，並邁出了關鍵的一步。

恰在此時，明帝國遭遇了建朝以來最大的一場浩劫。正統十四年（1449年），明英宗朱祁鎮被俘，瓦剌部領袖也先率蒙古鐵騎一路南下，直逼北京。在兵部左侍郎于謙的堅持下，朝廷放棄南遷，10月11日，北京保衛戰正式打響。

在這場決定帝國命運的戰鬥中，于謙的調度有方起了至關重要的作用。10月13日，瓦剌騎兵窺探德勝門。於謙派兵誘導，使之深入街巷，再令事先埋伏在街道兩側空房內的神機營將士一齊發射火器。火銃、神炮、火箭密密麻麻地

▲明代邊軍模型，居中的邊軍手上所持的火器為三眼銃（周渝 藏）

從四面八方射出，瓦剌兵人仰馬翻，最終只得撤離。

隨後，也先南下進攻西直門。瓦剌軍忌憚城頭守軍的火銃，施計將守將孫鏜引出，繼而包圍。孫鏜突圍退至西直門下，於謙再令城上神機部隊以火炮、火銃協助孫鏜，斃敵無數。

兩次受挫後，也先於15日率軍進攻彰義門。這一戰，神機營以火銃多次擊退瓦剌騎兵。但明軍是臨時拼湊的，魚龍混雜，一見瓦剌軍敗走，內官便紛紛躍馬而出搶戰功，場面混亂。也先於是殺了個回馬槍，擊破了明軍陣形，並一路追殺至土城下。緊要關頭，潛伏在土城房屋內的明軍火銃手及時開槍阻擊，才堅持到援軍趕來。

也先見進攻無望，各地勤王大軍已逼近京城，便率軍撤退，明王朝轉危為安。在遊牧民族不可一世的騎兵面前，神機營與包括火銃、火炮在內的傳統火器，堪稱力挽狂瀾、拯救帝國的制勝法寶。

鳥銃與佛郎機：明帝國的「拿來主義」

可以說，明代是火器發展史上最具突破性的時代，但因此認定明代火器是世界上最先進的，那就大錯特錯了。中國古代史籍對武器的描述時有誇張，尤其在缺乏實物佐證的情況下，這些記載只能做參考。同一時期的歐洲，戰爭頻繁，火器發展同樣迅猛，傳到亞洲後甚至影響了東亞的歷史進程。中國雖是火藥發明國，但16世紀，西洋火器已後來居上。

明朝前期，火器的戰功顯著，很大原因在於對手是「只識彎弓射大雕」的蒙古騎兵。當大明軍隊與西方殖民者在海上遭遇時，才發現對方手中的火器已青出於藍而勝於藍，火藥母國完全不佔優勢。明朝官方對這些自西而來的火器印象頗深：「銃發彈落如雨，所過無敵。其銃用銅鑄，大者千餘斤，因名佛郎機。」（陳仁錫《皇明世法錄》）。

傳統火器都有個特點，即彈藥前裝，發莫能繼，「恐遇風雨或敵人猝至，必致誤事」。而西洋的「佛郎機」則不同，是一種後裝炮，採用母銃銜扣子銃的結構，較好地解決了管內閉氣等問題，由於子銃可以更換，打完一發可再來一發，形成「彈落如雨」之效。中國傳統火器遇到的問題，西洋火器都解決了。

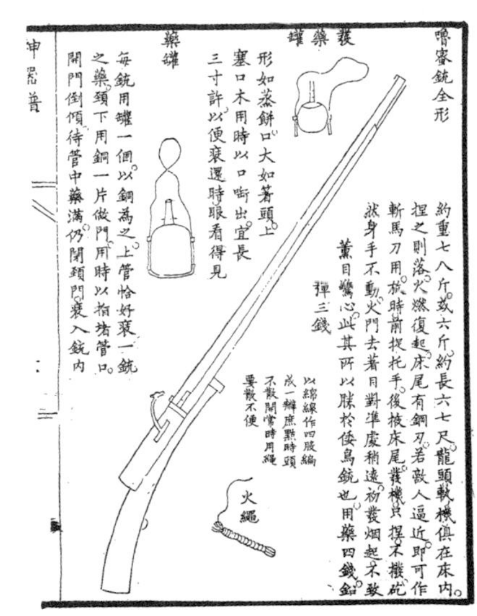

▲《武備志》中的鳥銃，這種新式銃威力遠在傳統三眼銃之上

值得慶倖的是，明王朝沒有將這些威力遠勝於己的火器視為「奇技淫巧」，而是在認識到差異後，務實地採取了「拿來主義」。《武備志》（卷124）詳細記載了佛郎機的製作方法，由此可知，明王朝一方面引進西洋火器，一方面也對其進行研究，並根據自身情況進行改進。

有明一代，火器發展大致可分為兩個階段：嘉靖之前，主要是本國自主研發生產；西洋火器陸續傳入中國後，則進入了中外火器結合發展的階段。不少將領對西洋火器青睞有加，戚繼光就認為「諸器之中，鳥銃第一」。鳥銃是當時從西洋傳入的火繩槍，因能射落飛鳥而得名。在戚繼光等人訓練出的南軍中，一名鳥銃手配備鳥銃1支、鉛子（子彈）200枚、火藥4斤、火繩3根。在滿員的情況下，南軍步兵營有2700人，鳥銃手有1080人，占編制的40%。

值得一提的是戚家軍的鴛鴦陣。嘉靖年間，東南沿海一帶倭寇猖獗，多次入侵或劫掠。戚繼光於嘉靖三十四年（1555年）被調往浙江擔任參將後，仔細總結了倭寇的作戰特點，研究出可以克敵的鴛鴦陣：以12人為一隊，最前面為隊長；後面2人，1人執長牌、1人執藤牌，長牌手執長盾牌遮擋倭寇的箭矢、長槍，藤牌手執輕便的藤盾並帶有標槍、腰刀，長牌手和藤牌手主要掩護後隊前進，藤牌手除了掩護還可與敵近戰；接著2人為狼筅手，利用狼筅前端的利刃刺殺敵人以掩護盾牌手的推進和後面長槍手的進擊；接著是4名手執長槍的長槍手，分別照應前面左右兩邊的盾牌手和狼筅手；然後是2名手持「鏜鈀」的士兵擔任警戒、支援等工作；站在最後面的是火銃手，專門負責射殺倭寇中的高手。

這種陣法講究長短兵器結合，冷熱兵器配合使用，很快便在戰場上收到奇效：嘉靖四十年（1561年）五月十日，台州花街遭大批倭寇入侵，戚繼光率「戚家軍」，首次排出「鴛鴦陣」，鳥銃、弓弩、火箭及各種冷兵器配合使用，大破敵軍。緊接著的台州之戰，戚家軍在山林中埋伏了1500人，結合冷熱兵器，以寡敵眾，擊敗倭寇2000餘人，創造了「台州大捷」。鴛鴦陣也成了近距離作戰中火器與冷兵器結合使用的戰術典範。

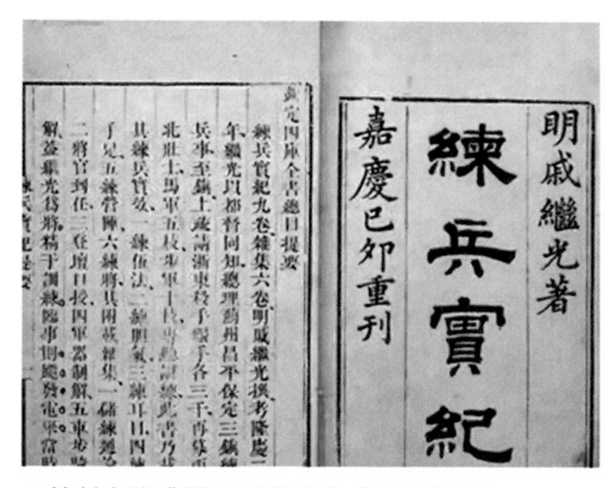
欽定四庫全書總目提要
練兵實紀九卷雜集六卷明戚繼光撰

明戚繼光著
練兵實紀
嘉慶己卯重刊

▲抗倭名將戚繼光所著兵書《練兵實紀》

1592年，剛統一日本的豐成秀吉侵略朝鮮。日軍自朝鮮南部登陸，憑藉戰國時期發展起來的火繩槍（又稱「鐵炮」），一路勢如破竹，打到了中朝邊界，加藤清正部隊甚至一度進入中國國境。面對來犯之敵，明廷決定抗日援朝，派遠征軍入朝作戰，大明王朝火器也在這場戰爭中大顯身手。

▲李如松像

經過戰國時期的洗禮，日本火繩槍的發展水準要優於中國，朝鮮軍被日軍鐵炮打得聞風喪膽，就連鎮守釜山的高級將領鄭撥也命喪鐵炮之下。入朝作戰初期，明軍吃了不少苦頭。如平壤之戰時天降大雨，明軍裝備的三眼銃失去作用，基本只能當大鐵錘使用。遼東遊擊史儒率部衝鋒，佔據制高點的日軍鐵炮齊放，史儒身中數十彈，壯烈犧牲，同僚張國忠、馬世龍也相繼陣亡。

後來，遼東總兵李如松在反攻平壤時總結經驗，調集大量將軍炮（120門）、虎蹲炮等西洋火器到戰場，裝備鳥銃的南軍也遠赴朝鮮作戰。這一戰，明軍各種型號的佛郎機炮百炮齊發，幾乎將整個平壤城夷為平地。其後，李如松又放火焚城，「頃刻間爆炸聲震天，焰煙蔽空」，日軍鐵炮在明軍的西洋火器面前毫無招架之力，只得退出平壤。萬曆二十一年（1593年）一月，明軍與朝鮮聯軍因孤軍深入，在距漢城以西40里處的碧蹄館遭日軍伏擊，黑田長政、小早川隆景、立花宗茂等日軍將領的部隊傾巢而出，將明軍主帥李如松重重圍困，李如松的家將李有升力戰殉國，千鈞一髮之際，李如松的部將調來一個炮營，憑藉佛郎機炮打開一條血路，救出李如松。可以說，在朝鮮戰場上，明軍火銃技術雖遜於日軍，但引進的西洋大炮彌補了這一缺憾。正如朝鮮大臣李德馨向國王李 描述的那樣：「倭銃之聲，雖四面俱發，而聲聲各聞，天兵（明軍）之炮，如山崩地裂，山原震盪，不可言狀；響徹天地，山嶽皆動……」

折戟薩爾滸

萬曆四十七年（1619年）三月，明帝國與剛崛起的後金政權會戰於薩爾滸。此役，明軍三路喪師，杜松、劉綎等將領皆戰亡，舉國震動。後金以少勝多，明軍損兵折將慘敗。這一仗明軍究竟損失了多少人？後來清朝方面的史料說遼東經略楊鎬「以二十萬兵，號稱四十七萬」，顯然有所誇大。而楊鎬戰後自己彙報說僅有七萬人，有為自己開脫之嫌。綜合看來，時人王在晉在《三朝遼事實錄》中記載的八萬八千餘人比較真，這個損失對明帝國而言亦是致命一擊。薩爾滸兵敗有諸多原因，在此不展開詳談。本文重點關注的是，薩爾滸戰役是冷兵器戰勝熱兵器的典型戰例。

據前線的遼東監軍御史陳王庭呈報，明軍此役共損失火器13150餘具，根據這個資料可知明軍中裝備的火器數量還是相當可觀的。而後金幾乎沒有火器，皆以弓箭、大刀、長矛等冷兵器為主。冷兵器戰勝熱兵器，今天看來頗為反常，但在17世紀之初並非不可能。

首先來看看明軍的火器水準。客觀來說，在中國火器發展史上，明代算是鼎盛時期，但明人的火器絕沒有某些網文中吹噓的那樣神乎其神。相信很多讀者都看過一個段子，大概是說第一次鴉片戰爭結束後，有人在京城某倉庫發現一批封存了200多年的火器。這批火器是明朝末年製造的，有的竟比英軍的還先進，接著藉此批判了清朝的閉關鎖國、不思進取、腐朽墮落。其實，但凡對

▲明代嘉靖朝後，火器逐漸落後於西方，開始引進西器。佛郎機炮為引進的火器代表

▶明代火器虎蹲炮

火藥武器發展史稍有瞭解的人都知道這是絕不可能的。這兩百年來，歐洲發生了第一次工業革命，火藥武器突飛猛進，不是17世紀初的火器能比的。即使時間回到更早的明代，中國火器依然落後於西方。從嘉靖年間開始，明帝國就開始大搞「拿來主義」，引進西洋火器。但問題又來了，這些引進的西洋火器，是不是真有傳說中那麼牛？

明代火器被吹上天，很大原因是明朝人自己很能吹，著名的《武備志》就記載了一些很神的武器，例如像機關槍能連發18彈的迅雷銃，根據文字描述的確很牛，但從沒有這種神器被用於戰場的記錄。宋懋澄在《東征紀略》中記載將軍炮「一發決血衢三里，草枯數年」，不知道的還以為是小型原子彈，大明黑科技天下無敵。但實際情況是，無論中國發明的火器，還是引進的西方火器，都還沒有成熟到能完全取代冷兵器的地步，更不可能像電影《最後的武士》中那樣對冷兵器軍隊展開大屠殺。

的確，相比冷兵器，火器有很大優勢，例如鳥銃射程比弓箭遠得多，大炮更是攻城利器。在日本戰國時期的長篠之戰中，織田信長憑藉火器戰勝了武田家精銳騎兵，創造了奇跡，但這很大程度上是因為長筱戰場平坦的地勢和織田家修築的拒馬工事。那時候的火器要發揮作用，必須滿足天時、地利。明軍裝備的大部分火器的彈丸都比較小，通常只能平射，不能仰射，在山地作戰肯定

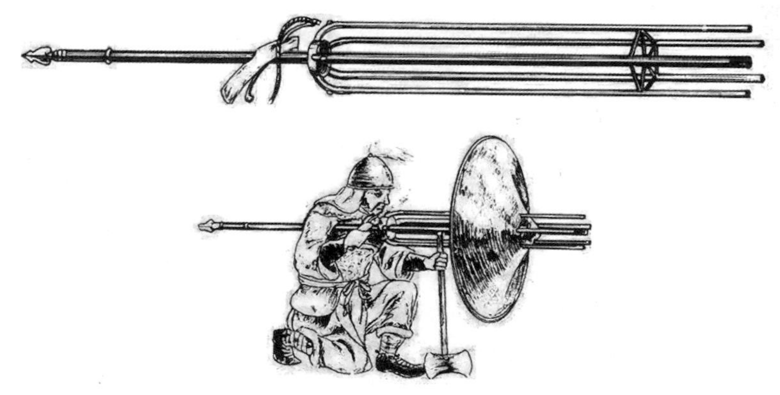

▲《武備志》中的迅雷銃，但並無這種武器用於戰場的記錄

要吃虧，如果是潮濕天氣在山地作戰，就更吃虧了。

早在1600年平播戰爭時，明軍火器就因受地理限制而無法發揮作用。楊應龍盤踞的海龍屯城堡依山而建，只有地勢較低的銅柱關和鐵柱關在火器的助攻下被順利攻克。當明軍攻至地勢較高的飛虎關時，重型火器已無法發揮作用，因為山地無法運輸重炮，明軍只能硬著頭皮強攻。而以冷兵器為主的播州軍憑藉地理優勢，居高臨下，箭弩滾木一起用，使得明軍死傷枕藉，傷亡巨大，始終未能突破飛虎關。薩爾滸之戰也是山地、叢林作戰，以弓箭為主的後金部隊反而具備優勢，士卒們可以根據實際情況在仰射、平射、俯射間任意切換，而且弓箭對陣形的要求也沒火器那麼苛刻，弓箭手在任何地點都可以射擊，即使陣形被衝散，各自為戰也能發揮戰鬥力。

其次，天氣也會對火器造成影響，通常雨天、雪天或比較潮濕的天氣會使黑火藥受潮，銃炮啞火。薩爾滸之戰爆發前夕的二月二十九日，天降大雪，不僅使明軍行軍艱苦，也對火器造成了不利影響。三月初一，明中路軍監軍張

▲明代火器模型，分別有神機箭、鳥銃、車載佛郎機、彈丸等（周渝 藏）

銓部與後金部隊遭遇，張遂下令開炮轟擊。誰知戰端一開，雨雪忽止，天降大霧，明軍持槍炮作戰，但在大霧中難辨敵友，炮手難免會誤傷自己人。而且明軍槍炮發出的火光暴露了自己的位置，明軍成為後金軍的活靶子。後金部隊愈戰愈勇，一連攻陷明軍數個堡壘，奪取了薩爾滸山營寨。

薩爾滸之戰爆發於雪後初晴，濕度最濃之際，加上又是在山地作戰，明軍雖有火器，卻無法有效發揮其威力。另一方面，重型火器需用車載，炮兵、槍手又以步兵為主，騎兵大多還以冷兵器為主，而且明軍騎兵較少，機動能力有限。後金八旗兵基本都騎馬，機動能力大大優於明軍。明軍在火器也不能發揮作用的情況下，進不能追擊敵人之退，退不能躲避敵人之攻，進退維谷，腹背受敵，折戟薩爾滸是意料中的事情。

此役無疑是明帝國軍政頑疾的一次集體病發，衛所崩潰、軍隊腐敗、武備鬆弛、士氣萎靡、兵源不足……種種問題尚未解決，朝廷偏又想畢其功於一役，催促出戰的命令急如星火，逼迫本身就病態百出的明軍在惡劣的氣候下倉促出征，使得火器這一為數不多的優勢也變成了劣勢。種種錯誤疊加，奏響了帝國毀滅的序曲。

紅夷大炮：終為他人作嫁衣

薩爾滸兵敗後，明廷的有識之士意識到火器存在種種問題，急需改進。17世紀初，明朝引進了比佛郎機炮更加生猛的「紅夷大炮」，所謂「紅夷」，是指被明人稱為「紅毛鬼」的荷蘭人與葡萄牙人。西洋人於16世紀初安置在戰艦上的這種艦載加農炮，是當時世界最先進的火炮。它炮管長、管壁厚、口徑大，從炮口到炮尾逐漸加粗，符合火藥燃燒時膛壓由高到低的原理。炮身重心處兩側設有圓柱形的炮耳，以此為軸可以調節射角，配合火藥用量改變射程；同時還設有準星和照門，依照 物線來計算彈道，精度很高，具備了現代火炮的雛形。

明清戰爭初期，青睞西學的徐光啟、李之藻等人頻頻上奏，鼓吹「設險國、建敵臺、造大銃」。徐光啟甚至認為，「克敵制勝者，唯有神威大炮一器而已」，最終說服朝廷於1620年10月採購4門西洋前膛火炮，並在次年運抵京城試射。幾炮打下來，威力果然碾壓鳥銃和佛郎機。隨後，明廷派人再赴澳門，

▲明代佛郎機模型（周渝 藏）

▲明代火器「一窩蜂」模型（周渝 藏）

向葡萄牙當局購炮並聘請炮師。據《明熹宗實錄》記載，當年共聘請獨命峨等「夷目七名，通事一名，傔伴十六名赴京」。只可惜因黨爭，這些西洋炮手很快就遭到徐光啟政敵們的反對和貶低，最終以「水土不服」為由全部遣返，徐光啟原本想在北京設立鑄炮工廠的計畫也被擱置。

天啟五年（1625年），孫承宗因受閹黨排擠而卸任。天啟六年（1626年）努爾哈赤得知遼東易帥，趁機率6萬人西渡遼河，開始了新一輪的擴張，錦州、大凌河、小凌河等地先後失守，一路殺到兵力不足2萬人的孤城寧遠。但努爾哈赤在這座城池碰了大釘子，袁崇煥指揮堅壁清野，同時整肅軍紀，以血書激勵士氣。當然，最關鍵的是火器，當時最新從澳門引進的紅夷大炮有11門已運抵寧遠，明軍根據「以台護銃，以銃護台」的原則防禦城牆，憑藉這些西洋高科技成功抵擋住了後金的進攻，並重創了敵人。明人張岱留下記載說，甯遠戰端一開，「炮過處，打死北騎無算，並及黃龍幕，傷一裨王。北騎謂出兵不利，以皮革裹屍，號哭奔去」。這是薩爾滸之戰以來，明軍首次擊敗後金部隊。同年八月，努爾哈赤暴亡。

▲明代神機營士兵模型，左方士兵手持五眼迅雷銃，據記載，這種火器可以連續發射，但並無用於戰場的記錄，故而不排除研製失敗的可能（周渝 藏）

長期以來都流傳著努爾哈赤在寧遠被明軍炮火擊傷不治身亡之說，此說的依據主要來自朝鮮人李星齡的記錄，他說努爾哈赤在炮戰中負傷，袁崇煥又遣使到後金大營出言譏諷，氣得努爾哈赤最終一命嗚呼。當時，薊遼經略高第也在奏報中說：「奴賊攻寧遠，炮斃一大頭目，用紅布包裹，眾賊抬去，放聲大哭。」這則奏報與張岱在《石匱書後集》中「傷一裨王……以皮革裹屍，號哭奔去」基本吻合，再結合朝鮮人的記錄，以至於後世不少人認定被炮打傷者就是努爾哈赤。實際上，這些推測不能令人信服。從寧遠之敗到努爾哈赤死亡，期間有八個月。這段時間，努爾哈赤仍在東征西討，五月還接見了蒙古科爾沁部首領，並無受傷跡象，直到七月因疽發作才轉至清河休養，八月病情轉危，於十一日去世。從這些跡象來看，努爾哈赤肯定不是因為在寧遠受傷而亡，不過寧遠戰敗導致努爾哈赤鬱悶，病情加重倒是有可能。

1626年的寧遠大戰，明軍憑藉火炮打退了努爾哈赤率領的後金騎兵，這次勝利讓明廷再度意識到火器的重要性，於是下旨再次購炮，同時從澳門雇用炮手20名。崇禎繼位後，徐光啟等人受到重用，引進西洋先進技術的方針一時盛行。在明廷的不斷催促下，澳門議事指派的代表公沙．的西勞組建了一支33人的炮兵部隊。北上抵京時，正逢後金軍繞開山海關，越長城，逼近京師，炮兵部隊首次參戰，表現不俗。

徐光啟忙著在京編練炮兵時，他的門生——曾編寫過《防守京城揭》、《銃台圖說》等介紹西洋火器文章的孫元化，則在崇禎三年（1630年）以右僉都御史的身分，巡撫登萊（登州及萊州，包括今煙臺、青島、威海所轄區域和濰坊所轄區域的大部），開始緊鑼密鼓地為大明朝訓練火器部隊。然而，人算不如天算，一年前的六月，皮島（位於鴨綠江口東之西朝鮮灣）守將毛文龍在雙島（位於今遼寧省大連市西南海域）被袁崇煥擅自殺死，毛的嫡系將領孔有德、耿仲明二人無處可歸，後被趕到孫元化麾下。此時，孫正大力擴充火器部隊，除購置紅夷大炮外，還引進了一批火器專家。他萬萬沒想到，這支即將練成的東亞第一炮兵部隊，不久後便會被孔、耿二人送給後金。

崇禎四年（1631年）八月，皇太極率後金兵攻大凌河（今遼寧錦州凌海市一帶），原毛文龍的部將祖大壽被圍在城內，糧盡援絕。孫元化奉命派兵赴援，並急令孔有德以八百騎趕赴前線馳援。孔有德抵達吳橋時，遇大雨，部隊給養不足，又受毛文龍舊部李九成之子李應元的煽動，竟譁變倒戈，隨後回頭攻擊山東半島，連陷數城，於次年一月攻陷登州，俘虜了孫元化一干人。

崇禎六年（1633年），孔有德、耿仲明等人正式叛明降金，降書曰：「本帥現有甲兵數萬，輕舟百餘，大炮、火器俱全。有此武器，更與明汗同心協力，水陸並進，勢如破竹，天下又誰敢與汗為敵乎？」皇太極聞訊後出郊十里迎接。

至此，明軍中紅夷大炮數量最多、炮術最精，且唯一一支接受完整西式訓練的部隊，被後金掌握。

這一事件極大地改變了明與後金的軍事技術對比。獲知火炮祕密的八旗軍迅速崛起壯大，明軍在遼東的局勢無可挽回。萬里河山千瘡百孔，大明王朝最終於1644年陷入萬劫不復之境。

有明一代，出現了一大批火器專家與優秀將領，是他們創造了中國火器發展史上的黃金時代。然而，在風雲詭譎的政治漩渦中，北京保衛戰的首功於謙被明英宗冤殺；創下無數輝煌戰績的戚繼光，將火器與冷兵器結合作戰發揮到巔峰，最後竟落得個罷免回鄉的淒涼晚景；萬曆年間的武器專家趙士楨，研製改進了多種火器，著成《神器譜》、《續神器譜》、《神器譜或問》等論著，卻也因此開罪小人，鬱鬱而終。至於那個為大明帝國訓練出東亞第一炮兵部隊的孫元化，被俘後並未死在後金手上，而是在釋放歸來不久，就遭到首輔溫體仁等人的誣陷，含冤而亡。

千錘萬鑿出深山，烈火焚燒若等閒。
粉骨碎身渾不怕，要留清白在人間。

于謙以一首《石灰吟》道出了那個時代「火器者」的光榮與夢想。生前，以「烈火」捍衛國土；身後，為人間留下丹心。

知識連結

晚明名將劉綎為何殞落薩爾滸？

萬曆二十八年（1600年）夏季，西南烽火漫天，明帝國調兵二十萬，在主帥李化龍率領下兵分八路，向位於川黔之間的播州挺進，意在平定盤踞在此七百餘年的播州楊氏割據勢力。此役是萬曆三大征中的最後一場戰役，也是用兵最多、烈度最強、傷亡最重的一役。彼時，從四川方向進攻的明軍共四路，其中以綦江路最為重要，必須選擇一名靠譜的猛將統轄。然而，李化龍選擇的這名將領一點也不靠譜，自接到詔令後，這名將軍便慢慢吞吞，導致朝中言官彈劾他與播州統治者楊應龍是舊識，定是收受賄賂才故意拖延行軍，朝廷已做好將其調到南京去坐冷板凳的打算。此時，李化龍一方面力排眾議，說要完成平播大業，非此人不可，另一方面邀這名將領入帳深談，最終將其留了下來，並讓其統率綦江路的明軍。這名將領叫劉綎。

劉綎，字省吾，南昌人，平播之役時已是身經百戰的悍將。《明史》記載他力大無比，拎著一百二十斤大刀，在馬上輪轉如飛，綽號「劉大刀」。劉大刀不僅力氣大，打仗也很有一套，從西南方的緬甸一路打到東北方的朝鮮，立下了赫赫戰功。此次出征播州，他率領的部隊很複雜，有正規軍，有自己的家丁，有當地招募的苗兵，甚至還有一群從朝鮮戰場俘虜的日本兵。在遠征朝鮮前，劉綎在四川掌兵，與楊應龍的確是舊識。楊應龍聽聞是老友回來了，不敢掉以輕心，部署好應對其他幾路明軍的部隊後，親自率軍迎戰劉綎。

那是一場熱兵器與冷兵器的慘烈決戰，明軍炮銃齊發，播州軍弓弩俱下，屍山血海滿疆場。戰至激烈處，劉綎親臨前線督戰，仗劍直呼：「用命者領吾銀！不用命者領吾劍！」軍士莫敢不從，爭先向敵陣發起衝鋒。決戰共進行了114天，明軍在付出慘重傷亡後，終於攻陷播州軍最後的堡壘海龍屯，大勢已去的楊

▲劉綎像

應龍焚毀自己的新王宮後自縊。整場平播戰爭，劉綎功居首位，這一年他42歲，登上了軍事生涯的巔峰。李化龍當時所言「平播非綎不可」實非虛言！

時光如梭，轉眼到了萬曆四十六年（1618年），帝國承平了近20年，劉綎卻是個不安分的主，不打仗就要打架。在一次糾紛中，他竟揮拳將馬湖知府詹淑痛毆一頓，結果被罰了半年俸祿，他一氣之下回老家去了。沒想到朝廷此時發來詔令，原來遼東出了亂子，劉綎又有仗打了。自李成梁去世後，努爾哈赤徹底放飛自我，甩出一紙「七大恨」，厲兵秣馬，揭起反明大旗。明神宗很憤怒，決定像當初平定楊應龍那樣，調集大軍蕩平建州女真，他想到了平播戰爭時立功最多的「劉大刀」，於是任命其為左軍都督府左都督僉書府事。此時，劉綎已經60歲，縱是老夫聊發少年狂，年過花甲的他能否像古時的廉頗、王翦、郭子儀那樣，在人生暮年，夕陽晚照時橫刀立馬再創輝煌？

名將的煩惱

暴躁的劉綎剛一到任就很憋屈。首先，他發現上級領導竟然是楊鎬。劉綎和楊鎬是老熟人，二十年前，劉綎奉詔赴朝抗日，到朝鮮時正逢楊鎬、李如梅在蔚山大會戰中兵敗如山倒，明軍被加藤清正、黑田長政指揮的日軍追著打，十分狼狽。劉綎奉命在水源紮營，對戰日軍名將小西行長，文攻武鬥幾回合後，劉綎發動進攻連連得勝，小西行長倉皇逃走。這樣一來，劉綎對在蔚山打得窩囊的楊鎬恐怕就不會太客氣了，故而二人在朝鮮時就不太和睦。現在，打敗仗的楊鎬搖身一變成為遼東經略，是自己頂頭上司，他怎會服氣？

劉綎雖然打仗很有一套，但驕橫暴躁。他一到任就發現士兵武備鬆弛、士氣低落，提議說要自己練兵，結果遭拒。這也罷了，沒想到楊鎬與幾位總兵商議出師日期，偏偏沒叫他參與，這讓他也非常不滿。當出師日期定下後，他馬上出來唱反調。他認為現在明軍的問題很多，對戰區地形也不太熟悉，不該如此倉促出戰，請求楊鎬推遲出師日期。事後看來，他提的意見很中肯。可惜，楊鎬不是李化龍，不會在他唱反調時邀他入帳，動之以情，曉之以理。楊大人處理方式簡單粗暴，直接怒斥：「國家養士，正為今日，若複臨機推阻，有軍法從事耳。」說完，他便將寶劍懸掛於軍門，以示恐嚇。劉綎雖滿腹牢騷，卻也不敢再提反對意見。

其實，楊鎬也深知此時出兵有些倉促，現在這支部隊毛病很多，但又架不住朝廷催促，為了保證行軍和作戰效率，只好強行推出罰約十四條，宣告全軍。從這十四條罰約多少可以看出當時明軍存在的問題。例如，主將與部將不和，「主將與將領、千把總及軍士，或有私仇於陣中，乘機陷害者，審實處斬」；遼東明軍長期以來有向老鄉「借人頭」的惡習，有三條罰約便與這有關，即「殺中國（漢人）被擄人民報功者斬」、「濫殺投降夷人及老幼婦女充功者斬」、「爭奪高麗（朝鮮）及北關（葉赫）所獲首級者斬」。

經過商議，楊鎬給四路總兵都下達了命令：山海關總兵杜松取道撫順，向西推進；遼東總兵李如柏從清河取道鴉鶻關往南進攻；開原總兵馬林取道開原往北進擊；遼陽總兵劉綎在寬甸集結後從東南方向出塞。四路大軍依約定時日同時出邊，以分進合擊之勢直搗後金老巢。對楊鎬的分配方案，劉綎有理由感到憋屈，平定播州時，明軍兵分八路，李化龍將最重要的綦江一路交予他，他也不負所望，一路勢如破竹直搗海龍屯，功居首位。現在同是兵分幾路出擊，劉綎兵團的兵力卻最薄弱。

杜松爭取到了最好的部隊和武備，兵力約3萬人；李如柏憑著李家與楊鎬的關係，自然也不會受到虧待，其集結在遼陽的部隊就有2.5萬人左右（清軍稱

6萬人）；即使是被重新起用的馬林，兵力也有1.5萬人。最慘的就是劉綎，號稱4萬人，實際不過萬餘人，雖然還有不到1萬人的朝鮮兵附從，但這幫人對後金毫無戰意——朝鮮元帥姜宏立與劉綎同行並非真心，只是因壬辰倭亂被豐臣秀吉所苦，為感謝明朝再造之恩，不得不隨行。

劉綎本來就與楊鎬矛盾重重，現在又受到這樣的待遇，意見當然很大。朝鮮方面的史料《朝鮮王朝實錄》記載了朝鮮元帥姜宏立與劉綎的一段談話。一日，薑宏立見劉綎，問各路兵數。劉綎答：「西南路大軍齊進，東路只有俺自己親丁數千人，且有各將所領，要不出滿萬耳。」薑宏立聽後問道：「則東路兵甚孤，老爺何不請兵？」劉綎憤憤道：「楊爺與俺自不相好，必要致死，俺亦受國恩以死相許，而二子時未食祿，故留置寬甸矣。」不難看出，劉綎懷疑楊鎬故意給自己分配最少的兵，是要公報私仇，置自己於死地。

李如柏不動如山

二月二十九日，劉綎率領東路軍自寬甸開拔。四路大軍雖是同時出發，但行軍速度完全不同。總體而言，杜松一路的行軍速度最快，基本能按時程進軍，直到其麾下車營被河水所阻，無法順利渡河，行軍才受阻。馬林一路則延遲嚴重，按照原計劃，他應該比杜松提前一天到達薩爾滸，可是他整整落後了兩天的行程。直到三月一日傍晚杜松主力兵敗薩爾滸，馬林部仍未趕到。

劉綎和李如柏這兩路軍行軍都較為緩慢。劉綎一路部隊的行軍路線是，自寬甸出邊，經太平哨往北。此路山道險狹，荊棘叢生，馬尚且不能成列，何況重型火器、輜重。劉綎必須沿渾江西岸推進，既迂且險，車須逐輛用長索接送才能通過。至三月二日，東路軍已至深河，進入了後金勢力範圍。對劉綎這樣的猛將而言，遇到敵人就一個字：打！東路軍很快便與後金部隊交火，一路連破牛毛、馬家等十餘寨，深入三百餘里，全軍士氣高昂。很快，東路軍推進至董鄂城（今遼寧省本溪市桓仁縣）。後金將領牛錄額真托保、額爾納、額黑乙三人率五百名騎兵迎戰，劉綎避其鋒芒，指揮部隊以分而合擊的方法圍而攻之，大破後金騎兵，額爾納、額黑乙被斬於馬下，牛錄額真托保率殘部潰逃。東路軍順利攻克董鄂城。

此時，劉綎又得到消息，即努爾哈赤已率八旗兵西上，興京（赫圖阿拉）空虛，正是直搗黃龍的好時機。於是，他集結精銳，打算從董鄂城直取興京。全軍士氣正旺之時，有人卻站出來反對，這個人就是劉綎的義子劉招孫。他擔心東路軍有孤軍深入的危險，且糧餉匱乏，故請求退兵。的確，孤軍在缺糧的情況下，通常只有兩條路可選，保守的方案就是如劉招孫所言的退兵，激進的方案則是迅速決戰。遺憾的是，劉綎選擇了速戰速決。這名經驗豐富的老將為何會做此選擇，向來各有說法，有的說他貪功冒進，有的說他對四路明軍合擊有信心，相信友軍可以策應，但皆只是推測。劉綎不知道的是，此時形勢已非常不妙，杜松已在薩爾滸兵敗身死，全軍覆沒；馬林一路也與在薩爾滸獲勝後北上的後金部隊遭遇，雙方於尚間崖展開血戰，「死者彌山谷，血流尚間崖下，水為之赤」，最終馬林一路也被後金擊滅。

▲薩爾滸之戰中的後金主要將領禮親王代善

目前還在戰場的只有劉綎與李如柏兩路，劉綎已孤軍深入，那麼有宿將之名的李如柏又在做什麼呢？按照時程，李如柏一路應該在三月二日由小那霸向敵軍發起攻擊，可是直到三月三日，李如柏仍在距小那霸尚有四十餘里路程的虎欄。同一天，後金部隊自界藩從容回軍至赫圖阿拉。實際上，早在三月一日薩爾滸大戰爆發時，副總兵賀世賢就向李如柏建議：「進軍直取敵巢穴，以致敵之所必救，攻其所不守，可大克也。」李如柏當耳旁風。次日，賀世賢再度進言：「進軍撲敵之虛，可謂『進而不可禦者，衝其虛也』。倘敵四軍與我戰，則北路軍得進，敵遭夾擊，而南路軍得搗敵巢穴也。」李如柏置若罔聞。三月三日，後金部隊已回師興京，賀世賢又建議攻敵側背，可惜李如柏已毫無鬥志，以至戰機一次次喪失。

擊滅杜松和馬林兩路明軍後，後金統帥努爾哈赤的威脅只剩劉綎與李如柏。三月二日，努爾哈赤收兵至古爾本安營，此時接到探哨報告，說南方和西南的兩路明軍正向赫圖阿拉進攻，此兩路明軍就是董鄂路攻來的劉綎部和清河方向的李如柏部。努爾哈赤召集諸將召開軍事會議，經過權衡，他認為李如柏不足為慮，應該集中主力專門對付劉綎。隨後，他立刻派達爾漢率一千兵馬作為先頭部隊進發，次日又派二貝勒阿敏率兩千兵馬支援，他則與大貝勒代善率領主力跟進。後金部隊進軍非常迅速，三貝勒莽古爾泰和四貝勒皇太極先後率軍出發，代善於三月三日中午由界藩出發，僅用四小時就趕到赫圖阿拉，努爾哈赤也於當夜抵達。次日早晨，努爾哈赤再次做出重大決定：少數兵力阻擊李如柏，主力與劉綎進行決戰！

後金間諜之謎

三月三日是薩爾滸之戰的又一個重要分界線，儘管在此之前杜松、馬林部已經兵敗，但明軍依舊有可能攻佔後金老巢，甚至扭轉戰局。遺憾的是，劉綎兵團被後金部隊所阻，李如柏兵團裹足不前，加上受山地崎嶇的影響，皆未能在三月三日赫圖阿拉最空虛時抵達。

劉綎東路軍在進軍過程中，由於地形險狹，不得已兵分五個部分，然而分兵後，各部基本就地立營各自為戰，相互之間也未做好策應，一旦遇到後金主力，處境是十分不妙的。那麼，劉綎是怎麼一步步踏進後金圈套的？

劉綎一路最具戰鬥力的是他所帶的幾千名家丁，一同進軍的武將還有管遊擊事都司祖天定、都司姚國輔、都司周文、副將萬江化等，協同兵備副使兼監軍康應乾、贊理軍務黃宗周等文官。前期，劉綎兵團取得不少戰果，孤軍一路深入至清風山，向赫圖阿拉城逼近。《明史》、《國榷》、《明季北略》等權威史料對劉綎兵團覆滅過程都有詳細記載，綜合起來是一個富有傳奇性的故事：劉綎正向赫圖阿拉進軍時，忽然有一名傳令兵前來，此人手持杜松令箭，催促劉綎儘快北上會師。劉綎見狀非常不滿，同是總兵，杜松為何向自己發號施令？隨後，劉綎問傳令兵：「為何不發炮相約？」傳令兵回答說：「邊塞地區，烽堠不便，此距赫圖阿拉五十里，傳炮不如飛騎快。」

劉綎哪裡知道，此時杜松已命歸九泉，所謂的傳令兵實際上是後金間諜，但他手上的杜松令箭貨真價實，是繳獲來的。這個間諜回到後金軍營報告後，後金軍立即傳炮，劉綎以為杜松要搶頭功，開始攻城了，立即加快步伐進軍。隨後，後金軍隊偽裝成明軍，打著杜松旗幟迎上來，一步步將劉綎誘入包圍圈，最終圍殲了劉綎兵團。

這則生動的故事最早出自宋懋澄的《九籥續集．東征紀略》。但值得注意的是，在薩爾滸大戰時，宋抱病在身，「不聞東征事」，後來是通過同鄉姚士慎轉述才得知戰事過程，而後病中完成的《東征紀略》。《東征紀略》對薩爾滸四路明軍的進軍時間、位置和方向都有偏差，對劉綎兵團的記述中有「劉總戎綎將西北軍」、「劉總戎從西北渡」等語，將方位顛倒了。劉綎前期戰果也被誇大為「斬虜三餘千」。後金間諜事件在宋的原始記載為，劉綎兵團距離赫圖阿拉僅五十里，間諜誘其前進大約二十里中伏，「行里許而伏兵四起，劉旅不復整矣，長技不及一施，眾遂殲焉」。

實際情況是，劉綎與後金交戰的地點位於赫圖阿拉東南方向的鏵尖子村和東堡村之間，距離赫圖阿拉城大約還有八十里。也就是說，後金間諜誘劉綎中伏這個繪聲繪色的故事，可能只是宋懋澄聽到的傳言，後來此事被許多權威史料採用，故成為信史。但從當時的地理位置來看，這則故事至少是要存疑的。

落日旌旗大將壇

東路軍應該不是被誘入包圍圈，而是在東堡村以北的山地、山谷地帶與後金部隊發生遭遇，繼而展開決戰的。據清朝方面的記載，最先與劉綎部交戰的是皇太極。皇太極本與兄長代善同行，在與兄長商議後，讓兄長留守，自己將兵力分為左右兩翼向山地發動攻擊，同時率領精兵打前鋒。劉綎部與皇太極的右翼軍交戰後，就地以火器向敵軍射擊，一時槍炮齊鳴，後金軍並未占到便宜。

代善見勢不妙，急忙率中路軍攻山，左翼軍也迅速攻佔山的西面，劉綎率部與之血戰，勝負未決。這時，埋伏在瓦爾喀什山南深谷中的二貝勒阿敏與達爾漢率部殺出，明軍腹背受敵，開始動搖。老將劉綎亦如在播州之役時那樣身先士卒，親自督軍與後金殊死作戰，但終抵擋不住後金軍的猛烈攻勢。明軍且戰且退，在瓦爾喀什原野遭前後夾攻。血戰中，劉綎被流矢射中左臂，仍繼續

▲《滿洲實錄》中四王破劉綎營圖，圖中，後金軍所穿甲冑與明邊軍無異

作戰，未幾又傷及右臂，「綎猶鏖戰不已。自巳至酉，內外斷絕」，其養子劉招孫亦出入死鬥，異常勇猛，但這支孤軍已深陷重圍，希望何在？唯有援軍！在杜松、馬林兩路皆已喪師的情況下，李如柏這支友軍成為劉綎唯一的生機。

當劉綎與後金主力拼死肉搏時，李如柏在幹什麼？他屯兵呼蘭達哈，不動如山，未能對劉綎兵團起到一絲策應作用，遑論出師救援。劉綎兵團在荒原的戰鬥已結束，殘陽如血，身經百戰的老將劉綎最終戰死沙場。《明史紀事本末補遺》中記載了這位悍將的最後時刻，身負重傷的劉綎至死不降，與後金軍繼續奮戰。廝殺中，他的面部中刀，被利刃削去半邊面頰，仍在左衝右突，浴血鏖戰，直至力竭而亡，劉招孫等將領也與他一同戰死。

得知杜松、馬林兩路大軍全軍覆沒的消息後，楊鎬急令尚存的李如柏和劉綎兩軍回師，可惜劉綎此刻已以身殉國。三月四日晚，李如柏聽聞回兵之命，如臨大赦，立刻奪路而走。友軍有難，李如柏不動如山，撤退反倒異常積極，以至於士兵自相踐踏，死傷無數。《萬曆實錄》評價說，若李如柏當時能「偏師策應，殺入重圍，劉綎當不至死。或夾擊成功，未可知也」。

劉綎之死還不是東路軍最後的結局，在富察甸之北尚有康應乾率領的明軍與朝鮮軍。後金軍殲滅劉綎主力後，一路南行，代善令士兵吃過炒麵，馬飲夠水後即刻向明軍發動突襲。這支明軍多為手執筤筅、竹竿長槍，身穿皮甲的步兵，相比後金，他們唯一的優勢就是火器。三月五日，天剛破曉，在富察甸，明軍排列起一層層鳥銃與大炮，向攻來的後金軍施放，一時槍炮齊鳴，不想竟致濃煙障目，視線不清，後金騎兵利用煙障奮勇衝擊，同時發揮弓矢之威力，殺入明軍陣地。明軍在

▶夏允彝、夏完淳父子像

後金箭射刀劈之下死傷慘重，屍橫遍野，最終被全殲，康應乾僅以身免。富察甸的戰鬥結束後，火器造成的煙霧亦隨風飄散。值得一提的是，薩爾滸之戰也是世界上冷兵器對戰熱兵器取得的最後一次大捷。此後，後金逐漸學會在作戰時使用繳獲來的大量火器。十幾年後，後金通過明軍降將孔有德等人帶來的火器部隊，改變了明與後金的軍事技術對比。

東路軍最後一場收尾戰是二貝勒阿敏部對戰明軍遊擊喬一琦部。喬一琦的英勇不亞於主將劉綎，然此時大勢已去，縱是蓋世名將亦無力回天。喬一琦與後金部隊血戰三天三夜，兵員損失殆盡後，退入朝鮮軍兵營，準備調動朝鮮軍繼續抵抗後金。萬萬沒想到，此時朝鮮軍已叛明降金！他們本就不情願為明朝效力，看到戰場慘烈的狀況後，私自向後金請求投降，代善與諸弟商議後決定接受朝鮮軍投降。現在喬一琦來得正好，朝鮮軍可以將其當作給新主子的禮物。喬一琦得知這一消息，不願做戰俘，遂投崖而死。

至此，東路軍全軍覆滅，薩爾滸大戰勝負已定。對大明而言，經此一敗，遼東問題成了帝國頭上的不散陰霾。此役倖存的遼東經略楊鎬和遼東總兵李如柏的結局都很悲慘：不久後，後金繼續進犯遼東，開原和鐵嶺相繼失守，楊鎬因此下獄，於崇禎二年（1629年）被處決；李如柏則在薩爾滸戰敗後被彈劾還京，彷徨度日，終因無法承受非議而自殺。當年李成梁、李如松等人創下的輝煌也隨著李如柏之死而被敗得一乾二淨，曾經名重一時的李氏一族從此威信掃地，成為文人墨客們時常嘲諷的對象。

長期以來，一直有人認為四路大軍中唯一倖存的李如柏是內奸，他早已私通後金並告知其他三路明軍位置。這種說法沒有事實根據，但經久不衰。明末著名文人夏允彝在其著作《倖存錄》中對李如柏多有批評，還記載了他一位好友對李如柏的評價——「既弱且蠢，與言皆潰，而其父兄之風，無一存者；一見而知其必敗也」。很不看好李如柏的夏允彝也認為「後之論者，又往往以通夷罪李，亦屬太苛」。

· 先秦

· 秦

· 漢

· 三國兩晉南北朝

· 唐

· 宋

· 元

· 明

· 清

第十章

日月鼎革

札甲衰落與布面甲普及

火器之下安有完鎧

大將南征膽氣豪，腰橫秋水雁翎刀。
風吹鼉鼓山河動，電閃旌旗日月高。
天上麒麟原有種，穴中螻蟻豈能逃。
太平待詔歸來日，朕與先生解戰袍。

——明·朱厚熜《送毛伯溫》

15世紀，是歐洲火器前所未有的鼎盛時期，歐陸大國皆裝備了新式火器，並在16世紀傳入中國。中國的火器雖無歐洲發展迅猛，也一直在發展，明代更是取得空前進步。火器的出現意味著冷兵器時代的沒落，對因兵器而生的鎧甲而言，是一個巨大的挑戰。在中國帝制時代的黃昏，甲冑也留下了最後一抹殘陽。

融合唐、宋、元三代

明朝是中國甲冑輝煌的最後一個時代。《明會典》羅列了齊腰甲、曳撒甲、圓領甲、柳葉甲、長身甲、魚鱗甲等八種鎧甲，按甲冑類型來分，主要為札甲、布面甲和鎖子甲。札甲是中國最早的鎧甲之一，每逢大分裂時期，它便會步入發展高峰，甚至可以說它是冷兵器時代中國最具有代表性的鎧甲。然而到了明代，戰爭雖未停止，札甲卻再沒發展，甚至呈現倒退趨勢。實際上，這種倒退從元代就已開始。

蒙古剛崛起時，諸如「蒙古羅圈甲」等早期的蒙古札甲，款式隨意，工藝粗糙。隨著蒙古鐵騎常年征戰，蒙古札甲也曾有過飛躍發展的階段。滅金征宋戰爭中，蒙古札甲襲承了中原地區前開對襟或後背對縫的穿著方式；征服西域、歐洲等地的過程中，又不斷汲取中亞及西歐等地區鎧甲的元素，造出一系列兼具東西風格的鎧甲。不過，元代的札甲相對唐宋而言，工藝簡化、甲葉大小不一，也不再統一制式，總的來說，款式多了，品質卻下降了。這個趨勢一直影響至明代。

提及明代衣冠文物，洪武元年（1368年）二月朱元璋頒佈的「詔復衣冠如唐制」之令常被人搬出，無非是講經蒙元統治近百年後，要光復華夏，恢復衣冠，甚至得出明代衣冠即唐代衣冠，大明鎧甲襲承唐宋的結論。然而，要做到真正的恢復衣冠談何容易？蒙元統治近百年，其影響不是說消就能消的，明代衣冠與甲冑都留有元代印記，曳撒、貼裏等服飾皆是蒙漢服飾融合的產物，鎧甲同樣如此。不過，在明十三陵的石像及一些留存至今的宗教雕塑中，鎧甲又頗具唐宋之風：大袖錦袍，兩肩用掩膊，雙臂戴臂縛，腰間圍金抱肚，胸背中心有「護心鏡」。

為何會出現兩種不同畫風？首先，明代鎧甲存世實物極少，要復原其形象不得不依賴古畫、石雕，而這些為數不多能見證那個時代的物品又各有文章，不搞清楚就極容易被誤導。其次，工匠技術與實際存在脫節，在明代，工匠雕刻的鎧甲多有唐宋遺風，石像身上的甲冑通常是中國鎧甲的最終形式，披膊、抱肚應有盡有，導致人們長期認為明代的甲冑襲承宋制。可是在古畫以及鳳毛麟角的出土文物身上，明代甲冑又具濃濃的蒙元風。這主要是因為工匠師的技藝靠代代相傳，而蒙元統治不過百年，也就兩三代人的樣子，所以工匠師的作品基本都遵循著宋代傳統。實際上，蒙古甲冑技術在明甲身上留下了很深的印記。《出警入蹕

▲明代宮廷畫《入蹕圖》中有布面甲、直身札甲等多種甲冑

圖》中大漢將軍甲雖然也是禮儀用甲，卻比雕塑上的宋風鎧甲更具實用性。

明太祖那句「詔復衣冠如唐制」究竟執行到什麼程度也是值得懷疑的。首先，《明實錄》只有這一句話，沒有後續，很可能只是提倡而非強制，與清初腥風血雨的剃髮易服不可同日而語。其次，雖說恢復唐制，但明朝和唐朝間隔數百年，明初的文武官員中有幾人能說出唐制是什麼樣？他們能夠清楚地辨別唐、宋、元的衣冠甲冑嗎？先人的窘境與當代漢服復原遇到的尷尬頗為相似啊。這並非無中生有的疑古，像曳撒、貼裏等有濃厚蒙古元素的服飾能登堂入室，成為官員們常穿的服飾等情況已證明，恢復唐制並不是「逢胡必反」。至於鎧甲，更是以實用為主，古人反倒不會在這方面去分什麼胡、漢或朝代。

明代的甲冑多少有些漢唐遺風，可能是有人在這方面努力過。總而言之，有明一代，甲冑形成了既不同於唐宋傳統甲冑，又與蒙元甲冑有所區別的特殊風格，這種胡漢融合印記一直延續到清代，說元明清三代的鎧甲屬一脈相承也不過分。

錦衣衛之鎧

與前朝一樣，明代甲冑也分為儀仗甲與實戰甲兩大類，像宋代甲冑那般華麗的都屬於儀仗甲。而要瞭解明朝最華麗和最美的甲冑，需要將目光聚焦到那個時代廣為人知的特有群體——錦衣衛！

身穿飛魚服、腰挎繡春刀，氣宇軒昂又帶著冷酷，雷厲風行卻又狠辣，這是人們對明代錦衣衛的固有印象，正如胡金銓執導的《龍門客棧》開場白所言：「這些番子（東廠人員）和錦衣衛個個心狠手辣，那時候的老百姓只要聽說他們來了，都嚇得膽戰心寒。」從《龍門客棧》到《龍門飛甲》，從胡金銓到徐克，影視作品中的錦衣衛一直充當著鷹犬、爪牙的反角，但廠衛的頭目們無論權御天下還是武功蓋世，都難逃被俠客殲滅的結局。自古亂世出英雄，武俠小說愛以明朝為背景不足為奇。廠衛是亂世中盛放的邪惡之花，襯托英雄，為俠義傳奇點睛。

不過在這些影片中，錦衣衛似乎手握無限特權，然而又永遠受制於人、身不由己——這就對了，真實歷史中，皇帝要的就是這個效果。錦衣衛在明朝開國皇帝朱元璋統治時期就誕生了，其前身為「拱衛司」，後改稱「親軍都尉府」，統轄儀鑾司，掌管皇帝儀仗和侍衛，相當於皇帝手裡的一支親兵。洪武十五年（1382

年）四月，朱元璋撤掉了親軍都尉府和儀鸞司，改設錦衣衛，職能為「掌直駕侍衛、巡查緝捕」。這使錦衣衛的職責有明暗兩個，明的是「掌直駕侍衛」，作為皇帝的貼身侍衛與儀仗隊；暗的是「巡查緝捕」，專司祕密偵緝調查。錦衣衛機構是南北鎮撫司。其中，北鎮撫司專理皇帝欽定的案件，南鎮撫司負責本衛的法紀、軍紀。

提及錦衣衛，往往著重於講他們「巡查緝捕」的工作，但這裡我們要將目光放在「掌直駕侍衛」的工作上，因為這展現了錦衣衛們光鮮亮麗的鎧甲與賜服（見下一章）。儘管名聲不好，但若論個人的顏值武功，錦衣衛堪比特工007。作為皇家儀仗隊員，他們必須雄壯俊美；作為皇帝保鏢，他們必須身手過硬。「錦衣衛」這個名字就能感覺到皇帝對他們的期望，所以電影裡的錦衣衛再怎麼帥氣都不過分。歷史上，他們的服飾與甲冑也往往是研究明代物質視覺美學的重要資料。

大明帝國設有「天武將軍」一職。這個天武將軍並非真正上戰場的將軍，而是殿庭衛士的稱號，最初沿襲的是元代「天武官」。據《元史》記載：「引天武官二人，執金鉞，金鳳翅兜牟（兜鍪），金鎖甲，青勒甲條，金環繡汗胯，金束帶，馬珂飾。次金骨朵二，次幢二，次節二，分左右。」進入明代後，這一制度被繼承並升級，《明實錄》有詳細記載：

國朝將軍之設，選軀體豐偉、有勇力者為之，號曰「天武將軍」。立將軍千百戶總旗統屬其眾，以年深者等而升之。凡早晚朝及宿衛、扈駕，俱執金瓜、披鐵甲、佩弓矢，冠紅纓鐵盔帽，列侍左右。如大朝會，則披金甲、金盔帽，列侍殿庭，俱有定數。其有品秩者，依品俸級，餘皆支米二石。若亡故，子弟願代者，驗有勇力方許。民及人材投充者，亦驗其可否而用之。初隸拱衛指揮使司，後隸錦衣衛，止稱曰「將軍」。

根據這段記載可知：第一，天武將軍選拔較為嚴格，必須身材偉岸，顏值過關，氣勢也很重要；第二，天武將軍站崗時手執金瓜、身穿鐵甲、頭戴紅纓鐵盔，列於左右，但在舉行大朝會之類的重要活動時，他們的甲冑會換成色澤鮮明的金色（當然不是黃金打造的），兜鍪也更換為金色，列於殿庭；第三，天

◀晚明帝王的直身儀仗甲，參考《出警圖》中萬曆皇帝所穿著的直身儀仗甲繪製（劉詩巍 繪）

武將軍可以世襲，如果亡故，子弟願意又符合條件，可以優先頂替；第四，民眾中如果有符合條件的人也可以報名，通過考核即可擔任。

天武將軍設置不久後即改為「大漢將軍」，職責不變，一是守衛宮廷，二是作為皇家儀仗隊扈從。《明史・職官志五》載：「錦衣衛，掌侍衛、緝捕、刑獄之事，恒以勳戚都督領之，恩蔭寄祿無常員。凡朝會、巡幸，則具鹵簿儀仗，率大漢將軍（間注：共一千五百七員）等侍從扈行。」這段記載說明了大漢將軍所屬機構正是大明皇家第一衛——錦衣衛。

大漢將軍甲之謎

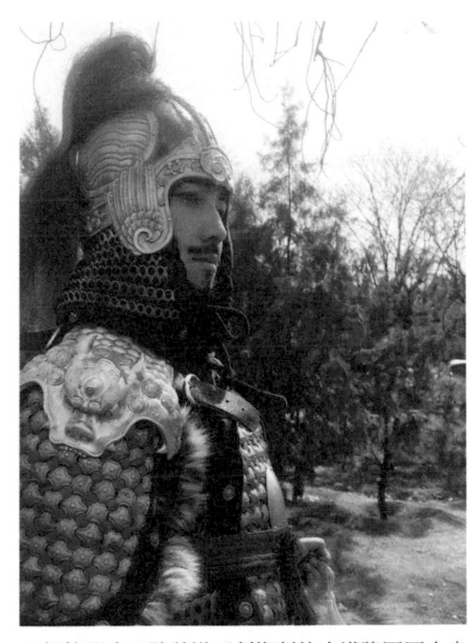

▲根據明十三陵神道石刻複刻的大漢將軍甲上身效果圖（甲冑製作者為李輝，模特為周渝）

前文已說過，據《明實錄》載，擔任早晚朝護衛的大漢將軍皆手持金瓜、身披鐵甲、佩戴弓箭、頭戴紅瓔鐵盔，如果遇到大朝會，則身披金色鎧甲、戴金色盔帽，列侍殿庭，儼然話本小說中常出現的「金瓜武士」。其具體形象可以從兩方面探尋，一是明代皇陵等地的神道上一直留存至今的石雕像；二是宮廷畫卷中的人物形象，首推現藏於臺北故宮博物院的《出警入蹕圖》。

現存於北京明十三陵的石像生向後人完整地展現了明代人漢將軍甲的具體形象：頭戴鳳翅兜鍪、身穿大袖錦袍、外罩全套身甲。其甲形制與宋皇陵的石像頗為相似，由身甲、獸吞披膊、臂鞲、裙甲、吊魚、抱肚、圓護（即「護心鏡」）、束甲帶、獸吞腰帶等組成。與宋代石刻最主要的區別在於，明石像頭上戴的兜鍪鳳翅比宋代的略小。但是，在反映大漢將軍扈從的宮廷畫中，我們看到的鎧甲卻與十三陵的不同。

《出警入蹕圖》描繪了萬曆皇帝出京謁陵的盛況，在這幅宏偉的畫卷中，可以看到不少明代甲冑。圖中，手舉斧鉞和頁錘的大漢將軍穿的甲比十三陵石像的簡化了許多：首先是鳳翅兜鍪變成了小鳳翅；其次是分體甲變成了直身長甲，儘管還保留著披膊，但臂鞲已經消失。甲冑附件也只剩胸前的彩色排穗和圓護，但這種大漢將軍甲是少數。

關於大漢將軍甲冑，目前爭議最大的是甲片形制，它究竟屬於札甲，還是鎖甲？唐代史籍出現了「山紋甲」，主流觀點一直認為，所謂「山紋」，是指甲片形狀類似「山」形，因此屬於札甲。這種「山」形甲片雖然頻頻出現在晚唐至宋的資料、石像中，明代石像和古畫也常見到，但從來無一片「山」形甲片存世。那麼，大漢將軍所穿甲冑真的是山紋甲嗎？其實，《明會典》已說得很明確：「勳衛，散騎舍人四員，府軍前衛官二十員，明盔、鎖子甲、懸金牌、佩刀，夾左右陛。」

提及鎖子甲，《中國紋樣史》對「鎖子」紋有這樣的解釋：「鎖子是由淺弧形組成三角連環的一種幾何紋，因形如鏈鎖，故名。鎖子紋仿自鎖子甲，亦稱鎖甲、鎖骨、鎖子鎧……鎖子紋因其鏈環相勾連，而又相拱護，故有聯結不斷之意。」對照《明會典》中「明盔、鎖子甲」的記載，大漢將軍的「山紋甲」就很難成立了。應該說，唐宋至明代以來，包括《武經總要》《關羽擒將圖》《出警入蹕圖》等諸多資料中出現的「山」形甲片「山紋甲」，實際應為鎖子甲。

作為明代宮廷的皇家儀仗隊，大漢將軍甲冑的觀賞性大於實戰性，這一傳統一直保持到明末。不過，沒仗打不代表沒危險，沒侍候好身上的鎧甲，也是會丟性命的。《明實錄》就記載了兩則小故事。第一則是明英宗朱祁鎮在位期間，有一天發現站崗的大漢將軍身上的甲冑不但不鮮亮威風，反而鏽跡斑斑，連守墓的

▲明代宮廷畫《入蹕圖》中錦衣衛身穿華麗甲冑，這種甲冑應為儀仗甲，而非實戰用甲

都不如。他勃然大怒，命錦衣衛將這幾名穿著鏽甲的大漢將軍亂棍打死。到了天啟年間，類似的事情又出現了。有一天，明熹宗朱由校上早朝時發現大漢將軍的隊伍中站在前面的人的盔甲、衣著還算鮮明，但排在後面的就一塌糊塗，不僅盔甲暗淡無色，有人甚至穿著破衣服和破襪子來上朝，大失體統。好在皇帝雖然很生氣，卻只讓負責管領的襄城伯把屬下批判了一番，沒鬧出人命。

可以想像，每逢皇家重大典禮時，成群的大漢將軍身穿精緻華麗的鎧甲，威風凜凜地列陣，場面必然十分壯觀。實際上，當時的確有人記下了這種場面，其中最主要的一位記錄者就是朱國楨。朱國楨一生宦海沉浮，沒有經歷過大風大浪，但史書給予了他較高的評價：「處逆境時，獨能不阿，潔身引退。性直坦率，雖位至輔佑而家業肅然。」所謂「位至輔佑」，是指他在天啟四年（1624年）春晉升為戶部尚書、武英殿大學士，總裁《國史實錄》，後又官至從一品少師兼太子太師。然而，天啟年間正是魏閹當道的黑暗時期，朝中大臣朝不保夕，朱國楨也難以倖免，他遭到魏忠賢的乾孫子李蕃的彈劾，當時已年近古稀的他自然不可能鬥得過權勢滔天的魏忠賢，只能稱病辭官，苟全性命於亂世。魏忠賢對朱國楨倒也沒有趕盡殺絕，他對身邊爪牙們說：「此老亦邪人，但不作惡，可令善去。」就這樣，朱國楨告別出入了數十年的紫禁城，歸隱著書，在崇禎五年（1632年）以74歲高齡善終。

與東林六君子這些同閹黨白刃相見，你死我活的人比起來，朱國楨的表現的確不出彩。但他留給後世最寶貴的遺產是其諸多著作。明代自嘉靖之後，私人修史之風盛行，晚明時期的王世貞、張岱都屬私人修史的代表。曾總裁《國史實錄》的朱國楨，也撰寫了《明史概》、《大政記》、《湧幢小品》、《皇明紀傳》等著作，多是記錄歷史及當世風貌、見聞的著作。其中以《湧幢小品》最具特色。這是一本明朝掌故，大至朝章典制、政治經濟、徭役、倉儲備荒、遵化冶煉技術，小至社會風俗、人物傳記，各種瑣聞逸事，應有盡有。之前講元代甲胄時，已經引用過朱國楨的著作，關於明代甲胄及重大典禮，朱國楨也記述生動。

國之大事，在祀與戎！在明清兩代，每遇重大戰爭，朝廷大軍得勝凱旋，都要在午門向皇帝敬獻戰俘，稱「奏凱獻俘」。朱國楨親歷的第一場獻俘禮發生於萬曆二十七年（1599年）四月二十四日。是日，天朗氣清，這場獻俘禮與萬曆三

▲《出警圖》中萬曆皇帝穿著華麗的直身儀仗甲

大征中最著名的抗日援朝之役有關。萬曆皇帝登上午門城樓，大司寇則跪於御道，致辭先述官銜、名姓及左右侍郎，隨後歷數日軍罪狀，請奏皇帝將犯人磔斬。末云：「合赴市曹行刑，請旨。」獻俘奏本洋洋灑灑數百言，字字響亮。萬曆皇帝聽完，親傳「拿去」二字，金口一開，群臣開始接龍皇帝的口令，人數由少逐次增多，「左右勳戚接者，二遽為四。乃有聲，又為八，為十六。漸震，為三十二。最下則大漢將軍三百六十人，齊聲應如轟雷矣」。禮成後，這些日軍俘虜便真的被「推出午門斬首」了（行刑地在西市）。試想三百六十名身穿華麗儀仗鎧甲的錦衣衛大漢將軍齊聲傳達皇帝口令的場面，恢宏壯麗不言而喻。作為參禮者的朱國楨不禁感慨：「此等境界，可謂熙朝極盛事。」

最後的札甲

當然，大明皇家儀仗隊中的札甲也很多。《出警入蹕圖》中有大量騎馬的錦衣衛，他們手持鳳嘴刀或頁錘，頭戴金色或銀色的小鳳翅兜鍪，身甲為清一色的直身札甲。儘管錦衣衛們穿的仍是傳統札甲，但已看不到唐宋款札甲的束腰、抱肚、掩膊、臂縛，手部的臂韝也變成了類似皮皮蝦殼的鐵臂手。在做工上，這種新式鐵臂手採用織物固定鐵片與身上的甲冑，提升了靈活度。不過，在實戰中，隨著火器發展，傳承千年的札甲已步入黃昏時期。

明朝恰好是承前啟後的時期。實際上，明代的札甲不少，《明會典》記錄的魚鱗甲、柳葉甲等都為札甲。20世紀90年代，廣州市文物考古研究所曾挖掘出一套鐵甲，經過古代甲冑專家白金榮老師等人8年的努力考據，最終將這領甲冑成功復原。經鑒定，該領鎧甲為明初製造，復原後的鎧甲由1165塊甲片編成，胸、

▲明代髹漆鐵盔，盔內焊接有內襯（由12根豎置的鐵條組成），通體膠貼平紋麻布，然後髹紅漆，盔正前方有用金粉書寫的「勇」字，出土於梁莊王墓，現藏於湖北省博物館

▶頭戴「勇」字盔的明代神機營炮手模型（周渝 藏）

背甲分內外兩層，內層與腹甲、腿裙相連，外層則與披膊相連，其形制與《武經總要》附圖中的一領宋甲完全相同。也就是說，明初時，有一部分鎧甲襲承自宋代鎧甲。不過，當時士兵所穿盔甲多是形制簡單、著重實用功能的半身式對襟齊腰札甲，頭戴的兜鍪為一種鐵質頭盔；也有的身披形制古老的裲襠甲，頭部紮巾，無盔可戴。

當然，明代頭盔的款式非常多，不僅有襲承自唐宋的兜鍪，也有沿革蒙元的缽胄，還有盔身由八瓣組成，胄頂形似半個南瓜的帽兒盔等。從《出警入蹕圖》、《平番得勝圖》、《歲禱道行圖》等明代寫實繪卷中可以發現，明軍有在盔頂插小旗的習慣，疑為標識。明朝還有一種獨具特色的「勇」字盔，這種頭盔在《出警入蹕圖》中有多人戴，胄體為朱紅色，外形類似明代大帽，正中有一大大的「勇」字，有鐵盔與皮盔兩種。由於出現在《出警入蹕圖》中，因而被推測為儀仗用盔。但這種「勇」字盔在全國多個地方皆有出土實物，很有可能是作為實戰胄裝備到軍中的。

總體來說，在明朝，北方軍隊的披甲率高於南方軍隊，這與他們分別面對不同的敵人有關。北方軍隊主要為了應付瓦剌、韃靼等遊牧民族，對冷兵器的防禦力度要求較高。根據明人唐順之所著的《武編》，明軍「各邊軍士役戰，身荷鎖甲戰裙，臂遮等具，共重四十五斤」，這些重甲有不少是鎖子甲。不過，明代鎖子甲又不同於歐洲的鎖子甲，它們多由披膊、對襟身甲、下裙組成，同時又與札甲結合，形成獨具中國特色的複合甲。而在南方，明軍的主要敵人為倭寇。倭寇行蹤不定且裝備有火器，故而明軍甲冑應以輕便靈活為主。仇英繪製的《倭寇圖卷》中，明軍頭上甚至只纏了塊頭巾，從頭頂髮髻至頸部包得嚴嚴實實，上身套了襯襖或胖襖，下身為褲子和行縢（綁腿）。這裡的胖襖、襯襖實際上是一種厚棉衣，屬於布面甲範疇，下文會詳說。

▲複刻版明代軍士札甲上身效果圖（模特：周渝）

札甲最後一次在中國戰場大規模華麗亮相，大概是在明末民族英雄鄭成功組建的「鐵人軍」中了。延平王戶官楊英，隨延平王鄭成功14年，大小戰役都參加了。他按編年體詳細記載了鄭成功1649—1662年間征戰南北、經營臺灣的史實，名曰《從征實錄》。裡面關於財政與軍政的事尤其詳細，所載之事多為作者身經目睹或采自六官案牘，翔實可信，其中就有鄭氏「鐵人軍」的記載。《從征實錄》永曆十二年二月部分有這樣的記載：

吊(調)各提督統領班回思明，選練征剿。迨至，集諸將議曰：「先年護國嶺殺敗阿格商所拾衣甲，全身披掛是鐵；所以敢下馬打死仗者，恃有此耳。其如我兵精勇何？今我亦用此披掛，剿殺醜虜，諸將以為何如？」戎政王秀奇進曰：「披掛全身穿帶，不下三十觔，虜有馬駝，載穿帶尤易，若至下馬打死仗，戰勝不能追趕，戰敗則難收退。今我兵欲以一人穿帶三十斤步行，雄壯者步伐不難，痿小

▲鄭成功畫像。圖中的鄭成功頭戴將巾，甲冑外面套著披風，這也是明代將領頗為流行的一種穿戴方式

者未見其便。」藩曰：「須揀選雄壯強健者當之。」甘輝進曰：「岳家軍多自負帶，我朝戚南塘令兵卒兩腳股負沙操練，豈畏重耶？要在揀練得法耳。」時適左戎旗管理大候缺將王大雄，將披掛付其穿帶。雄手執戰棋，步伐整齊，如赴敵狀，動履如飛。藩喜曰：「似此可縱橫天下矣！」遂行馮工官傳督造陳啟等日夜製造披掛鐵面，專意為之。諸將亦以為可。大雄，長樂縣人，腰大數圍，力舉千斤，有武藝。後因拔為左虎衛正領兵中軍官。行各提督、統鎮挑選勇壯者吊(調)入親軍。

這段話的主要內容是，鄭成功挑選軍中壯勇為親兵，並在廈門港修築勇武亭，作為軍士操練的場所。與此同時，他又派工官馮澄世負責監造堅厚的鐵盔、鐵鎧、兩臂、圍裙以及腳上穿的鐵鞋，達到了「箭穿不入」的效果。除此之外，還打造了鐵面，只露兩眼和口鼻，面具的妝畫得如鬼一般猙獰，兵士手持大馬刀，專砍馬腳，被稱為「鐵人」。「鐵人軍」的形象通過瑞士畫家艾布瑞契·赫伯特的筆得以流傳，從畫上可以看出「鐵人軍」穿的正是札甲。

可惜「鐵人軍」未能完成鄭成功反清複明的願望，隨著南明（含明鄭時期）王朝的覆滅，在中國戰爭史上活躍了兩千多年的鐵札甲也退出了歷史舞臺。在火器時代，布面甲逐漸成為軍隊裝備的主流。

甲胄中的鐵布衫

進入明朝中晚期後，明軍中已是布面甲的天下。提及布面甲，不少人一定會想到清王朝的八旗軍：他們頭頂「避雷針」頭盔，身披打滿了鉚釘的布面甲，布面甲有黃、白、藍、紅、鑲黃、鑲白、鑲藍、鑲紅八種顏色。因為這種「八旗鎧甲」有不少實物傳世，故而成為當今古裝劇中較接近歷史的中國甲冑。不過，要是就此認為八旗鎧甲是八旗軍原創，那就大錯特錯了。無論甲冑的工藝還是形制，八旗鎧甲都是一款「山寨產品」，抄襲的正是明朝官軍。但明朝就是原創嗎？也不是。

本書前文已講過，布面甲自蒙元時代就已出現，日本的元寇史料館中至今仍藏有元軍留下的形制已相當成熟的布面甲。明朝建立後，除了將套頭式改為對襟式外，與蒙元的布面甲沒其他不同了。永樂年間，明軍組建了中國第一支成建制的火器部隊神機營，並開始研究甲冑。在新的時代，傳統的札甲面對火器不堪一擊，倒是在宋代傳入中國的棉花經紡織後，對早期的火器有較好的防禦力。隨後，布面甲逐漸在軍中普及，到晚明時，抗清名將盧象升的部隊達到了百分之百的備甲率，穿的正是能夠以柔克剛的布面甲。

▲身穿直身布面甲的明代邊軍模型（周渝 藏）

說起布面甲，首先得弄清楚布面甲、綿甲和棉甲三者的區別。從廣義上來說，這幾種甲冑都可以歸為布面甲，但「布面甲」和「棉甲」是現代約定俗成的叫法。在古代，棉甲有多種叫法，戚繼光在兵書《紀效新書》中稱為「緝甲」[1]，而朱國楨在《湧幢小品》中則記為「綿甲」。後者叫法更為普遍，清人《滿洲實錄》中亦稱「綿甲」，在《清會典》中，「綿甲」已是四大類甲之一。

①原文：「今擇其利者，步兵惟有緝甲。用絹布不等，若紙、綿俱薄，則箭亦可入，無論鉛子，今須厚一寸，用綿密緝，可長至膝，太長則田泥不便，太短則不能蔽身。」

前文介紹的布面甲按照《清會典》的分法，應該叫「明甲」和「暗甲」，實際上都是布面鐵甲。明甲，其製法在《中國古代實戰兵器圖鑑》一書中有介紹。明甲的製作是以棉膽為底，「將鈑金鐵片以札甲形式連綴其上，或者直接將鐵網包覆於棉膽之外」。不過，常見的布面甲以暗甲居多，暗甲外觀與普通棉衣無異，內襯則是以泡釘固定鐵片，棉布只是起連接作用，其內部甲片較大，類似於板甲，外部棉布可能很薄，其防禦力主要來自於內層的鐵甲片，相當於穿了一件鐵布衫。

再來看看純粹的棉甲。朱國禎在《湧幢小品》中記載了「紙鎧綿甲」的製作方法：

紙鎧起於唐宣宗時，河中節度使徐商劈紙為之，勁矢不能入。商，有功五世孫也，官至平章事，太子太保。子彥若。官亦如之。有功仁恕之報也。

綿甲以綿花七斤，用布縫如夾襖。兩臂過肩五寸，下長掩膝，粗線逐行橫

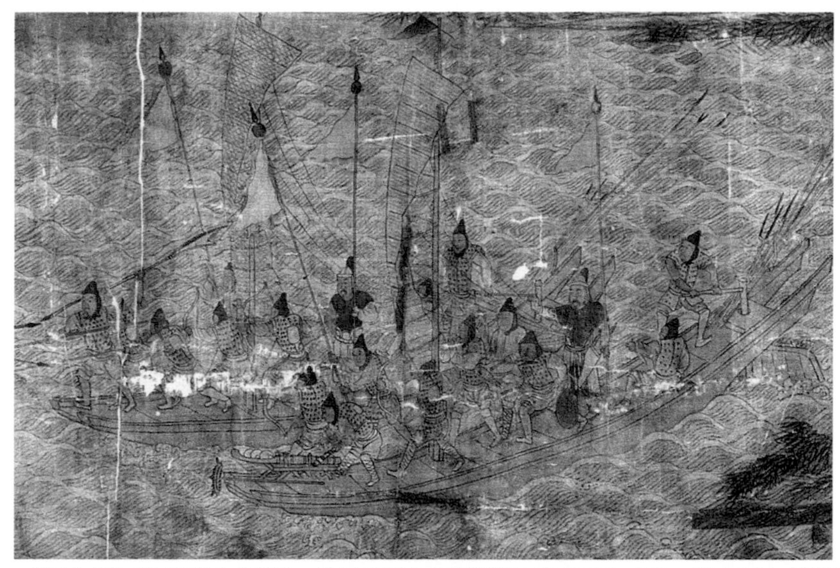

▲明代仇英繪《抗倭圖卷》（局部），畫中明軍士兵身穿簡單的短襖布面甲，無冑，僅以頭巾包裹頭部

▲明代仇英繪《抗倭圖卷》(局部），圖中坐於船中的將領身穿罩甲

▲運送車載佛郎機的明軍模型，身穿短襖布面甲的明軍形象參考了仇英《倭寇圖卷》中的明軍（周渝 藏）

直，縫緊入水，浸透取起，鋪地，用腳踹實，以不胖脹為度，曬乾收用。見雨不重，黴黷不爛，鳥銃不能大傷。紙甲，用無性極柔之紙，加工鎚軟，疊厚三寸，方寸四釘，如遇水雨浸濕，銃箭難透。

這則記載中，綿甲與紙鎧放在一起，其製作方式都為同一個原理——層層疊加，以柔克剛。《明史》記載明末時，李自成的騎兵「綿甲厚百層，矢炮不能入」，其原理與紙鎧製作差不多，即將數層絲綿布料縫合在一起，依靠厚度來進行防護。不過，「鳥銃不能大傷」這一點還是值得推敲的。棉製品對早期火器可以有比較好的防禦效果，但明朝中後期出現的鳥銃擁有巨大的威力。

根據明末科學家宋應星在《天工開物》的記載，明朝的火器代表三眼銃，只能在三十步內破甲，五十步能打傷不披甲的士兵，過了一百步則毫無殺傷力。這種條件下，說純粹的棉甲可以防禦火器是說得通的。不過本書前文介紹過，火器發展至明朝中期，由於西器東用，威力大增，已不同於早期火器，所以，這時候棉製品對火器的防禦相當有限。尤其是後期出現的鳥銃，其威力遠超中國本土的三眼銃等火器。宋應星留下的另一段記錄這樣寫道：

人又謂鳥銃能擊二層，嘗試之矣。八十步之外，能擊濕氈被二層。五十步之外，能擊三層四層。諸所議障蔽事宜，亦當從長。其實，兵貴速合，障蔽先之，弱兵繼之，強兵又繼之，撲砍一處，分兵左右衝擊之，倭無所施其技矣。

此記錄的背景是萬曆年間的抗日援朝戰爭時期，日軍裝備的銃類火器普遍優於明軍。為應對日軍的火器，明軍總結戰前棉織品打濕後可以防禦火器的經驗，準備了高七尺、闊一丈二尺的大棉被，打算等日軍一進攻就打濕遮擋彈丸。不過，當時日軍鳥銃已比較強大，鑒於此，明朝兵部左侍郎宋應昌找了日軍鳥銃做試擊實驗，結果發現，鳥銃在八十步之外能擊穿二層濕氈被，五十步之外則能擊破三至四層濕氈被，可見棉製品並非防火器的神器。為了加強防禦，只能在甲的內部下功夫——製作時在棉甲裡加上金屬、牛皮等防禦材料，做成複合甲。

▲明崇禎時期山西總兵周遇吉所屬的甯武路靜樂營二隊鳥銃手守長趙勇遺留的布面甲身甲，此為一套分體布面甲，現藏於山西博物館

▲山西博物館藏的趙勇布面甲裡層，內襯鑲滿鐵甲片，相當沉重

相比傳統札甲，這種複合甲的優勢在於防禦面廣，棉製材料對火銃彈丸有緩衝作用，而內部的牛皮、紙甲（以硬布裱骨，再用紙筋搪塞而成）以及金屬則是關鍵，既能防禦一部分火器，還能應對冷兵器的攻擊。故而不能說鐵甲是因為綿甲才被淘汰，相反，布面甲之所以能逐步取代札甲，主要就是因為這種甲可以合併棉甲、鐵甲、皮甲、紙甲的防禦性能，取眾甲之長。

千萬別認為布面甲就比傳統的札甲輕便。以明軍中較為常見的長身甲（甲長及小腿）為例，看上去，長身甲僅是套了一件罩甲，比傳統札甲簡化了許多，但其重量非常驚人。山西博物館珍藏了明崇禎時期甯武路靜樂營二隊鳥銃手守長趙勇遺留的一套布面甲，甲身內襯鑲滿鐵甲片，相當沉重。唐順之在《武編》有一篇《邊軍勞苦》，裡面記載了戍邊將士鎧甲、戰裙、遮臂等具重45斤，鐵盔、腦蓋重7斤，加上護心鐵、腰刀、弓箭等共有88斤，軍士負荷相當大。

現在回到最初的問題：布面甲、棉甲和綿甲三者如何區分？首先，古代「綿」通「棉」，故而古籍中記載的「綿甲」就是「棉甲」；其次，以是否裝有鐵葉來分辨是布面甲還是綿甲，主要是根據《清會典》中的明甲、暗甲、綿甲分屬不同類別，但實際上兩者不易區分，例如《滿洲實錄》記載明軍「執竹杆長槍、大刀利劍，鐵盔之外有綿盔，鐵甲之外有綿甲」，不瞭解甲冑的人會認為，明軍穿了一件鐵甲又穿了一件綿甲，實際上只穿了一套內置鐵葉外層為棉布的甲。棉甲與布面鐵甲之間並非涇渭分明，明中晚期的軍隊裝備了大量複合型棉甲。

最好的甲冑給誰了？

在火器時代已來臨，冷兵器時代尚未終結這個特殊階段，甲冑既要防禦對火器的打擊，也要防備傳統的冷兵器，某種程度上，傳統札甲並未消失，而是穿進了棉衣裡。因為布面甲集百家之長，實用性高，故而其影響力波及東亞朝鮮等地，並為後來的清朝所繼承。

長期以來，很多人有這樣的印象，那就是北方遼東明軍裝備著當時最為精良的布面甲和武器，實際上並非如此。當時，遼東地區明朝正規軍的裝備實在不怎麼樣，士兵甲冑品質差、刀刃遲鈍，是明軍兵敗薩爾滸的原因之一。

薩爾滸大戰前，明帝國的正規軍是什麼情況呢？大致可以從徐光啟戰後的檢討和總結中窺知一二。徐光啟將遼東現有的部隊分為四

▶身穿分體布面甲的明軍模型，其布面甲形制參考的是山西博物館中藏的崇禎年間趙勇甲，這種形制影響了後來的清軍八旗甲冑（周渝 藏）

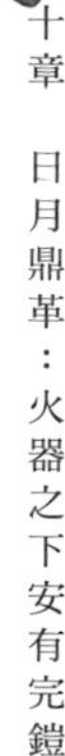

種。第一種叫殘兵，甲死歸乙，乙逃歸丙，或七八十，或三二百，身無片甲，手無寸械，隨營糜餉，不肯出戰。第二種叫額兵，也就是衛所職業軍人，這些人或死於征戰，或圖厚餉，逃為新兵。第三種是朝廷為補充兵源招募的士兵，這種兵油子非常雞賊，朝投此營，領出官家月糧，即暮投彼營。點名的時候都在喊「到」，等分配任務時一半人都不見了。第四種是援兵，即外調而來的軍隊，徐光啟說這些援兵「弱軍羸馬，朽甲鈍戈，而事急需人，不暇發還」，強調帝國北方的邊軍不僅甲冑老舊腐朽，刀也鈍。

軍士的衣甲和兵器放在倉庫太久，大多已腐朽不堪。當時，奉詔征討的劉綎令士兵試馬，發現這些兵連武器都拿不穩，祭軍旗時，刀換了三次才把牛頭砍下來。那麼問題來了，朝廷大量的撥款以及那些精良的武器、甲冑去哪兒了？且看努爾哈赤起兵後明帝國的調兵情況。明帝國會剿建州女真的方式與三

▲《平番得勝圖》中身著布面甲的明軍騎兵

大征如出一轍——招兵買馬，南兵北調，再以當地番邦、夷人的武裝力量輔助。從表面上看，明帝國的兵力遠遠超過後金，但實際情況又如何呢？先說遼東地區，全鎮額定兵員僅有6萬人，且分散於各地，真正能集中起來應急野戰的僅在2萬人左右，而這2萬人多數還是武備鬆弛、戰力低下、士氣萎靡的老弱病殘，真正具有戰鬥力的僅數千人。諷刺的是，這幾千人都不是明帝國的政府軍，而是將領們的私兵，時稱「家丁」。

聽到家丁一詞，給人感覺不過是富豪家裡守家護院的僕役，但晚明時期遼東將領們的家丁卻待遇優厚，裝備精良，戰力遠勝於正規軍的精銳士卒。之所以出現這種現象，與衛所兵逃亡嚴重有關。由於兵源不足，朝廷只能下血本，通過募兵方式從民間招募人員補充兵源，而各級將領乘機占朝廷便宜——從民間或軍中物色一些武功高強、騎射嫻熟的人，將他們招為己用，本質上就是雇

▲複刻版晚明將領齊腰魚鱗甲上身效果圖（模特：周渝）

傭軍。家丁有兩種，一種是從民間招的，包括戰力強悍的土著中的力士、獵手等；另一種原本是正規軍中的勁卒，但被將領看中後招為己用，領雙份工資，但將領給的待遇要遠遠高於朝廷發的軍餉，因此做家丁是主業，當朝廷的兵反而成了兼職。

李成梁經營遼東近三十年，先後奏大捷者十，被稱為「邊帥武功之盛」，他家族對遼東軍制的影響也極深遠。遼東被稱為李家軍的天下，除了指李成梁家族成員們皆在遼東擔任要職外，也指真正意義上的「李家軍」──私兵！在這個家族經營遼東期間，家丁現象大行其道，這些人即使領著朝廷軍餉，也只聽命於將領個人，將領調任，家丁也被允許跟隨，實際上等同於將領的私人部隊。遼東有些將領就是家丁出身，如李如松（李成梁長子）的得力幹將──在碧蹄館戰役中殉國的李有升，李甯、李平胡等將領原本也是李成梁的家丁。當然，

▲萬曆抗日援朝戰爭時期的明朝邊軍模型，5名邊軍身穿晚明布面甲，最右邊為晚明遼東總兵李如松模型，身穿齊腰魚鱗甲（周渝 藏）

李氏家丁中最有出息的那個人叫努爾哈赤。

晚明時正規軍會淪落到「身無片甲，手無寸械」的地步，有個很重要的原因是明代中晚期，家丁的多寡往往被視為將領實力的體現。雖然作為精銳部隊的家丁，在平定邊患的數次大小作戰中發揮了一定作用，但因其本質是私人部隊，當遇到大規模聯合作戰時，各路將領們的小算盤就會直接影響家丁的使用，而家丁是軍隊戰力的核心。例如輔助其他將領作戰時，一些將領便不會讓家丁上戰場，而是用老弱病殘的正規軍糊弄。即使立下赫赫戰功的抗日名將李如松，平壤之戰中也因不願讓自己家丁受過多損失，從而網開一面放走了敵將小西行長。所以，家丁精銳歸精銳，終究是私兵。

還有更嚴重的問題：家丁待遇豐厚，有的甚至高出正規軍10倍，還能獲得將領分配的田地，如此巨大的開支如何得來？很簡單，將領們利用職權苛扣

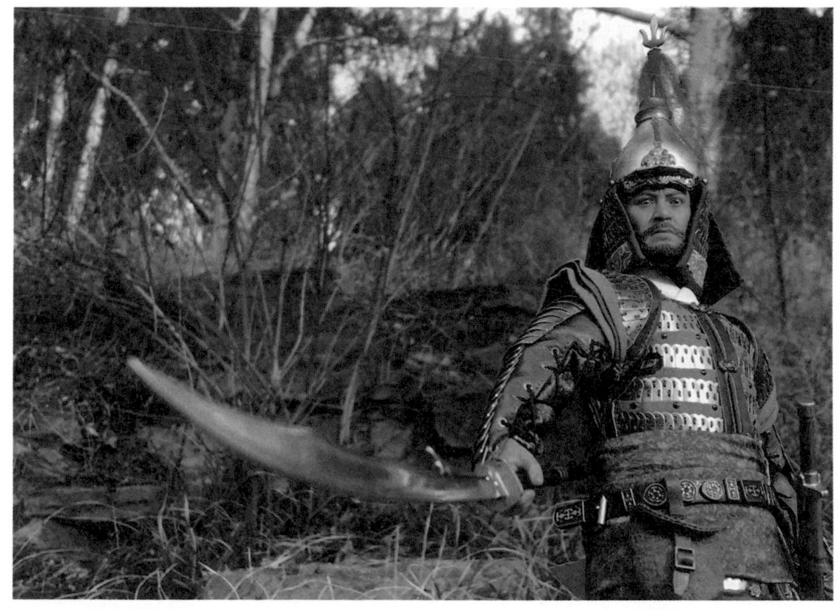

▲遼東副總兵楊元模型，空靈閣製。該模型身上的甲以布面為底，採用札甲編法的鐵葉外置。具有這種鐵葉外置特徵的甲，也就是後來《清會典》中記載的與「暗甲」相對的「明甲」(周渝藏)

軍餉，與商人勾結壟斷邊關貿易。至於田產，就更簡單了，直接侵佔朝廷的屯田，然後分給自己的家丁。將領們的家丁榨乾了朝廷募兵的軍費，得到了優良的甲冑、武器。家丁成為一支軍隊的核心力量，正規軍反而形同無物，這本身就是本末倒置。

薩爾滸之戰十餘年後，後金政權也開始裝備大量火器，並在入主中原後滅南明的戰爭中發揮了重大作用。實際上，世界的科技發展日新月異，18世紀中葉的工業革命將使火器的生產更便捷、殺傷力更強，甲冑退出歷史舞臺已是必然趨勢。

知識連結

錦衣之下的皇權陰影？

氣宇軒昂而冷酷，雷厲風行又狠辣，這是人們對明代錦衣衛的印象。從古至今，特務從來就不稀罕，但在明朝，特務系統發展得登峰造極，錦衣衛之外，還有東廠、西廠、內行廠。為何要設這麼多重機構？它們之間又有什麼關係？

錦衣衛：大內密探花美男

所謂「廠衛」，是指東廠、西廠、內行廠和錦衣衛的合稱，是明代最具特色的政治創設。作為皇帝的耳目和爪牙，「廠」和「衛」互不隸屬、互相牽制，但多數時間掌控在宦官手裡，與「特務政治」和「宦官政治」緊密聯繫，當時就為士大夫們深惡痛絕。明末學者沈起堂甚至下了這樣的結論：「明不亡於流寇，而

▲飛魚服並非錦衣衛的制服，錦衣衛通常只在儀仗場合才會穿上飛魚、鬥牛、麒麟等紋樣的賜服（周渝 藏）

亡於廠衛。」這樣的總結雖然有些絕對，但由此可見宦官專權、廠衛橫行令時人怨恨的程度。

從廠衛誕生的年代上看，「衛」早於「廠」。錦衣衛在明朝開國皇帝朱元璋時代就誕生了。朱元璋出身貧苦，當皇帝後為駕馭群臣，喜歡耍些江湖伎倆，比如派人監視臣子言行。他發現這招非常好用，隨後他便跟大臣聊天。昨天誰跟誰一起喝酒，吃了什麼菜，回家為啥發火，他全知道，臣子哪能不戰戰兢兢。於是，明太祖決定將其系統化、制度化，人員嘛，首選自己身邊的侍衛。

朱元璋稱帝之初，還未設置錦衣衛，但他任用了許多親信為「檢校」。有一次，明代開國功臣宋濂在家與客人喝酒，檢校在旁窺視。第二天，朱元璋問宋濂昨天與誰喝酒？都吃了什麼菜？宋濂如實回答，朱元璋十分滿意：「誠然，卿不欺朕。」禮部尚書吳琳告老回鄉，朱元璋也曾派檢校去調查近況。有一年，紹興、金華秋旱，顆粒無收，地方政府向中央瞞報災情，檢校查訪後彙報朱元璋，地方官遂被拿問，朱元璋非常滿意，評價檢校：「有此數人，譬如惡犬則人怕。」檢校古已有之，非正式官職，朱元璋身邊的檢校的職責之一就是祕密偵緝，但畢竟屬於臨時抽調，並非長久之計。為了特務正規化、制度化、系統化，錦衣衛應運而生。

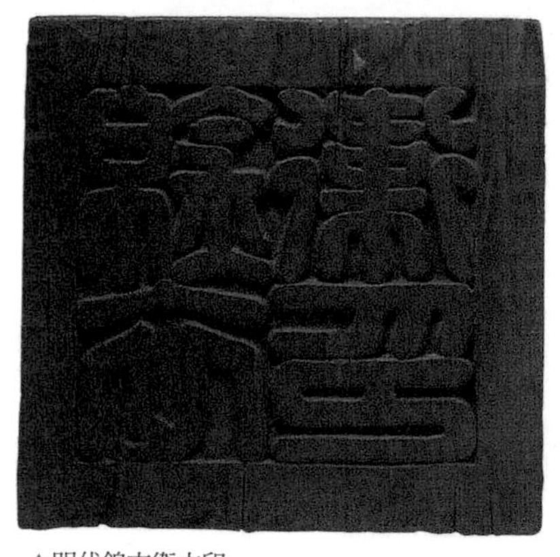

▲明代錦衣衛木印

影視作品中衣著華麗的錦衣衛總讓人有一種錯覺，認為他們凌駕於百官之上，可以作威作福。其實，錦衣衛也分三六九等，其首領為指揮使（正三品），通常由皇帝絕對信任的武將擔任，直接向皇帝負責。下設指揮同知（從三品）、指揮僉事（正四品）、鎮撫使（從四品）、十四所千戶（正五品）、副千戶（從五品）、百戶（正六品）、試百戶（從六品）、總旗

（正七品）、小旗（從七品）等職，所以不是所有錦衣衛都能幹審問高官、逮捕皇親國戚這樣的威風事，基層錦衣衛會與捕快一樣上街抓盜賊，連「街塗溝洫」也要「密緝而時省之」。在電影《繡春刀》中，盧劍星和沈煉職位為總旗，靳一川僅為小旗，皆屬基層錦衣衛，如果他們在《龍門客棧》裡，恐怕連給廠公曹少欽執旗的資格都沒有，難怪《繡春刀》大反派廠公趙靖忠輕蔑地稱沈煉等人為「螻蟻」。

錦衣衛之所以令人膽寒，主要是因為這個機構在執行任務時，直接根據皇帝旨意執行偵察、逮捕、關押、審理任務，不經過刑部、大理寺、都察院三大司法機關；此外，他們還有專門關押和審訊被捕人員的地方——讓人毛骨悚然的「詔獄」。作為一個完全獨立的司法部門，錦衣衛職權之大可想而知，但在洪武一朝，錦衣衛還不至於像後來那樣隻手遮天，因為明太祖朱元璋對其駕馭極嚴。洪武二十年（1387年），朱元璋得知錦衣衛在詔獄中用極殘忍的方法凌虐犯人後，一怒之下焚毀了詔獄的刑具，並將囚徒移送刑部大牢，從此，大小罪案不再經錦衣衛審查，他們只有偵查立案的權力。

實際上，錦衣衛中也有忠厚正直之士，幹過利國利民的好事。比如1449年的土木堡之變，明英宗親征瓦剌兵敗被俘，身邊只剩一人——錦衣衛袁彬。他不但始終追隨護佑，並且力勸皇帝不要投降，還設計剷除了叛徒。在16世紀末的抗日援朝戰爭中，錦衣衛也曾遠赴異國，探得大量重要情報，策反敵將，為大破日軍助力。

東廠：宦官監督軍隊

錦衣衛失控的情況，皇帝也不願看到。朱元璋就曾因錦衣衛過分凌虐囚犯，而一度焚毀刑具，廢除其「巡查緝捕」職能。但到明成祖朱棣統治時期，錦衣衛的特權不但被恢復，還有所加強，因為這位皇帝是非正常上位，擔心有人不服氣。然而，錦衣衛一旦壯大起來，皇帝一個人是管不過來的。

明太祖一朝，錦衣衛權力有限，東廠還未出現，真正確立廠衛在有明一代地位的，是明成祖朱棣。朱元璋雖也常用宦官做事，但深知宦官干政必禍國，並立有「宦官不得干政」鐵牌。朱元璋駕崩後，建文帝朱允炆即位，僅四年就被燕王朱棣篡奪了皇位。朱棣在起兵時，從南京叛逃的大量宦官前去投奔，為他提供了諸多有利情報幫助他順利打進南京。朱棣當上皇帝後論功行賞，不少宦官都成了有「功」之臣。作為回報，宦官們先壟斷了外交使節職務，作為明王朝正式代表身分外出，後又率兵。永樂朝新成立的京師三大營提督均為宦官，鄭和下西洋率兵多達兩萬七千人，被認為是明代宦官將兵之始。

朱棣如此信任宦官，與錦衣衛的複起與失勢有關。朱棣的帝位名不正言不順，防範的人除了大臣外，還包括其他朱姓藩王。當自身合法性受到挑戰時，特務政治必然再度興起，錦衣衛再度被朱棣賦予職權，在方孝孺案、景清案等一系列肅清建文帝遺臣的血腥大案中，「誅十族」、「瓜蔓抄」等極刑的執行者就是錦衣衛及重新開放的詔獄。錦衣衛指揮使紀綱在屠戮建文帝舊臣的過程中大開殺戒，頗得朱棣寵信，典親軍、掌詔獄，不可一世，甚至玩了一把明代版「指鹿為馬」，朝臣莫不懼怕。不過，紀綱在成為權臣後，行為也開始不軌起來，例如他曾將藩王冠服穿在身上，命令伶人高呼萬歲。朱棣下詔全國選美，各地送來美人後，紀綱竟先挑出絕色美人藏於自己家中。更可恨的是，紀綱在府上養了大批死士，暗中修建隧道並製造數以萬計的刀槍、盔甲和刀劍。

紀綱種種不軌行為並未逃過朱棣的眼睛，只是當時他尚需要紀綱為他鎮壓異己才未動手。到永樂十四年（1416年），建文帝已不再對朱棣的帝位構成威脅，朝中政治風向轉變，恰逢紀綱被一名與其有仇的宦官揭發，朱棣立即下令逮捕紀綱並將其凌遲處死。錦衣衛企圖「謀反」，證明親軍也不可信，朱棣開始著手從制度上解決這個問題：錦衣衛還得用，但得找人看著他們。

既然明成祖曾派宦官監視過自己的兒子朱高熾，那麼現在再用宦官牽制一下錦衣衛也理所當然。永樂十八年（1420年），明王朝都城北遷，在新都城北京的東安門北側，一個由宦官提督控制的偵緝機構成立，這就是東緝事廠，簡稱東廠。東廠由皇帝信任的太監領導，負責重要情報和欽定案件事宜。或許有人會問：這職能不是跟錦衣衛重複了嗎？其實，太監總共也沒多少人，實際辦事的主要還是錦衣衛。東廠的工作就是監督錦衣衛幹活，再向皇帝彙報，錦衣衛拷問重犯，東廠都要派人聽審。東廠雖為特權監察機構，後來也自行巡查緝捕，涉及領域比錦衣衛只多不少。

東廠與錦衣衛的區別在於「廠」是宦官機構，而錦衣衛的「衛」是軍事機構。錦衣衛明面上類似於現代憲兵隊，而東廠則屬於祕密特務機構。明代全國軍隊都編入衛所體系，通常1個衛下轄5個所，定額5600人。錦衣衛屬禁衛親軍編制，剛成立時只有1000多人，然而明朝中期擴編至17個所，此外還轄有南北兩個鎮撫司。北鎮撫司存在感最強，專事偵查、逮捕、審問等活動，而南鎮撫司主要掌管本衛內部法度，相當於憲兵隊。所以在電影裡，北鎮撫司的辦案人員被殺，要交由南鎮撫司調查。錦衣衛人數最多時超過15萬人。錦衣衛人馬雖多，但在制度上受東廠節制，一旦朝中宦官專權，錦衣衛往往就成為東廠「鷹犬」，任其調遣。

在駕馭臣下的手腕上，朱棣與朱元璋不相上下，所以，永樂一朝雖恢復了錦衣衛職權、重用宦官設立東廠，廠衛卻並未影響朝政，但明英宗朱祁鎮即位後，宦官干政的局面終於不可避免地出現了。這個宦官叫王振，朱祁鎮當太子時就深受寵愛，所以後來當了司禮監掌印太監。王振得勢時，錦衣衛也形同東廠附屬機構，他的兩個侄子王山和王林被提拔為錦衣衛指揮同知和指揮僉事。指揮使馬順將翰林侍講劉球等得罪過王振的官員打入詔獄，迫害致死。正統十四年（1449年），瓦剌大舉入侵，王振鼓動朱祁鎮親征，結果明軍在土木堡全軍覆沒，朱祁鎮被俘，王振也死

▲錦衣衛指揮使馬順腰牌，馬順為正統年間錦衣衛指揮使，土木堡之變後被朝臣活活打死

於亂軍中，大明朝的第一次宦官專權在外部勢力的作用下終止。至於錦衣衛指揮使馬順，則落得在朝堂上被憤怒的大臣活活打死的下場。

西廠：東廠管不了的事我管

東廠設立後，錦衣衛確實沒法再為所欲為，然而一手遮天的太監卻動不動就冒出來，導致明朝宦官專權特別嚴重。宦官主管的特務機構除了東廠，還出現過西廠和內行廠。

朱祁鎮被俘數年後歸來，於1457年通過「奪門之變」取回皇位，隨後以「莫須有」罪名處死了名臣於謙，而陷害於謙的黑手中就有一名叫曹吉祥的宦官，電影《龍門客棧》中的曹少欽就是以他為原型。其實，歷史上的曹吉祥幹的壞事比曹少欽還多。天順五年（1461年）七月，曹吉祥與嗣子曹欽發動兵變，旋即被平息，曹吉祥亦被凌遲處死。朱祁鎮死後，即位的朱見深原本對特務行為深惡痛絕，錦衣衛與東廠都受到打壓，直到成化十二年（1476年），方士李子龍勾結太監潛入大內，據說欲 君，中途被錦衣衛校尉發現，李子龍伏法。朱見深得知此事後大為震驚，為防止此類事件發生，他必須瞭解外廷臣民動向，決心像先輩一樣建立自己的情報網，在「隱蔽戰線」上先發制人，但他不信任前朝坐大並被自己打壓過的錦衣衛和東廠，於是決定將權力逐漸交予自己心腹太監。被他委以重任的是御馬太監汪直，他派汪直帶領少數校尉祕密出宮進行偵查，採集大政小事，街談巷議。他有意重用汪直，但東廠有嚴格的升遷制度，汪直資歷不夠，難以服眾。於是第二年，朱見深乾脆在西安門一帶另設西廠，令汪直為提督，人員全部從錦衣衛抽調。短短幾個月，西廠人員便得到了擴充，諸王府邊鎮及南北河道遍佈偵查網。

西廠「嚴打」的範圍和力度都遠超東廠和錦衣衛。一時間，官員被羅列罪狀，丟官、抄家、下獄的不計其數，朝野上下人心惶惶。以商輅為首的內閣大臣聯名上書請罷西廠，皇帝同意後不久又將西廠恢復，幾次交手皆是西廠勝出，汪直一時權勢熏天，就連東廠首領尚銘也是其黨羽。汪直甚至因監軍遼東有功，總領京兵精銳「十二團營」，開明代禁軍掌管內臣之先河。

順道一提，在電影《龍門飛甲》中，陳坤扮演的西廠督主雨化田的歷史原型就是汪直。看過影片的人一定記得雨化田對東廠的人說的那段霸氣外露的臺詞：「你問我西廠算什麼東西？我現在告訴你，你們東廠不敢管的事，我們西廠管。你們東廠不敢殺的人，我們西廠殺。一句話，東廠能管的我們管，東廠不能管的我們更要管。先斬後奏，皇權特許！這就是西廠，夠不夠清楚？」

某種層面上來說，這段臺詞也是歷史上西廠隻手遮天、權傾天下的寫照。西廠一家獨大的局面一直持續到成化十八年（1482年）。在激烈的權力鬥爭中，汪直逐漸失勢，東廠提督尚銘等人趁機落井下石，明憲宗再次罷西廠，並明言終朝不復開。西廠在設立5年後又被明憲宗解散。不過，歷史上汪直的結局比電影中雨化田的要好，他被趕出京城，貶往南京終老，保全了性命。

《國榷》的作者談遷對西廠興衰與汪直一生沉浮的評價可謂入木三分：「神龍不可脫於淵，猛獸不可脫於林，勢使之然也。人主生長深宮，日與宦豎習，盜威福，伺怒喜，因其近幸，外庭毋得聞焉。伏生狎，狎生奸，至於奸而國始蠹矣。汪直年少，矜寵悻功，越在邊陲，久離宮掖。彼內臣紛紛者何限？各思乘間而出其右。耳目漸移，顰笑互中，雖有異眷，豈能要其終哉？直之外鎮也，直自失計耳。向使歸自遼左，戢影禁中，天門沉沉，疇得而窺之。雖然，直而內也，又不止南謫矣。遲發則禍逾重，直之失計，或直之厚幸耳。」

三廠一衛：大太監權御天下

汪直被趕出京，曇花一現的西廠就此退出歷史舞臺了嗎？並沒有！明正德年間，宦官劉瑾當權，西廠得以恢復。不過，此時的西廠已不能和成化年間的同日而語，執掌西廠的谷大用，錦衣衛指揮使石文義，掌管東廠的邱聚、馬永成皆是劉瑾親信與心腹，此外，劉瑾還設置了內行廠，由自己指揮。三廠一衛連成一氣，特務多如牛毛，密探無孔不入，甚至在窮鄉僻壤，百姓只要見鮮衣怒馬操京城口音者，立即遠避，官員則趕緊行賄，花錢保平安。

幸好這種局面只持續了4年，像劉瑾這樣作惡太多的廠公向來沒有好下場。正德五年（1510年）八月，被視為「立皇帝」的劉瑾終於落馬，遭武宗下令凌遲，行刑共三天。原來受過其害的人紛紛用一文錢買下劉瑾已被割成細條的肉吃，以解心頭之恨。隨著劉瑾倒臺伏誅，西廠和內行廠隨即被撤銷，但東廠與錦衣衛依舊保留，直到明朝滅亡才煙消雲散。到天啟年間魏忠賢當權時，宦官干政再次達到巔峰。

朱由校年幼時就不受寵愛，一直到十幾歲都沒正式拜請師傅，自己也不喜歡讀書，一心只想做個好木匠，這就給宦官魏忠賢當權創造了時機。魏閹之禍也是電影《繡春刀2》的時代背景。當時，魏忠賢親自提督東廠，一併控制了錦衣衛，滿朝文武只知有魏公公，不知有皇帝。雖然在這期間也出現了楊漣、左光斗、魏大中、周朝瑞、袁化中等敢於和魏閹對抗的正直官員，但先後被魏忠賢迫害致死，朝野一片黑暗，同時，詔獄也發展到了頂峰。例如楊漣被下獄後，錦衣衛都指揮僉事許顯純命人用鋼刷子刷其皮肉，楊漣「皮肉碎裂如絲」，後又被以「土囊壓身，鐵釘貫耳」，最後慘死。這就不難理解，為什麼在《繡春刀2》開頭，因說魏忠賢壞話而被追捕的錦衣衛殷澄寧可自殺也不願被投進詔獄了。

魏忠賢當權時的另一特色是培植了大量黨羽，形成了強大的「閹黨」。所謂閹黨，並非都是閹人。魏忠賢在外廷也網羅了很多「乾兒閑孫」，其中著名的有「五虎」、「五彪」、「十狗」、「十孩兒」、「十四孫」。官員趨炎附勢之輩亦不在少數，就連後來著名的袁崇煥也曾上奏請為魏忠賢建造生祠。當然，明代的宦官再怎麼厲害，終究不可能像漢、唐宦官那樣幹出弒君、廢立的事來，他們畢竟還是受皇帝控制的。

朱由校死後，年僅17歲的信王朱由檢登基，即崇禎皇帝。他對魏閹之禍痛恨已久，即位後短短幾個月就整肅了魏閹一黨，魏忠賢自殺而亡，盛極一時的魏忠賢集團就此灰飛煙滅。但大明王朝此時已日薄西山，崇禎皇帝宵衣旰食，勵精圖治17年，也難挽大廈將傾。

沒有了擅權宦官，東廠和錦衣衛在崇禎一朝也就沒什麼「突出表現」。甲申政變後，清軍入主中原，成為紫禁城的新主人。清朝有沒有錦衣衛呢？還真有！清軍入關之初，曾效仿明朝設立錦衣衛，但很快就被改組。順治二年，清王朝將錦衣衛改稱鑾儀衛，負責掌管皇帝皇后車駕儀仗，總管大臣為正一品武官，主要負責皇帝出行儀仗和皇帝的安全保衛工作，由滿洲貴族親信擔任，與設置之初的錦衣衛很相似。也就是說，清朝錦衣衛在歷史上僅存在了一年。

清朝錦衣衛改組為鑾儀衛，是否意味著錦衣衛就此退出了歷史舞臺？否。在南方，錦衣衛一直伴隨南明政權存在，直到永曆十五年（1661年），南明錦衣衛指揮使馬吉翔與掌衛事任子信在咒水之難被殺，永曆皇帝被緬人俘虜後送交吳三桂，於次年在昆明篦子坡被吳三桂用弓弦勒死，永曆政權滅亡，錦衣衛才結束了它長達290年的歷史。

- 先秦
- 秦
- 漢
- 三國兩晉南北朝
- 唐
- 宋
- 元
- 明
- 清

第十一章

錦繡戎裝

飛魚蟒衣與黃沙金甲的完美結合

甲胄之下的皇家特典

蜀錦征袍自裁成，桃花馬上請長纓。

世間多少奇男子，誰肯沙場萬里行！

——明．朱由檢《賜秦良玉詩》

明代獨有的錦繡戎裝現象

崇禎皇帝這首寫給著名女將軍秦良玉的詩，首句中「蜀錦征袍」展現的正是一身錦繡戎裝，英姿颯爽的巾幗英雄形象。遺憾的是，這位在明末動盪風雲中南征北戰，歷史上唯一一位作為王朝名將被單獨立傳載入正史將相列傳裡的女軍事統帥沒有留下戎裝畫像，後人無緣見到她蜀錦征袍的風采。

錦繡戎裝是明代留下的甲冑畫卷中獨有的現象，簡而言之，就是在甲冑裡面穿上紋樣華麗的賜服。戎服通常為素色，窄袖、貼身，下擺較一般服飾短，便於在外面穿甲冑。明代軍士戎服多以紅色為主，形制則借鑒了由蒙元時期的質孫服發展而來的貼裏、曳撒等。不過在明代，甲冑裡面的服飾不一定是素

▲《王瓊事蹟圖》中，王瓊與另一位將領身穿明代齊腰魚鱗甲，從他們下擺和衣袖可以看到，兩人均將疑似蟒紋的賜服穿在甲冑裡面，將賜服作為戎服穿在甲冑裡面是晚明將領常見的穿搭方式

▲明代宮廷畫《入蹕圖》（局部），圖中身著甲冑、作軍士打扮者為錦衣衛，身著賜服、頭戴三山帽者為宦官，他們的頭領則穿著蟒服

色，錦繡華服的情況十分常見，不僅隨帝王出行的儀仗隊有此穿法，身處前線的將領也會這樣搭配。「蜀錦征袍」大概就是這類錦繡戎裝。

反映萬曆皇帝出行的《出警入蹕圖》中著甲者眾多，若仔細觀察，可以看到他們甲冑裡面的服飾皆有紋樣。圖中身穿錦繡紋樣戎裝的人大致有幾種裝束：其一，身穿直身金色魚鱗甲，頭戴小鳳翅兜鍪；其二，身穿藍色布面甲，頭戴銀色盔冑；其三，身穿藍色布面甲，頭戴烏紗帽；其四，頭戴帽兒盔，身穿罩甲。在《出警入蹕圖》中，這些帶有紋樣的服飾顏色主要分紅、藍、綠三種。騎著高頭黑馬的萬曆皇帝，雖然身上華麗的魚鱗葉罩甲幾乎覆蓋了全身，但仔細看會發現他鐵臂裡面也穿了華麗的龍紋錦衣。

《出警入蹕圖》反映的是明代皇帝的儀仗甲，在裡面穿錦衣也在情理之中，但將領將華麗錦服穿在甲冑裡面的例子亦不少。歷事成化、弘治、正德、嘉靖四朝，整頓西北邊防，平定過甯王之亂的名臣王瓊，在反映其一生事蹟的《王瓊事蹟圖》中，有一幅甲冑戎裝像就是這種裝束。圖中，王瓊與另一位官員皆身著齊腰魚鱗甲、頭戴缽體盔冑。有意思的是，他倆的甲冑裡面都穿著帶有紋樣的華麗錦服，而帳外軍士穿的戎服則為素色。晚明抗日名將李如松的畫像也有這種情況，李如松穿著與王瓊甲冑形制相似的齊腰魚鱗甲，胸前帶有圓護，甲冑裡面為一套朱紅色帶紋樣的錦服。

嚴格來說，這種「錦繡戎裝」並不是專用的戎服，而是類似於飛魚服、蟒服、麒麟服的明代賜服。提到飛魚服，人們往往第一時間想起錦衣衛。大概是受《新龍門客棧》等武俠電影的影響，很多人都認為飛魚服是廠公、錦衣衛們的公服，形制曳撒。久而久之，東廠、錦衣衛、飛魚服、曳撒這幾個關鍵字便被綁定在一起，構造出一套「官服體系」。電視劇《大明風華》導演在採訪中提到劇中朱瞻基所穿的飛魚服時，也一本正經地「科普」道：「飛魚服呢，在明代的時候，它和繡春刀一樣，是錦衣衛的一個獨特標誌。」

事實並非如此，飛魚服不僅不是錦衣衛專屬服飾，甚至不屬於明朝的官服。它與蟒服、麒麟服、鬥牛服一樣，屬於賜服，是一種皇家特典。在明代，將帥們常將鎧甲穿在賜服外面，在甲冑未覆蓋的部分露出賜服的華美紋樣，以顯示將領的威儀，可謂不是戎裝勝似戎裝。錦繡戎裝作為賜服，為何廣受青睞，能讓皇帝、大臣、軍人和平民都追捧？

皇家特典的形制

就從大眾最熟悉的飛魚服說起。

嚴格地說，所謂的飛魚服並不是一種服飾，而是服飾上飛魚紋樣的刺繡或補子。明代官員常服（也是一種禮服，相當於今天的工作正裝）上的補子皆以飛禽走獸為圖案，通過不同禽獸圖案便能判斷出其品級，「衣冠禽獸」一詞最早便是指當官的。早在洪武二十四年（1391年），朱元璋便下令規範官員常服上的補子，除麒麟、白澤為公、侯、伯、駙馬所用外，文官用飛禽，武官用走獸，一、二品文官用仙鶴、錦雞，武官為獅子；三、四品文官用孔雀、雲雁，武官用虎豹；五品文官用白鷳，武官用熊羆；六、七品文官用鷺鷥，武官用彪；八、九品文官用黃鸝、鵪鶉、練鵲，武官用犀牛、海馬。到了嘉靖年間，朝廷

▶明代香色飛魚服，孔府藏品，形制為貼裏

又對官員補子做了進一步規範。不過，無論在哪個時期，滿朝文武補子上的飛禽走獸都沒有「飛魚」的蹤跡，因為它壓根就不屬於官服體系。

飛魚服屬賜服，是一種特典，但它並非明代唯一的賜服。在明朝賜服制度中，紋樣最高級別的為蟒，其次是飛魚，第三為鬥牛、麒麟，故而有蟒服、飛魚服、鬥牛服、麒麟服，但這些服飾並無特定形制，它們可能出現在端莊的圓領袍或直身袍的補子上，也可以是英武瀟灑的曳撒、貼裏袍上的刺繡紋樣。山東曲阜孔府（衍聖公府）收藏有不少明代賜服，其中就有圓領袍款的蟒服、鬥牛服，當然，最廣為流傳的還是那套香色飛魚服。

孔府內的香色飛魚服形制為「貼裏」，極容易與「曳撒」混淆的一種款式。這裡簡單介紹一下兩者的區別。首先，曳撒是一種襲承自元代，有濃厚蒙古風格的服飾，又稱「一色」、「一撒」，發音也源自蒙語。其次，曳撒作為明代比較常見的男裝款式之一，它究竟屬於漢服還是蒙古服，一直存有爭議。洪武元年二月，儘管朱元璋頒佈了「詔復衣冠如唐制」之令，禁止胡服，但在《明宣宗行樂圖卷》、《出警圖》等宮廷畫中，我們都能見到曳撒在皇家大行其道，說

▲明代戎服俑，出土於陝西的明朝鎮國將軍朱鎮墓，現藏於陝西歷史博物館（周渝 攝）

明至少在明代皇家眼中，曳撒並非純粹的胡服。

貼裏的來源和曳撒基本一樣，在形制上，兩者皆分為上下兩截，但「曳撒只是前襟分裁而後身不斷，貼裏則前後襟均分裁，腰部以下做褶，大褶之上有細密小褶，無馬面，衣身兩側不開衩，亦無擺。貼裏上也綴補子或飾雲肩、通袖襴、膝襴紋樣」。最直接的判別方法是看下擺，曳撒的下擺正中有馬面，而貼裏全為褶子，無馬面，孔府收藏的香色飛魚服下擺並無馬面，形制為貼裏。從《明憲宗元宵行樂圖》等宮廷畫中不難看出，曳撒、貼裏不僅常被明代士人穿，也是宮廷太監、侍衛群體廣泛使用的便服。

《明實錄》中有不少皇帝將飛魚服賞賜給鎮邊將帥的記載。曳撒、貼裏這種形制頗有戎裝風采，繡上蟒、飛魚、麒麟等紋樣顯得既美觀又英氣十足，這就是電影給武藝高強的廠公、錦衣衛穿上曳撒、貼裏的原因。隨著近年來孔府舊藏的飛魚服在網路上廣為流傳，曳撒、貼裏與飛魚紋樣成了最佳拍檔，許多人

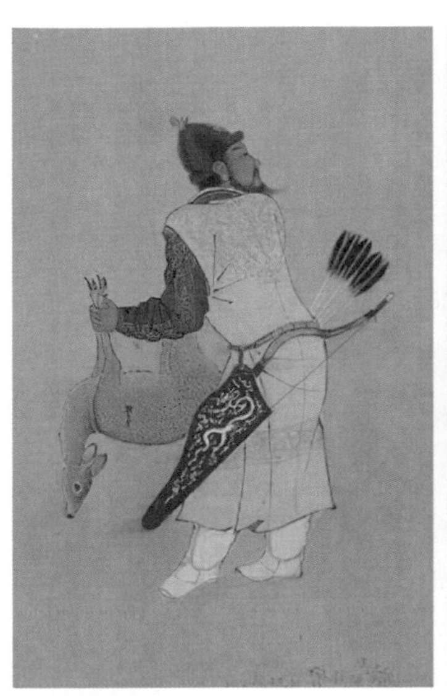

▲明代畫師商喜所繪《明宣宗行樂圖》（局部），圖中明宣宗身穿罩甲。罩甲是明代戎服中的一種，基本款式為對襟，無袖或短袖，衣身兩側及後部開裾。衣身可綴甲片，也可用純織物製作，底邊通常綴有彩色的排穗。圖中明宣宗的罩甲應為無甲片款

也因而形成了固有思維，只要看見衣服上有刺繡的曳撒或貼裏，一律統稱「飛魚服」，也不管那衣服上繡的紋樣究竟是什麼。

本是至高無上的榮耀

其實在明代，飛魚服的誘惑力遠不及蟒服。無論是正史還是明人的筆記，甚至通俗小說中都有諸多關於蟒服的記載，通過考察蟒服在當時的使用現象，便不難推測出飛魚服、麒麟服等級別略低的賜服的基本情況。明代的賜服體系中，蟒服的地位是至高無上的，地位在飛魚服、麒麟服之上。作為明代最高級別的賜服，蟒服除了賞賜給有功的文武大臣外，屬國的國王、部落首領也會獲賜。

原本在明代皇家的構想中，蟒服的地位應該是神聖不可侵犯的。物以稀為貴，自然不能隨意賞賜，因此在史料中可以看到很多自恃功高去向皇帝討蟒服而被拒之人。《明實錄》記載，成化元年（1465年），泰甯等衛右都督劉玉、兀

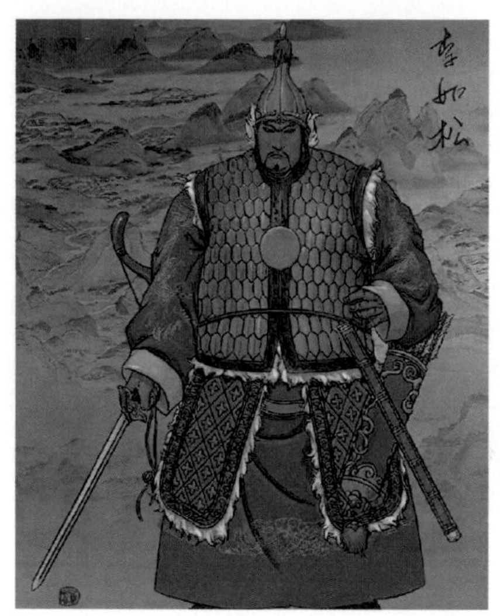

▲李如松戎裝像，甲冑裡面穿著疑似蟒紋的賜服

南貼木兒，「乞邊地市牛只農具，許之，求蟒衣不許」。成化二年（1466年），少數民族首領遣西虬加思蘭與其妻上奏請求賜予蟒服，也被成化帝拒絕。弘治元年（1488年），永順伯薛勳及廣甯伯劉佶上奏請求賜予蟒衣，弘治帝給他們的回覆非常強硬：「蟒衣之賜是朝廷特恩，今後有如此者，必罪不恕。」就算是賜服體系已被擾亂的嘉靖年間，皇家也一直試圖維護蟒衣的神聖性。嘉靖四十四年（1565年），「定國公徐延德宿衛，南郊請以蟒衣扈從」，明世宗明確告訴他：「蟒衣是皇家的特典，哪個敢擅自弄？堅決不許！」[①]

在明代前期，皇家對賜服體系的尊崇甚至影響了敵對勢力。最典型的就是俘虜明英宗朱祁鎮的也先。朱祁鎮在土木堡之變被也先俘虜後，日夜都想早日回到京師，當大明派使臣前來交涉時，明英宗特意叮囑：「你每回去，上覆聖母太后，上覆當今皇帝，也先要者非要土地，惟要蟒龍織金彩段等物，可著早齎來。」蟒衣竟然比土地還重要，其在明朝臣子、封疆大吏及藩屬國首領心中的地位可見一斑。

飛魚服、麒麟服等比蟒服地位低的賜服，也與蟒服有著共榮共辱的關係。當求蟒服而不得時，能夠獲賜飛魚服、麒麟服也可以嘚瑟一番。宦官周勝將獲賜飛魚服之事作為生平大事寫入墓誌銘，這種事非常多。盤踞西南播州的楊氏家族最後一代統治者楊應龍，也曾獲得過皇帝賜予的飛魚服。儘管後來他叛明，引發了播州之亂，但今天貴州遵義海龍屯軍事城堡的重要關隘朝天關大門上，鐫刻的內容依然可辨：唐太師守播三十代孫欽賜飛魚品服敕封驃騎將軍楊應龍書立。

① 原文：「賜蟒系出特恩，何輒自取，不許。」

這一大串修飾自然是楊氏最值得炫耀之處，首先表明了祖上的榮耀，唐朝末年時，楊應龍的祖先太原人士楊端響應唐王朝的號召，率兵進入西南播州地區擊退少數民族政權南詔國，從此世代鎮守播州，這是楊家後人都誇讚的祖上榮耀；其次表明了自己的功績，「賜飛魚品服」就屬於他個人的榮耀。儘管萬曆年間，蟒衣、飛魚服等賜服已經因濫賜、濫穿而脫離皇家控制，但它們在帝國官員、將領及封疆大吏心中的地位依然舉足輕重。

紋樣向龍看齊

一件衣服能不能稱之為蟒服或飛魚服，不必看它是什麼形制，關鍵取決於衣服上的圖案。所謂飛魚，是由古印度神話中的摩羯演變而來，《山海經·海外西經》也有記載：「龍魚陵居在其北，狀如狸。」因能飛，故得名飛魚。不過，在明代飛魚服上幾乎看不到摩羯的模樣。至於蟒，原本與龍的區別在於「無足無角」，但明代「蟒衣皆龍形」。如果不將蟒服、飛魚服、鬥牛服放在一起仔細比較，還真的很難辨別出誰是誰，因為這些瑞獸一旦「明化」之後，全都奔著龍的形象去了。

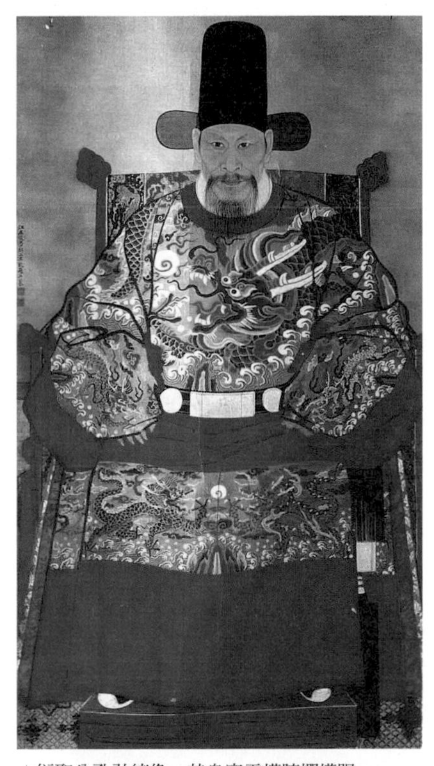

▲衍聖公孔弘緒像，其身穿雲蟒膝襴蟒服

獲得賜服的官員通常會穿著賜服繪製畫像，因此如今還能看到大量明人留下的蟒衣、飛魚服畫像。例如八歲襲封六十一代衍聖公的孔弘緒，他在畫像中就身著蟒袍，從直觀上看，那袍子上的不是蟒，而是一條龍。沒錯，蟒服上的蟒與皇帝龍袍上的龍極其相似，區別在於龍袍上的龍有五爪，而蟒為四爪。

即使是如此微小的差別，居然還有人要搞事。據《天水冰山錄》記載，嘉靖年間的權臣嚴嵩倒臺後，從他家裡竟抄出五爪龍紋的衣料，看來這廝不僅是巨奸，還是個反賊。不過，嚴嵩此人雖作惡多端，但一生行事謹慎，私藏龍紋這種慕虛名而處實禍之事，實在不像其手筆，很可能是在牆倒眾人推之際，有人弄了幾段龍紋布料進行栽贓。

到了明後期，隨著蟒服濫賜，如張居正、徐階這些大臣更是獲得了稀有的坐蟒服，這種蟒的紋樣與皇帝的龍袍更相似，都是正面全身，以前坐蟒只賜予最高蒙恩者，明中後期皇帝濫用特典，坐蟒出現的頻率也越來越高。

既然蟒可以長出兩角，飛升成龍，那麼頭部就長得像龍的飛魚自然也要跟風，在頭上生了兩隻角，原本是飛魚特徵的雙翼也「退化」不見了，若不是尾部保留著魚尾特徵，還真難以分辨出它是魚是蟒還是龍。蟒服一般賜予一品官員，飛魚賜予二品，但由於兩者太過相像，皇帝也會看錯。嘉靖十六年（1537年）二月，明世宗春祭山陵時，將前來朝見的兵部尚書張瓚身上穿的飛魚服認成蟒服，十分不悅，問大學士夏言：「一個二品尚書，怎麼可以擅自穿蟒？」夏言解釋道：「張瓚穿的是御賜的飛魚服，只是和蟒相似罷了。」明世宗聽了仍不滿意，說：「飛魚何組兩角？其嚴禁之。」既然已被皇帝怒斥，禮部遂奏定，文武官不許擅用蟒衣、飛魚、鬥牛，違禁華異服色；同時規定，錦衣衛指揮級別（指揮使、指揮同知、指揮僉事、鎮撫使）的侍衛可以穿賜服。不過也特別指出了兩種人不許僭用賜服：其一是還領著指揮級別的俸祿，但已不是侍衛的；另一種是雖

◀張居正蟒袍坐像，可以看到他服飾上的蟒頭正對前方，是蟒服中最為尊貴的坐蟒

為侍衛但級別不夠的，如錦衣衛鎮撫使以下的千戶、百戶、總旗、小旗等。這兩類人穿了就算僭越，需要追責。

鬥牛服和麒麟服是僅次於飛魚的賜服，鬥牛服通常賜予三品官員，麒麟服賜給四、五品官員。鬥牛的紋樣也是蟒形、魚尾，唯頭上下彎的雙角有些牛角樣子。幾種賜服中，即使是較好辨認的麒麟服多少也有些龍的影子。

當然，飛魚服、麒麟服等除了作為文武百官的賜服，也的確算是錦衣衛的一個標誌。錦衣衛除搜集情報、巡查緝捕等職能外，也要「掌直駕侍衛」，同時還得充當儀仗隊，由於這些特殊職能，他們穿衣的選擇權也較多。例如，錦衣衛中有身著鎧甲、手持金瓜的「大漢將軍」。明代皇帝舉行視牲、朝日、夕月、祭歷代帝王等禮儀活動時，錦衣衛堂上官（指揮使）可穿大紅蟒衣、飛魚服，頭戴烏紗帽，腰挎繡春刀，「千百戶穿青綠錦繡服隨侍」。要知道，錦衣衛指揮使不過正三品，卻能穿蟒服、飛魚服，明世宗下令規範制服，唯獨對錦衣衛網開一面。從這個角度看，後世將飛魚服誤認為是錦衣衛的官服並非空穴來風。

▲明代大漢將軍甲上身效果圖，函人堂製，參考北京明十三陵神道雕像仿製，甲胄裡面為紅色織錦飛魚服（模特：陳斐孺）

皇帝帶頭違制

飛魚服、麒麟服今天依然是傳統服飾愛好者較為熱衷複刻的服飾，不過當愛好者將穿上飛魚服、麒麟服的照片發佈在網路上時，難免引來一些調侃，說這些都是皇帝的賜服，沒有品級的人亂穿不怕砍頭？這樣說實在是犯了知其然而不知其所以然的教條主義錯誤。莫說明朝已亡了三百多年，哪怕是穿越回到大明中晚期，穿穿蟒服、飛魚服也不會有問題的，這種事古人早幹過了，是有傳統的。

明代官服、賜服雖有制度明文規定，但在實際操作時非常混亂。明代史籍不止一次出現官服亂用補子、革帶的記載，明代武官無論品級高低，都要在衣服上搞個獅子補（一品），低品級的補子他們基本不用，難怪王世貞在《觚不觚錄》感歎：「而今則通用獅子，略不之禁，此不可曉也。」官服尚且如此，賜服

▲明末鎮朔將軍唐通像，他頭戴將巾、身穿蟒衣道袍

▲複刻版的明代蟒袍（控弦司制）上身效果圖，形制為貼裏，可作為戎服穿在甲冑裡面（模特：周渝）

就更不必說了。

賜服被濫用，蟒服首當其衝，而且這種情況至少在明朝前期就已出現。不過應該承認的是，明朝早期的皇帝對衣制的管控比後期要嚴格得多。明英宗朱祁鎮在位期間，曾對工部官員下令：「凡有織繡蟒、飛魚、鬥牛等違禁花樣者，工匠處斬，家口發邊衛充軍。」其孫子明孝宗朱祐樘也努力想解決此問題。弘治元年，都御史邊鏞上奏請禁蟒服，他奏本中對服飾的蟒紋提出質疑：「蟒蛇本沒有角，也沒有爪子，內官現在獲賜的蟒服全是龍的形狀，實在不成體統。」他建議將受賜官員的蟒服盡數收回，也不許再織造，違者嚴懲。明孝宗認為有理，遂頒佈命令禁止私造賜服。然而，他的這些努力在他駕崩後很快就被他的寶貝兒子明武宗朱厚照消解掉。

▲明武宗像，武宗行事任性，穿衣也不按規矩，明代賜服濫發濫用的現象在武宗朝尤其嚴重

前文講過，賜服只有圖案而無固定形制，但畢竟是皇家特典，遇到有偏好的皇帝，還是得隨他開心。以愛玩著稱的明武宗對戰爭遊戲情有獨鍾，他不僅自封大將軍玩親征，像曳撒這類帶些戎裝色彩的服飾他也很喜歡。據《明實錄》載，正德十三年（1518年），明武宗駕車返京時，下令禮部，讓前來迎候的文武百官都穿曳撒、頭戴大帽、腰繫鸞帶，同時還賜給群臣大紅紵絲羅紗等布料。這些受賜的大臣連夜將布匹製作成曳撒，準備第二天全部穿上到德勝門迎駕。明武宗此舉完全是隨著自己的喜好而為，並不合禮制，當時禮科都給事中朱鳴陽就對此提出異議，他認為曳撒、大帽都是行役時的服飾，而非見君之服，並請明武宗收回成命。明武宗哪管這一套，仍然讓百官穿著他鍾愛的曳撒迎候。當下複刻的飛魚服、麒麟服似乎也繼承了明武宗的審美，多以曳撒、貼裏的形制出現。

既然皇帝都如此，就不能怪下面的文武百官跟著亂套。明代由於賜服濫用，還出現過庫存告竭的窘境。明英宗、明孝宗、明世宗雖然都試圖規範賜服制度，同時又不斷濫發濫賜，結果只能是僭用成風。

把賜服當成生意做

原本神聖不可侵犯的賜服，最終淪為人人皆可穿的流行服飾，主要有兩個原因：其一，皇家濫發濫賜和權貴濫用；其二，在晚明商品經濟刺激下，社會穿衣之風發生了變革。兩者互相影響，最終讓蟒服、飛魚服等賜服逐漸飛入尋常百姓家，成為大明時尚潮牌。

明武宗不僅自己想穿什麼穿什麼，賞賜同樣任性得很，連伶人臧賢都獲得了蟒服。自正德之後，嘉靖、萬曆年間對賜服的賞賜也毫無節制。僅《明實錄》就記載，嘉靖年間蟒服被賞賜了47次，萬曆年間更是達98次，與此前成化年間的1次和弘治年間的2次形成鮮明對比。除此之外，掌握權勢的太監也濫穿賜服。當時就有人指出：「國朝服色之最濫者，內臣與武臣也。內官衣蟒腰玉者，禁中殆萬人。」晚明太監劉若愚在紫禁城中生活了大半輩子，歷經萬曆、泰昌、天啟、崇禎四朝，他根據自己多年見聞，撰寫了明宮廷雜史《酌中志》。在這本史料中，他描繪了當時太監將蟒服當常服穿，招搖過市的場景，司禮監、堂印、秉筆及乾清宮管事等人，但凡有些功勞或苦勞的，全部都得到了級別最高的坐蟒蟒袍。天啟朝時，大太監魏忠賢名下，「凡掌印提督者，皆濫穿坐蟒」。

▲現存於北京智化寺內石碑上身穿華麗賜服的王振像拓片，王振為正統年間司禮監秉筆太監，權傾朝野，死於土木堡之變

蟒衣的濫穿現象還是要追溯到正德年間。《明會典》、《明史》等官史對賜服製作皆有明確記載，即「兩京織染，內外皆置局。內局以應上供，外局以備公用」。也就是說，除了朝

廷內織染局織造的上用緞匹，地方織染局也會投入生產以供賞賜之用。而賜服的緞匹多由染織業發達的江南一帶織染局織造。皇家所用之服，由十二監之一的尚衣監主掌，這就給宦官提供了發橫財的機會。怎麼說呢？隨著賜服體系的崩壞，這些太監除了給皇家提供必要的賜服外，還利用職權讓紡織局私自製作賜服，用於買賣和饋贈。

正德年間的大太監劉瑾就大做賜服生意，《明實錄》記載，自劉瑾專權以來，「名器僭濫。以蟒魚服色為黷貨之資，武將閹臣下至廝 ，陳乞紛然，時有五十兩一件蟒之謠雲」。也就是說，此時蟒服、飛魚服等皇家特典已經脫離皇權，開始商品化。生活於明末清初的談遷在其私家編修的編年體史書《國榷》中記載，正德年間大太監劉瑾被抄家時，抄出袞服4套、蟒服470襲。更有意思的是，有「日本國王源義澄遣來宋素卿入貢，素卿賂瑾黃金千兩賜飛魚服」的記載。此事在《明史》中也有，即「五年春，其王源義澄遣使臣宋素卿來貢，時劉瑾竊柄，納其黃金千兩，賜飛魚服，前所未有也」。

「日本國王」的飛魚服之謎

宋素卿是正德、嘉靖年間，以日本為根據地的華人商人及海盜，也是引發寧波之亂的關鍵人物。正德年間，他自稱受「日本國王」之託來入貢，重金賄賂了劉瑾，並搞了一套飛魚服回去。中方史料多處提及劉瑾送飛魚服之事，《明史》、《明實錄》、《國榷》記載皆為正德五年，其他史料記為正德四年，那麼，這名獲得飛魚服的「日本國王」是誰呢？

正德五年即1510年，在日本是永正七年，幕府當國的時代。「日本國王」自然不是指後柏原天皇，「源義澄」顯然是指室町幕府的第11代將軍足利義澄。不巧的是，日本室町幕府此時處於動盪時期，幕府將軍是復位的足利義材，足利義澄早在永正五年就被放逐。而據《日本考略》載，那個時期的遣明船為細川高國派遣，而細川與義澄是敵對狀態。

在此順道說一下日本的遣明船。明初朱棣上位後，與日本恢復了聯繫，並冊封室町幕府的將軍足利義滿（中方記載為源道義）為日本國王，賜日本國王之印，發給勘合符，明朝正式與日本建立宗藩關係。永樂二年（1404年），日本首次向明朝派出勘合貿易船，即「遣明船」。日本遣明船除了朝貢外，另一個目的是銷售和貢品一同帶來的大量商品，如日本刀、灑金扇、蘇木等日本特產。景泰年間，一把在日本賣800文到1貫文的日本刀，運到明朝後可賣到5貫文的高價，絕對的暴利。總之，日本商品在明朝能獲利，明朝商品在日本也受歡迎，遣明船能賺取暴利，因此明代中後期出現了海盜、商人的船隊冒充遣明船前來做生意的情況。

根據日本史料記載，1402—1547年，日本官方一共向明朝派遣了11次遣明船，可沒有在正德四年或正德五年向大明派遣明船的記錄，但中方史料又有諸多記載。極有可能正德五年來明朝的不是幕府的遣明船，而是以宋素卿為首的海盜、海商冒充的遣明船，他們打著足利義澄的旗號，到明朝做生意，賺得盆滿缽滿，還弄走了一套飛魚服。而受賄的劉瑾，是否知道對方是冒充的，就不得而知了。

不過，在日本戰國亂世中脫穎而出，統一了日本並企圖侵略中國的豐臣秀吉倒是獲得了一套蟒服。壬辰戰爭第一階段結束後，明朝與日本進行談判，萬曆皇帝敕諭「日本國王平秀吉」，與他約法三章，並賜給他一批賜服，包括蟒服、飛魚服、鬥牛服、麒麟服。據載，豐臣秀吉這個野心勃勃的「天下人」，在冊封儀式結束後，竟然穿上萬曆欽賜蟒袍下跪接旨。當年萬曆賞賜的那批賜服，如今保存在日本的實物尚有15件。

崇奢之風令賜服大行其道

朱元璋建立明朝之初，制定了一套非常嚴格的服飾制度，帝后將相，士農工商無所不包，形制、質料、顏色也有嚴格規定。明初崇尚節儉，在服制上也表現得很明顯，即使是文人雅士也多為窄袖。當時，如果有人在街上穿著華麗衣服招搖過市，很快就能引人側目，被指指點點。但在明代中期，隨著商品經濟迅猛發展，這種現象出現了逆轉性變化。

實際上，弘治年間，明人的服飾就有向奢化方面發展的趨勢，到了正德、嘉靖年間，奢化已成為社會現象。不僅如此，針對明初朱元璋的「戒奢論」，時人陸楫寫下了長篇大論《崇奢論》，提出「俗奢，市井之利特因而濟之」的主

▲身穿坐蟒紋樣蟒衣的明代官員模型，蟒衣形制紋樣參考的是張居正蟒袍像（周渝 藏）

張，他認為奢侈消費可以促進社會繁榮，應該提倡。在崇奢之風的影響下，江南一帶的服飾開始出現明顯變化，從現有的明人畫像不難看出，明初之人，衣服都偏窄小，但在中晚期放量[①]越來越大，而且這種大放量的衣服，在宮中不算明顯，在民間反而大行其道。

千萬不要被影視劇帶偏，認為穿衣打扮是貴族和有錢人的特權，古代平民都穿得跟「店小二」一樣。這種固有印象是錯誤的。要知道，當奢侈消費成為流行觀念後，其影響力是不分階層的。窮人也愛美，愛打扮，在他們力所能及範圍內，一定會穿上好看的衣服，這種現象和今天沒太大差別。在明代，同樣也有為了穿奢侈品而不惜「賣腎」的平民。明人顧起元就在筆記中寫道：「變易

①放量指製作服飾時尺碼與服裝主人的身材具體資料的盈餘。放量越大，服飾越寬鬆，反之則越修身。

▲明代蟒服，上面的蟒已完全是龍形模樣，區別在於蟒爪為四趾，龍爪為五趾

既多，措辦彌廣，人家物力大半消耗。」為了穿上華麗美觀的服飾，不惜傾盡家財的大有人在，只要不是政治高壓的時代，這種現象必然都會有。

奢侈化的另一個影響就是僭越和濫穿現象越來越普遍，前文提到正德年間劉瑾做蟒服生意，「蟒魚服色為黷貨之資」。這也從側面反映出當時蟒服、飛魚服、鬥牛服、麒麟服等皇家特典已經商品化，成了時尚潮牌，只要有錢就能弄一身來穿。在《金瓶梅》、《醒世姻緣傳》等反映世相的明代小說中，濫穿蟒服、飛魚服的行為比比皆是。它們不僅是達官貴人的潮牌，貧窮的農民在給逝者繪製畫像時也喜歡繪上身穿蟒衣玉帶的形象。

大明人民的時尚潮牌

到了明代中晚期，像蟒服、飛魚服這些看起來高大上的賜服不僅在官員之間被濫用，就連老百姓也紛紛開始仿製。此外，千萬別以為飛魚服是男人裝，它在明代女性畫像中也經常出現。明代女裝也有和官員相似的蟒服、飛魚服、鬥牛服、麒麟服等，大多款式為圓領袍，也有交領袍、交領襖裙、豎領袍等形制。起初，這些主要是命婦在穿，隨著僭越風愈演愈烈，到了明代中後期，像蟒、飛魚等紋樣越來越頻繁地出現在一般女裝上，即使是百姓家的女孩出嫁，也會頭戴翟冠、身著「賜服」、肩置霞帔。

至萬曆年間，無論官場還是民間，僭用賜服之風已不可收拾。時人沈德符在《萬曆野獲編》中甚至將服飾僭越者分為了三種人。第一種為勳戚，即王侯將相的侍從，八、九品的芝麻官，甚至有被廢罷或閒散在家的無業遊民，竟然也一個個身著麒麟服，腰纏金帶。如駙馬的庶子，按例當為平民，納個外衛指揮空銜，蟒服也照穿不誤。第二種是在京的官員，他們穿著似蟒又似鬥牛的衣服招搖過市，無人過問，府內的人即使從未受賜，也照樣敢穿蟒服出行。第三種是婦女，命婦自不必說，即使是僕婦和教坊女子，出門也都頭戴珠翠、身穿紋繡，「其花樣則白澤、麒麟、飛魚、坐蟒，無所不有」。

這種現象在明代筆記小說中也頻頻被提及，例如《金瓶梅》第71回中便有老太監贈送西門慶飛魚服的橋段：西門慶應邀做客，何老太監請他脫掉外衣。西門慶說：「學生裡邊沒穿什麼衣服，使小價下處取來。」何太監應答：「不消取去。」接著便令左右承上一套飛魚服遞給西門慶，說：「拿我穿的飛魚綠絨氅衣來與大人披上。」西門慶笑道：「老公公職事之服，學生何以穿得？」何太監回答：「大人只顧穿，怕怎的？昨日萬歲賜了我蟒衣，我也不穿它了，就送了大人遮衣服兒罷！」這老太監有了蟒服，其飛魚服說送便送，太任性了！賜服毫無神聖感可言。小說時代背景雖放在宋朝，但其中有許多明代的景象，這隨意贈送飛魚服的橋段也算當時的寫照。

綜合前文，從皇帝的態度也能大體梳理出蟒服、飛魚服從賜服演變為國民服的過程。太祖朱元璋到成祖朱棣時期，很難見到僭用現象，這兩位也的確不好惹。明英宗朱祁鎮在位時，僭用現象已開始出現，但明英宗對此還是很嚴厲的，又是要殺，又是要充軍。孝宗朱祐樘之時，奏摺上再次反映出這一屢禁不止的現象，孝宗雖同意整治，但態度比起英宗已緩和許多。武宗朱厚照就是個搗亂的，帶頭違制搞百官曳撒大會。他的弟弟世宗朱厚熜眼神不好，把飛魚服看成蟒服，對這種「向龍看齊」的擦邊球紋樣表示不滿，下令整治，卻給錦衣衛留了個口子。與此同時，因商品經濟迅速發展，民間奢靡之風興起，蟒衣、飛魚等賜服已脫離體制屬性，成為潮牌。到神宗時期，僭用現象已見怪不怪，像沈德符這樣的有心人都能把這些亂穿亂戴的人歸類整理了，想必已到藥石無靈之地步。

蟒服、飛魚服、鬥牛服、麒麟服等皆是以賜服始，以國民服終。宮城內，它是皇家的排面特典；戰場上，它是將領的錦繡戎裝；市井中，它又是人民的時尚潮牌。這發展史雖略帶喜感，與大明皇室賦予其最初的意義大相徑庭，但不可否認的是，這些賜服的紋樣在今天看來依然很精美，難怪幾百年後仍備受青睞。其實，傳統服飾愛好者穿著華麗的飛魚服時不必有心理負擔，也不用糾結什麼官階品級。要知道，在五百年前的大明朝，這種服飾已很流行。

明大漢將軍

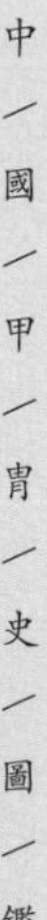

明代紅色布面甲

▲明代紅色布面甲，搭配「勇」字盔，函人堂製，頭盔參考出土明代朱漆鐵盔仿製，身甲參考《平番得勝圖》仿製（模特：何明聖）

▶明代齊腰魚鱗甲，畫像上通常為將帥穿著，函人堂製，參考的是明代《王瓊事蹟圖》（模特：陳斐孺）

▲明代鎖子甲，搭配地龍盔，函人堂製，頭盔參考的是日本博物館收藏的明盔，身甲參考了敦煌市博物館收藏的明代短袖鎖子甲文物（模特：郝嶺）

·先秦

·秦

·漢

·三國兩晉南北朝

·唐

·宋

·元

·明

·清

第十二章

見龍卸甲

無可奈何花落去

東亞甲冑的最後餘暉

今古河山無定據。

畫角聲中，牧馬頻來去。

滿目荒涼誰可語？西風吹老丹楓樹。

從前幽怨應無數。

鐵馬金戈，青塚黃昏路。

一往情深深幾許？深山夕照深秋雨。

——納蘭容若《蝶戀花．出塞》

夕陽無限好的帝王甲冑

興亡誰人定，盛衰豈無憑？一頁風雲散，變幻了時空。

歷史的車輪悠悠向前，進入最後的帝國時代。鼓角爭鳴逐漸遠去，在炮火主宰的戰場，中華武士傳承了千年的甲冑又當何去何從？

中國甲冑不乏許多精美之作，集華美之大成者，其中又以帝王甲冑為典型。明清兩朝皇帝加起來28人，算上南明四帝，一共32人。除去朱元璋、努爾哈赤（生前稱汗）、皇太極這幾位開國之君，皇帝御駕親征的實例屈指可數：明成祖遠征漠北、明宣宗平定內亂、明英宗折戟土木堡、明武宗親征韃靼、康熙剿滅噶爾丹，僅此5例。皇帝通常不用打仗，但可以打獵，如此一來，他們就有理由穿上比其他人都要華美的鎧甲。

相比清代那位花錢大手大腳，什麼都往宮裡收的乾隆帝，明代皇帝存世的戎具少得可憐，只能通過古畫來復原。明朝皇帝所穿的戎服多為罩甲，由明代畫家商喜創作的《宣宗出獵圖》還原了明宣宗朱瞻基率文臣和宦官在近郊狩獵的壯觀場景。圖中，明宣宗身著黃色長罩甲、頭戴蒙古元素十足的韃帽出獵，罩甲的材質應為織錦，看上去簡單輕便，毫無浮誇之風。

明代唯一能看到實物的皇帝甲冑是出土於定陵的明神宗陪葬甲，此甲形制非常簡單，主甲如同一件背心，前胸兩塊護心鏡，後背為一塊，前身的身甲是由左右兩邊對稱的單塊甲組成的對襟，後背為左右對稱的一整塊，頂排兩側與前身的左右肩相接，下段兩側與前身下段兩外側對應處以織帶連接，儘管出現於晚明，但形制與秦漢以來的札甲一脈相承。不過，明神宗甲的頭盔很有明代特色，此類

▲《滿洲實錄》中表現努爾哈赤進軍圖倫的場景，圖中人物所穿布面甲有明甲與暗甲兩種

盔在《明會典》中有記載，為兵仗局所造的「金護法頂香草壓縫六瓣明鐵盔」，冑上綴有金飾，前沿鑲有數十粒小珍珠，正前方嵌有一座真武大帝像。若非看到此甲冑修復後的實物，很難讓人相信，堂堂一國之君的鎧甲竟如此簡單。

如果據此便認為明朝皇帝的甲冑都很樸素，那就大錯特錯了。明神宗也有精美的鎧甲。在《出警圖》中，明神宗頭戴摸金鳳翅盔、身披魚鱗葉罩甲，綴有金飾的頭盔正中嵌有一尊真武大帝坐像，盔頂帶有盔旗，甲冑左右兩側飾有升龍，雙肩皆飾有金龍紋。從外形上看，這套甲明顯比定陵的陪葬甲要精緻許多。明神宗的這套華麗甲冑在《明會典》中並無記載，從外觀來看是儀仗甲而非實戰甲。

▲《乾隆皇帝大閱圖》，郎世寧繪，現藏於故宮博物院。此圖描繪了1739年，身穿明黃緞華麗甲冑的乾隆皇帝在京郊南苑舉行閱兵式的場景，皇帝身上的布面甲至今仍收藏在故宮博物院

▶清代乾隆皇帝大閱甲冑，故宮博物院藏

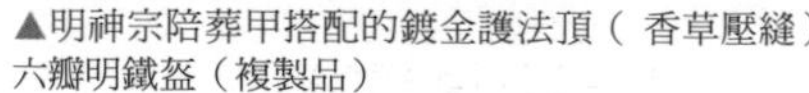
▲明神宗陪葬甲搭配的鍍金護法頂（香草壓縫）六瓣明鐵盔（複製品）

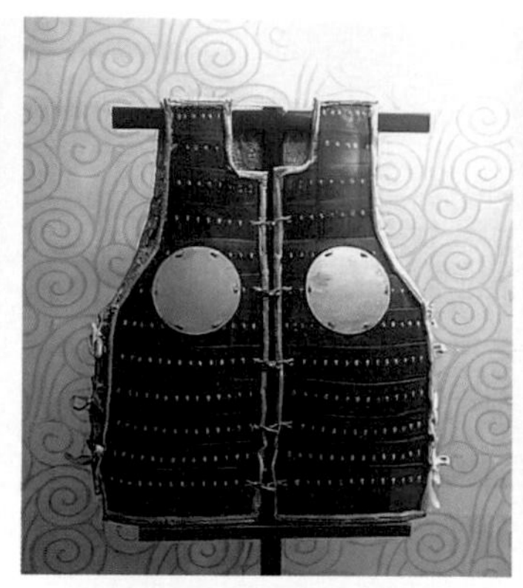

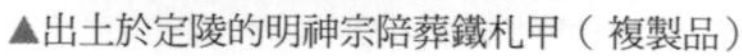
▲出土於定陵的明神宗陪葬鐵札甲（複製品）

相比之下，清代皇帝傳世的甲冑不少，例如順治帝的藍色棉甲、康熙帝的明黃緞繡平金龍雲紋大閱甲、乾隆的鎖子棉金葉鎧甲、咸豐大閱甲，等等。不僅實物多，清朝君臣還有繪製或拍攝戎裝像的嗜好，因而留下了不少真實的寶貴資料。相比明代，清朝皇帝的甲冑更為奢華。形制上大體為八旗鎧甲的樣式，分上衣甲、下裙甲、護肩、護腋、袖、襠等，但顏色、裝飾等各有不同。限於篇幅，無法一一展開，這裡就介紹一下乾隆皇帝的幾件鎧甲。

義大利畫家郎世甯為乾隆繪製的《乾隆皇帝大閱圖》出鏡率極高，畫中乾隆佩戴弓箭、跨著駿馬、身著明黃色華貴甲冑，英姿煥發。這套大閱甲現藏於故宮博物院，從實物上看，此甲為明黃緞，繡有五彩朵雲、金龍紋，裙甲有海水江崖圖案。甲面上的金鉚釘排列規整，護心鏡四周飾鋄金雲龍紋。兩袖皆用金絲條編織，袖口月白緞繡金龍，裳面以金葉片、金帽釘、彩繡龍戲珠紋相間排列。頭盔頂鏤空金龍寶蓋嵌珍珠，前後梁鋄金雲龍紋並飾以珍珠，梁中飾金剛石賸蛇。

僅這一套已奢華至極，然而，乾隆還有其他幾套風格不同的名貴甲冑。一是外形似戰甲的鎖子棉金葉甲，除了甲面排列有序的鉚釘外，倒不那麼花哨。頭盔為牛皮製作，用的黑漆，漆面飾金瓔珞、金獅頭和梵文。二是外形如朝服的御制緙絲黑地海水雲龍儀仗用甲冑，看上去與袍子無異，屬於暗甲，但價值不低於其他御用甲冑。緙絲極費工費時，有「一寸緙絲一寸金」之說，到清朝

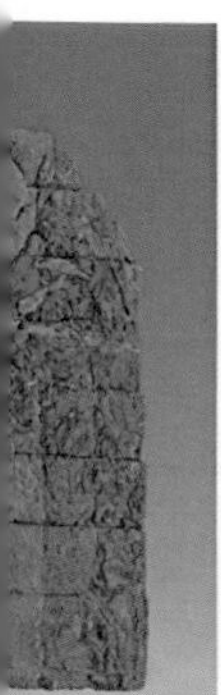

▲定陵出土的萬曆皇帝鐵甲

已成皇家專屬，乾隆皇帝這套用緙絲包覆的儀仗鎧甲便是其中典型。此外，乾隆皇帝思路清奇，對國外的東西充滿興趣，琉球國王贈給他的日式鎧甲，一直被他收藏在宮內。至於西方歐式甲，雖無實物表明乾隆有過收藏，但故宮博物院中藏有一張女子身穿西洋鎧甲的戎裝像，相傳這女子是乾隆皇帝的香妃。

清朝皇帝的戎裝論精緻、華美，均為甲冑中的佼佼者，但這些甲冑與日本江戶時代精美且復古的武士鎧甲一樣，都是不上戰場的工藝品。

▲乾隆皇帝布面甲搭配的頭盔，從破裂的布面部位可以看到內部的甲片

如何區分明清之甲

在影視作品中，明軍與清軍的甲冑往往涇渭分明，清軍穿著八旗布面甲，明軍則身穿札甲，將領還戴著宋式鳳翅盔，觀眾一目了然。這種衣箱化處理固然有助於觀眾分清陣營，但也造成了誤導，認為明清兩朝甲冑分屬完全不同的體系。實際情況是，清朝與明朝的甲冑存在沿革關係，尤其在明末清初時期非常不易分辨。

清太祖努爾哈赤以十三副遺甲起兵的故事廣為人知，那麼問題來了，這十三副鎧甲是誰給他的，是什麼形制？根據歷史其實並不難推測。努爾哈赤早年是遼東總兵李成梁的家丁，而當時遼東地區的軍事力量基本掌握在李成梁家族手中。前文講過，晚明將領的家丁實質上是私兵，裝備精良，優於正規軍，因而在李成梁帳下效力的努爾哈赤擁有優良的甲胄不是問題。其二，舉兵反明前，努爾哈赤長期是明朝政府的地方官員，曾被明廷授予都指揮使、都督僉事、左都督、龍虎將軍（正二品）等官職，今天瀋陽故宮博物院所藏的「龍武將軍劍」就是明廷冊封時賞給他的，以此推之，獲得甲胄也在情理之中。那十三副遺甲無疑也是明朝的款式。

另外，錦州市博物館也收藏了一套藍色的龍紋鐵葉鎧甲，這套甲的身甲長79釐米、胸寬73釐米、殘袖長30釐米，裙甲腰圍100釐米、高83釐米，盔胄通高22釐米(殘缺)、直徑21.5釐米。在一些圖書或網路資料上，該甲常被認為是清太宗皇太極的，主要是根據布面甲上的華麗龍紋判斷的。實際上，這套龍紋鐵葉鎧甲的龍爪只有四爪，所以嚴格地說，這套甲應該稱為「蟒紋鐵葉鎧甲」。至於皇太極所穿的甲

▶努爾哈赤的紅閃緞面鐵葉甲，故宮博物院藏。不過，這套甲並非原品，而是乾隆時期根據放在盛京（今瀋陽）的原品進行仿製的，幾百年後，放在瀋陽的原甲已在戰亂中遺失，而乾隆朝的複製品在紫禁城中保存了下來。從形制上看，紅閃緞面鐵葉甲就是一套明代邊軍的直身布面甲，鐵葉置於內部，無披膊，有鐵護臂

▲蟒紋鐵葉鎧甲，現藏於錦州市博物館

▲故宮博物院所藏的皇太極甲，因為顏色與錦州博物館中的蟒紋甲相似，導致兩者經常被混淆

胄，則藏在故宮博物院，仔細觀察可得知其甲上瑞獸之爪為五趾，是龍紋。

錦州的蟒紋鐵葉鎧甲儘管並非皇太極所穿，但從甲身上的蟒紋來看，甲胄主人也是有地位之人。這套甲的形制與努爾哈赤直身甲不同，是由甲衣、裙甲、披膊、甲袖、護腋、前遮縫、左遮縫組成。甲衣雙肩各裝有一個鎏金龍紋銅製披膊，兩腋各繫一片雲頭狀護腋，腹部有一片梯形護腹，即前遮縫，也叫「前護襠」。腰間左側也是同樣的搭配，即左遮縫，也叫「左護襠」。右側因有箭囊遮擋，則沒有遮縫。這種形制也不是清代的特色，山西博物院收藏的明末趙勇甲，除了顏色與其不同外，款式一樣。錦州的蟒紋鐵葉甲還有個特點是，集明甲與暗甲為一體，上身甲葉置於甲衣裡面，為「暗」，下身的甲葉置於布面

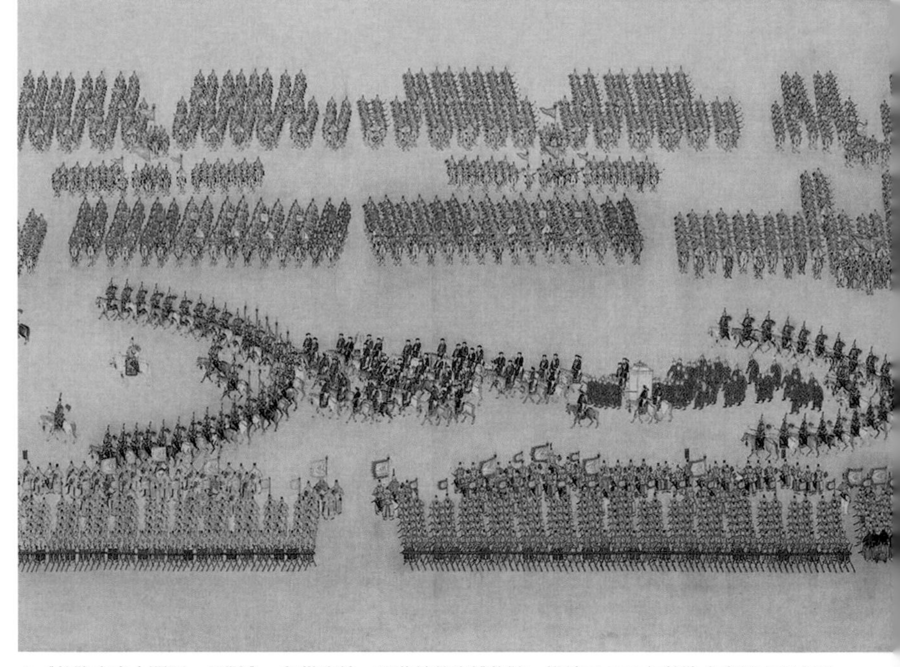

▲《乾隆皇帝大閱圖・列陣》，郎世寧繪，現藏於故宮博物院，描繪了1739年乾隆皇帝於京郊南苑舉行閱兵式時的場景，圖中大部分八旗軍皆身穿布面甲

之上，為「明」。

長期以來，不乏甲冑愛好者想總結明清甲冑之區別，結果是無論什麼特點或款式，都能在兩個陣營找到。總而言之，在明末清初這個時段，明甲和清甲並沒有明確的界限。隨後經過一段時間的發展，明甲和清甲才有了區別。首先，努爾哈赤款的直身甲逐漸消失，而蟒紋鐵葉甲、趙勇甲這種上下分體、左右設披膊和甲袖的甲冑卻發展成了八旗軍的制式甲冑。至於盔，則一律採用頓項帶護頸的制式。

到了清朝中期，明代布面甲中非常普及的鐵護臂就逐漸消失了。還有另一個明顯變化是盔冑的形狀，在明朝和清初，布面甲盔冑的弧度都是略向外的圓弧形，但乾隆、嘉慶朝後，盔冑變窄，冑體兩邊變為向內凹。如今故宮博物院

武備館和軍博等博物館展出的清代甲冑都是冑體弧度向內凹的，一見便知是清朝中後期的布面甲。

八旗甲形成統一制式

清軍入關的次年發生了一件影響深遠的大事——順治二年（1645年）清軍進軍江南後，攝政王多爾袞頒佈剃髮易服令，用血腥手段強制漢人改變傳統髮式與衣冠，一時間激起反抗無數，又因鎮壓而血流成河，清初這一惡政直接導致了漢族男性的衣冠體系斷代。因為發生了這樣的特殊事件，在中國歷代服飾中，明代與清代衣冠最易區分，因為並非自然發展演變。那麼，甲冑是否也經歷了「易服」？目前來看，沒有任何證據顯示清軍在甲冑上也實行了易服政策。

滿洲崇尚武德，清朝的開國功臣也有繪製戎裝像的嗜好，甚至有身穿明代大漢將軍甲的圖像，這也從另一個角度反映出清初易服不包括甲冑。傳統札甲的消失是因火器崛起，而清代的主流布面甲也是繼承明代形制而來。與服飾史完全不同的是，甲冑從出現到消亡，整個過程都是隨著時代變化而變化的，沒有出現政治強制干涉的情況。

在《清會典》中，甲冑已經不像《明會典》那樣種類龐雜，僅有四種——明甲、暗甲、綿甲、鐵甲。這時，傳承了千年的札甲已經徹底退出主流戰場，只有西藏等邊遠地區仍在使用札甲。會典裡的鐵甲指鎖子甲。在清代，鎖子甲因製作過程比綿甲煩瑣，已不太受歡迎，但紫光閣功臣像中也有幾名將領穿。通過畫像能看到，清代鎖子甲已經不是明代那種「山紋」紋樣，而是鐵網狀，被清代武將直接穿在行袍外面。清代鎖子甲製作技術多是準噶爾部等蒙古部族

▲故宮博物院武備館中收藏的布面甲，前排一領為明甲，後兩排為清代八旗暗甲

從中亞引進的，對工匠非常嚴格。清人梁份所撰的《秦邊紀略・嘎爾旦傳》記載，一套鎖甲製成後，既要輕便如衣，還會用弓箭試射，如果甲被射穿，製作該甲的工匠就要人頭落地。

剩下的明甲、暗甲和綿甲皆為布面甲。所謂「明甲」，是指鐵葉置於布面外面；「暗甲」則是鐵葉置於布面裡面；綿甲無鐵葉，是將棉花放置在夾襖內製成的，現代人習慣稱「棉甲」。

布面甲大行其道，在清代形成統一形制，清人按八旗分為正黃、正紅、正藍、正白、鑲黃、鑲紅、鑲藍、鑲白八種顏色，甲冑則有盔冑、身甲、披膊、甲袖、前襠、左襠、裙甲七大部分，士兵基本穿暗甲，將領和皇帝有少數

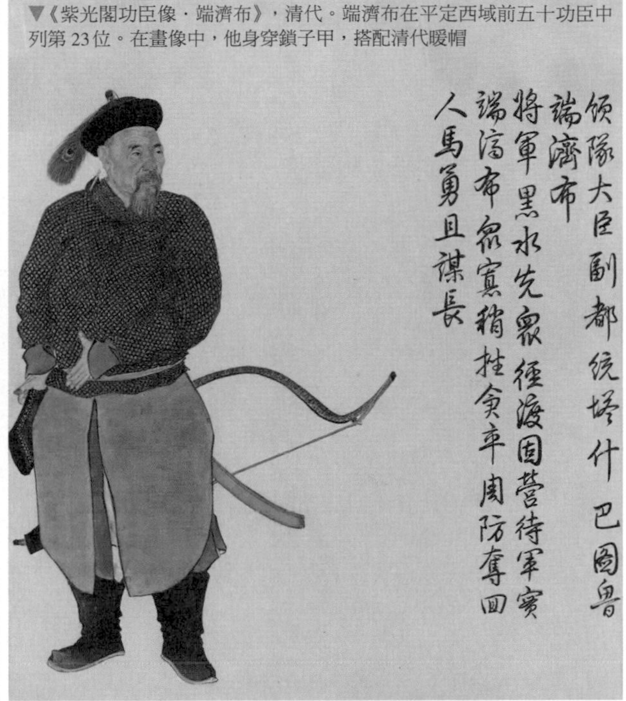

▼《紫光閣功臣像・端濟布》，清代。端濟布在平定西域前五十功臣中列第 23 位。在畫像中，他身穿鎖子甲，搭配清代暖帽

▲《紫光閣功臣像・明亮》，清代。畫中人物是定邊右副將軍一等襄勇伯成都將軍明亮，在定金川前五十功臣中列第3位，現藏於德國科隆東亞藝術館，畫像中明亮所穿為分體布面甲，胸前有大圓護

明甲，部分將領胸前還有圓護，士兵則基本沒有。這種形制在明末就已相當成熟，清人對布面甲的改進不在形制，而在厚度。為適應遼東寒冷的天氣，清軍對甲冑進行加厚處理，對棉進行壓即時，採用了更厚實的棉布。

清朝初期，女真人還很看重冷兵器作戰，這種重視也體現在甲冑上，他們將兩層棉布之間的鐵甲加厚，最後內外用銅釘固定，這種布面甲不僅對火器的防禦效果非常好，對傳統的弓弩也具有較好的防禦能力，平時穿還能防寒。不過，這也加重了軍士負荷，從現存實物來看，一套清布面甲（不含武器裝具）淨重就達35—40斤。儘管如此，八旗軍的備甲率還是相當高。在清代《乾隆皇帝大閱圖》中，陣容雄壯的八旗部隊，幾乎所有人都身著布面甲。

▲西藏甲胄。札甲在中原地區被淘汰後，卻在西藏保留下了工藝。該甲胄為四瓣頭盔、細鐵葉札甲，堪稱中國最後的札甲

明清兩代不僅布面甲形制相似度高，就連頭盔也容易讓人混淆。明代頭盔的款式相當多，到了後期，鎧甲樣式日趨簡單，但保護頭部的頭盔異常堅固，這應是靈活度增加後，頭部容易成為攻擊目標的緣故。頭盔有唐宋風的金鳳翅盔，也有蒙元風的韃帽，還有形如大帽的帽兒盔，等等。

實用性完全喪失

18世紀至19世紀是火器狂飆突進的時代，再堅硬的鎧甲在新型火器前亦是螳臂當車，美國獨立戰爭、南北戰爭，歐洲拿破崙戰爭等戰場都已是制服的天下。在這樣的洪流下，甲冑被淘汰已是歷史必然。實際上，在清朝中後期，鎧甲已逐漸被廢棄。首先，明甲、暗甲都不存在，因為在新式火器面前，鐵葉已經沒有任何意義，變成了純粹的棉甲，作為儀仗之用。清代《皇朝禮器圖式》記載了四類甲冑：皇帝甲冑、宗室甲冑、職官甲冑、軍隊基層官兵甲冑。雖然這四種甲一直使用到清朝滅亡，但僅為儀仗用，不上戰場。今天存世的絕大多數清代棉甲都是晚清時期的產物，故而內部皆無鐵葉。

戰場上，將領們喜歡穿便於行動的行袍。行袍可以算是清代將領的標配戎

▲《阿玉錫持矛蕩寇圖》，圖中主角阿玉錫是準噶爾部降將，身穿準噶爾部從中亞引進的鎖子甲

服，比清代常服袍要短一些，右前膝處衣裾比左側短一尺，騎馬時便於卸下。清朝將領穿著行袍時通常還會在外面穿行褂，即馬褂，既有普通馬褂，也有如黃馬褂這種賜服性質的榮譽服飾。在晚清戰爭中，將領穿著行袍、行褂上戰場的事例不少，如中法戰爭時期的馮子材、甲午戰爭時期的左寶貴、庚子國難時期的聶士成。

新式軍服開始普及後，身穿行褂作戰的現象依然存在。辛亥革命時期的南京之戰中，革命軍將領徐紹禎親自率領精銳部隊進攻張勳的江防軍重要據點南京明孝陵——由張勳的愛將王有宏鎮守。王有宏和張勳很相似，都是大清朝的孝子賢孫，他是記名的提督，被朝廷賞了黃馬褂後，無論什麼時候都將紅頂花翎和黃馬褂穿戴整齊，從不離身。這種行頭平時炫耀一下倒也無妨，但他在戰時也這樣就要命了。他成了革命軍的活靶子，一排子彈迅速射向馬背上的黃馬褂，他當場斃命。王有宏被擊斃後，其衛士拼死搶回遺體，發現他身上竟有一百多個窟窿。

清朝中後期，兵卒不再穿甲冑，而改穿戎服。戎服非鎧甲，而是號衣，常在電視上看見的對襟號衣就是典型的一款。避雷針式的頭盔也隨著鎧甲一起被淘汰，清代士兵戴的首服主要有涼帽、暖帽和頭巾三種，此外還有少數部隊使用帽。當然，這並不意味著鎧甲完全退出了歷史舞臺，皇帝與武將還是對鎧甲情有獨鍾。咸豐皇帝有一套閱兵時穿的甲冑，款式不如乾隆的那般奢華，是比較接近實戰用的明甲，分上甲和裙甲，從甲身上整齊排列的金葉來看，又頗有些札甲的影子。至於武將，尤其是八旗軍，很多人家裡都有世傳鎧甲。

兩次鴉片戰爭時期，英軍畫師的筆下都出現了清軍頂盔擐甲的形象，他們似乎竭力保持昔日的「雄風」，可惜在列強先進的武器面前，他們身上的甲冑毫無用處，反倒是負荷。另一方面，隨著攝影技術的傳入，清

▶製作於18世紀的一套清代布面甲，紋樣華麗，當為將領所穿。該甲為分體布面甲，也是清代布面甲的最終形制

▲晚清官員身著全套清軍布面甲留影，這是一套職官甲，此時除了拍照外，基本已無其他作用

朝的一些王公貝勒或武將喜歡身穿全套鎧甲照相，19世紀末，清朝武官在一些儀式上仍需全副武裝。如在鎮南關之戰中幫助馮子材抵禦法國軍隊的蘇元春，他在被任命為廣西提督後，穿著一身華麗的棉甲拍下了一張戎裝照，圓護、弓箭、腰刀一應俱全。1902年，袁世凱任直隸總督時，也穿了全套清式甲冑留影，但這些很快都將成為歷史。隨著新軍編練，制服取代甲冑已成是世界潮流，曾在中國歷史舞臺上活躍了幾千年的甲冑，也隨著帝制時代的終結而沒入歷史長河。

東亞甲冑的落幕

中華甲冑的發展史到此已近尾聲，不過本章還要解決最後一個問題：很多研究者、愛好者都非常好奇，為何中華甲冑存世極少，而日本則保存了大量甲冑？一方面，中國歷代王朝對甲冑管制嚴格、禁止陪葬、缺少家傳鎧甲；而另一方面，日本甲冑在發展過程中一些特殊時期的風尚潮流，成了它們至今能大量傳承的主要原因。在此簡單說說日本甲冑在火器時代的消亡史。

源平時代，在日本流行的主要是獨具日甲特色的大鎧，但隨著火器的出現，日本與中國一樣，開始了甲冑的變革。前文已詳細說過，中國甲冑大變革期是中國火器發展的鼎盛時期——明朝，主要是札甲向布面甲轉變。處於戰國時代的日本遇到了同樣的問題，1575年6月28日長篠之戰，織田軍成功擊敗了精銳的武田甲騎兵，武田勝賴麾下多名武將死於火器之下，武田家從此江河日下，走向滅亡——這就是戰術不更新、甲冑不進步的惡果！日本甲冑也因火器來臨發生了鼎革之變。

長篠之戰被視為火器對騎兵勝利的典型戰例，日本的甲胄師們不得不對甲胄進行全方位改造，著名的「當世具足」正是在這一背景下誕生的。當世具足是與古式鎧甲相對的稱法，在針對火器方面下了很大功夫。首先，當世足具幾乎不留縫隙，除兜、袖外，能護住身體的其他部位，完善了頬當、佩楯、襟回、小鰭護肩、肋曳、腰鎖等小具足。其次，札甲式的盔甲逐漸被淘汰，胴體部分有板甲化的趨勢。無論在中國還是在日本，火器都是札甲的天敵。在火器出現之前，以竹片、皮革和金屬片串接而成的札甲對箭矢有很好的防護作用，但面對霸道的火器，竹片甲就是渣，金屬片也扛不住鐵炮火力，只有一體而成、不留縫隙的甲才有安全感。這也是為什麼從歐洲引進的「南蠻胴」如此受歡迎的主要原因。

1615年5月8日，隨著大阪城的陷落，曾一統日本，叱吒風雲的豐臣家族在大阪夏之陣的熊熊烈火中走向滅亡，為戰國史畫上了慘烈的句號。進入江戶時代後，全國已無大規模戰亂，但天下初定，武士們還未廢弛武備，即使沒有仗打，甲胄也能成為他們試刀試槍的靶子。江戶時代前期，日本忽然盛行起曾經流行過的以刀試斬甲胄的方法，而且還玩出了新花樣——以槍試擊甲胄。

江戶時代的甲胄一方面襲承了戰國時代具足的外形特徵，一方面又進行了改進，加厚了鐵甲，以防禦火槍的射擊。武士們將甲胄稱為「様」，通過火器試擊驗證其優劣，試擊後留有彈痕的甲胄稱為「様具足」，說到底，這也是武士們為了自己的生命考慮。現藏於久能山東照宮博物館中德川家光所用的具足、藏於德川美術館德川義直所用的具足皆是留有彈痕的「様具足」。

到江戶時代中期，天下太平，國泰民安，武士不再需要穿著鎧甲馳騁沙場，甲胄也逐漸從重視實用性的鐵血年代步入注重裝飾性的「城會玩」時代。江戶時代鎧甲様式雖襲承戰國的當世具足，但兩者重量差別很大，戰國時的甲胄鑒於實戰需要，很多小具足能省則省，非常輕便。而在江戶時代，鎧甲更像是工藝品，就算是搞歷史復原，也力求復原到最好，此外還要在鎧甲的裝飾上下一番功夫，遠重於戰國鎧。產於18世紀的日本甲胄是太平盛世的寫照，這些甲胄已經不考慮實用性，一套比一套奢華，甲胄師們將主要精力花在做工、印染方面，盡可能把鎧甲做得華麗美觀才是王道。

當時的日本甚至興起了甲冑復原之風，有位叫新井白石的考據大神寫了一本《本朝軍器考》的書，對已知的南北朝以前的鎧甲進行研究復原，興起了復古風潮。平安時代、鎌倉時代的華麗大鎧重新得到人們的青睞，古式胴丸、腹卷也紛紛重回世間。這時候的鎧甲與其說是戰鬥裝備，不如說是工藝品。不僅做工越來越精緻，用途也變了，是大名和上級武士的禮品、彩禮。琉球國王受到此風氣的影響，送了一套日式漆甲兜給大清乾隆皇帝，可惜沒有乾隆皇帝穿日式鎧甲的畫像。不過，到了民國年間，溥儀的侄子愛新覺羅·毓崇把這套日式甲冑翻了出來，並穿上拍了照，如今這副鎧甲藏於故宮博物院。

▲江戶時期，日本武士家族喜歡以甲冑作為禮物贈送友人。琉球國王也受到此風氣的影響，送了一套日式漆甲兜給大清乾隆皇帝。這套日式鎧甲一直收藏在紫禁城中，民國初年，溥儀的侄子愛新覺羅·毓崇竟然把這套日式甲冑翻了出來，還穿上拍照

江戶時代的鎧甲被深深打上太平時代的印記，可以明顯感到它們與實戰甲冑的差距。然而，當日本武士們玩得不亦樂乎時，四艘黑船的到來驚醒了他們的太平夢。黑船異動引起日本全國人民的恐慌，廢弛武備已久的武士們匆忙重新購置裝備，一時武具店門庭若市。又要打仗了，而這時的敵人是持有洋槍、洋炮的洋人，要與他們對抗，必須動作敏捷，因此甲冑要輕，方便行動，那些華麗的工藝品肯定不能上戰場，一種用牛皮煉製的輕甲開始被廣泛使用，稱為「煉具足」。煉具足談不上美觀，但很輕巧，主要是在下級武士中流行。薩英戰爭、蛤御門之

▲19世紀中葉，最後的日本武士

變、兩次征長戰爭，武士們皆是穿著這種具足作戰。

隨著尊王攘夷運動失敗，「開國」已成必然，無論是幕府，還是主張尊王倒幕的薩長政權，都開始向西方取經，長州藩的志士高杉晉作甚至建立了一支由各行各業百姓組成的「奇兵隊」，戰爭不再是武士階層的專利。隨著與西方世界接觸加深，日本人逐漸明白，在現代化的武器面前，再堅硬的具足也不堪一擊。與武士時代同生共死成了鎧甲的宿命。不過，在德川幕府「大政奉還」的第二年（1868年），京都一帶爆發伏見・鳥羽之戰，甲冑竟然再次重現戰場。諷刺的是，身穿復古甲冑的不是「代表封建落後勢力」的幕府軍，而是明治新政府的官軍總大將仁和寺宮嘉彰親王，他身著古色古香的大鎧出現在戰場，這大概是日式鎧甲在實戰中的最後一次華麗展示。

儘管鎧甲與武士「同死」，卻沒有因此失傳。如今，日本仍有不少專門製作鎧甲的甲冑師，我們也時常感慨日本影視作品中的甲冑總是那麼靠譜。日式甲冑之所以能傳承至今而沒有斷代，很大程度要歸功於江戶時代的那批鎧甲玩家，因為很多留存至今較為完整的鎧甲都生產於那個時代。另一方面，江戶時代的收藏家們對古代甲冑的考據和復原，又讓更早時代的大鎧等甲冑沒有斷代，為後人留下了一筆寶貴的歷史遺產，真是功莫大焉！

明治維新後，日本甲冑退出戰場，明治政府的陸海軍直接向西方國家學習，進入西式制服的時代。

知識連結

洋提督戈登與他的『常勝軍』

烈焰是可以吞噬一切的舌頭，但凡被它掃過之地，留下的只有廢墟。1860年10月18日，大清帝國首都的圓明園燃起通天大火，赤焰肆無忌憚地揮舞著爪牙，企圖覆蓋這座皇家園林所有地方。炎火連燒了三天三夜，之後，這座世界名園及附近的清漪園、靜明園、靜宜園、暢春園及海澱鎮化為一片廢墟。在這場大火燃起的十二天前，英法聯軍就佔領了圓明園。10月8日，英國遠征軍中的一名二十七歲的青年軍官寫下了他對圓明園的印象：「你很難想像這座園林如何壯觀，也無法設想法軍把這個地方蹂躪到何等駭人的地步……此地有精雕的象牙屏風、珊瑚屏風等大量珍寶，而法國人卻以狂暴無比的手段把這一切摧毀了。」

不難看出這名青年軍官對圓明園遭洗劫的惋惜，而且他認為法軍才是元兇。諷刺的是，僅僅十天後，他的長官——英軍指揮官八世額爾金伯爵詹姆斯·布魯斯，就下令將圓明園付之一炬。他更沒有想到，不久之後，大清王朝會將他奉為座上賓，而他也將為這個王朝征戰沙場。多年以後，有很多人都記住了他的姓名——查理·喬治·戈登。

火藥發明國的慘敗

焚毀圓明園的命令下達一周後，1860年10月25日，清政府議和大臣奕 與法國代表葛羅在北京禮部大堂，交換了《天津條約》，並簽訂了中法《北京條約》。這是繼1840年鴉片戰爭以來，火藥發明國與西方列強對戰中的又一次慘敗。

儘管上一次慘敗後，林則徐、魏源這樣的有識之士提出了「開眼看世界」、「師夷長技以制夷」的呼籲，但嚴酷的現實是，在此後十幾年，中國的局面並未改善。清王朝定鼎江山兩百年來，國內已無大規模戰爭，加上清初時火器不成熟，弓箭大行其道，火器發展緩慢。正如時人所描述：「國家承平二百餘年，海防既弛，操江亦廢。自英夷就撫後，始請以捐輸之餘作為船炮經費，而官吏侵漁，工匠草率偷減，不及十年，皆為竹頭木削。」

清王朝被英國痛擊的傷疤還未痊癒，國內烽煙又起，太平天國如日中天，半壁江山皆已陷落。國內的戰爭尚處於膠著狀態，又與英法列強再度爆發戰事。在第二次鴉片戰爭中，清王朝在軍事武備上的落後體現得淋漓盡致，最直觀的一點是，當時清軍還在大量使用前裝滑膛土炮。這種炮只是在明朝晚期引進的紅夷大炮（清稱紅衣大炮）上進行了稍微改變，在明末清初堪稱神器，但在19世紀已是落後的老古董，不僅射程有限，而且精度也差，發射時間長，殺傷力小。更要命的是，當時清軍火器多粗製濫造，有相當一部分是第一次鴉片戰爭後匆忙趕制的，還有不少是清朝初期鑄造的，甚至有前明遺物。英軍則裝備了最新發明的阿姆斯壯炮，法軍也裝備了新式拿破崙炮。一旦在戰場相遇，英法聯軍手裡的火器幾乎占碾壓式的優勢。

軍事技術遠遠落後於列強是事實，但更令清政府揪心的是，心腹之患太平天國的軍隊也陸續裝備了洋槍、洋炮。太平軍的洋槍洋炮，主要是通過上海的一些外國人購置，數目不少。左宗棠後來追述說：「從前賊匪打仗，並無外國槍械，數年以來，無一支賊匪不有洋槍洋火。」

要知道與列強交戰，敗了可割地賠款苟活，但與「長毛」交戰，若敗了大清可就完了。清政府在前線與太平軍作戰的一些官員意識到，必須儘快引進先進技術，更新火器。後來，奕 等人奏請購買外洋船炮，以應對內憂外患之困局時，就指出「船炮不甚堅利，恐難滅賊」，主張「購買外國船炮，並請派大員訓練京兵，無非為自強之計，不使受制於人」。左宗棠也認為：「泰西巧而中國不必安於拙也，泰西有而中國不能傲以無也。」

迫切的改革願望興起了洋務運動，尤其在1861年恭親王奕 聯合慈禧發動辛酉政變後，洋務派官員受到重用，除了大規模引進西方先進的科學技術、興辦近代化軍事工業和民用企業外，對尚未平定的太平天國也果斷採取了「借師助剿」的方略。戈登與他的「常勝軍」正是在這一歷史背景下，登上了晚清的歷史舞臺。

華爾與他的「洋槍隊」

1860年7月29日，戈登跟隨英國特使詹姆斯·布魯斯乘坐郵船「伐列塔」號向東行駛，此行的目的地是中國。戈登年僅27歲，身分是英國皇家工兵隊隊長。9月17日，他們在上海登陸。此時的上海有一種奇妙的局面：在北方，英法聯軍尚在與清軍交戰，詹姆斯·布魯斯指揮部隊攻佔了大沽口；在南方，駐紮在上海的英國兵在布魯斯的兄弟費雷德里克·布魯斯的監督下，幫助清軍擊退了進攻上海的忠王李秀成率領的太平軍。

太平軍因信奉拜上帝教，曾博得不少西方人的好感。但戈登一抵達中國，就對太平天國政權帶著敵意。抵滬次日，他在給家裡的信中寫道：「《泰晤士報》必定會發表一個傳教士何默斯先生所寫的通訊。你必須注意讀一下，因為這些通訊會告訴公眾，叛黨信奉的是什麼樣的宗教，以及我們對他們的誤解到什麼程度。」當北方英法聯軍與清軍交戰的消息傳來，戈登即刻奉命北上參戰，這一路上他們沒有遇到過多抵抗，於10月6日晚就在距北京城一里處紮營。英法聯軍與清廷的談判已在進行，戈登則利用閒暇時間參觀了圓明園。不久後，條約簽訂，雙方停戰，戈登奉命移駐天津，擔任工兵隊技師，主持建設工程。

北方烽煙暫熄，南方戰火仍在繼續，列強一時也摸不准清政府是否會因此垮臺，故而相繼宣佈「中立」。太平天國早期對洋人十分友善，認為在意識形態上都拜上帝，是「兄弟」。第二次鴉片戰爭爆發後，太平天國對英法聯軍出兵打清軍拍手稱快，洪秀全的御詔中稱「西洋番弟聽朕詔，同頂爺哥滅臭蟲」、「替爺替哥殺妖魔」。列強與清政府簽訂條約後，因條約只有清政府來兌現，列強便對太平天國有了成見，無心與之接觸。1860年夏季，李秀成率部攻打至上海週邊時，曾致函英、法、美三國領事，鄭重表示將保護洋人在上海的生命、財產安全，並邀請對方到蘇州會晤，洽談通商聯合事宜。但事實證明，列強的外交政策並不取決於太平天國的態度，他們發佈公告，宣佈由英法部隊保衛上海，抵禦任何攻擊，並拒絕與太平軍接觸。最終，李秀成在上海之戰中遭到英法聯軍阻擊，功虧一簣。

另一方面，南方清軍與太平軍交戰的過程中，出現了「借師助剿」的現象，最著名的當屬美國人華爾組織的「洋槍隊」。華爾不是正規的軍人，雖然早年在軍事學院就讀，但未及畢業就退學，流浪國外。後來，他又在墨西哥、法國投軍，上過戰場，有實戰經驗。1860年，在上海商賈和官員的委派下，華爾開始在各地招募人員，其中有洋人，也有一些中國人，其實就是一支雜牌軍，但因這支部隊裝備有先進的火器，後來便取了個很能震懾人的名字「洋槍隊」。因為華爾肯出高價，故能到處挖牆腳，導致不少英國水手投奔了他，這令列強大為不滿。

▲1862 年，美國軍事流氓華爾在他的政府指使下，組織了洋槍隊，直接與太平軍作戰。圖為華爾組織的洋槍隊

列強們解散了華爾的外籍雇傭兵，並逮捕了華爾本人。不過，在中國地方政府的庇護下，這個美國人竟然宣傳自己不是美國人，而是中國人，得到釋放。

華爾毅然加入中國籍，被清朝政府委任為副將，此後，上海富商們一如既往地支援他，要他組織一支強有力的雇傭軍來抵禦太平軍。1861年9月，另一個美國人白齊文被推薦到華爾軍中當副統帥，開始打造一支有紀律、穿西洋軍服、持西洋火器的軍隊。為了鼓舞中國人入伍，華爾給這支部隊起名為「常勝軍」。

華爾的西洋化部隊很快就發揮了作用，1862年2月，他攻下離他司令部不到幾里的市鎮，接著又率部向北推進，頻頻奏捷。但好景不長，同年9月21日，調赴浙江慈溪的華爾率部與太平軍激戰，被同樣擁有洋槍、洋炮的太平軍擊成重傷，次日即斃命於寧波。華爾之死讓上海官商們再度感到焦慮，「常勝軍」出現統帥權力真空，今後誰來領導這支部隊成了必須面對的問題。此時，英國人戈登已抵達上海數月，並在進攻青浦的作戰中配合華爾擊敗了太平軍。儘管戈登於12月30日被提拔為名譽少校（升級不加薪），但他並不是「常勝軍」統帥的第一人選。

「借師助剿」策略落實

華爾戰死的消息傳到上海後，英國駐上海領事麥華陀就立即向陸軍提督士迪佛立提議，任命一位英國軍官繼任華爾，並得到同意。但是，委派英國軍官涉及國家政策，必須得到英國當局的批准。為此，士迪佛立於9月25日發公函給北京的布魯斯，由布魯斯轉呈陸軍部。在等待上級訓令期間，在華英軍不得擅作主張，洋槍隊則由華爾的副手白齊文代理統帶。

白齊文對統帶一職志在必得，他本就是華爾的副手，現在又有英軍東印度及中國艦隊司令何伯的支持，順利接位原本不是問題。但何伯不久後就發現，白齊文此人雖作戰勇猛，卻不遵守軍紀，攻下城鎮後往往到處擄掠，搞得雞犬不寧。儘管如此，何伯依然沒有撤換白齊文之意，只是覺得必須在其身邊安插一些軍官，協助其整肅軍紀。真正斷送了白齊文統帶前程的人是李鴻章。早在

▲1860年左右的李鴻章

1862年春，李鴻章的淮軍分批由水陸運往上海，他則在曾國藩的推薦下被任命為江蘇巡撫。華爾死後，白齊文繼續率領「常勝軍」與李鴻章的淮軍聯合作戰，擊敗了青浦以北的太平軍。但李鴻章在奏摺中包攬全功，激怒了白齊文，兩人關係惡化。

不久後的1863年1月3日，白齊文帶領衛隊去找蘇松糧儲道楊坊索餉，一言不合竟打了楊坊一巴掌。李鴻章本就厭惡白齊文，恰好這一耳光坐實了白齊文毆打中方官員的大罪。李鴻章當即要求士迪佛立通知白齊文：他被撤職了。這次人事變動，讓華爾部隊繼承人問題再次成為必須解決的事情。當時，被提名的有美國人福立斯特上校、英國海軍陸戰隊上尉霍蘭德等人。但經過幾番波折，終於在1863年1月17日，士迪佛立向英國陸軍部呈報了他與李鴻章關於華爾部隊指揮官的協定，提名以戈登為統領。

五天後，英國駐滬領事麥華陀將協定的副本寄給布魯斯，請求轉呈外交部。實際上，布魯斯對這一提議持反對態度。但不久前，英國女王下達了「女王陛下所轄任何軍官可為中國皇帝效勞，參加任何軍役」的敕令，為戈登擔任「常勝軍」統帥提供了合法性。此時，戈登雖知已被推薦，但是否能成功，還是抱懷疑態度。他在1月16日的家書中寫道：「提督已經推薦我，我也同意了，可是非常懷疑，本國當局是否會批准把這樣的美缺給我這個官卑職小的軍官。」

士迪佛立接到女王的特許敕令後，盡力幫助戈登運作，直到當年3月，戈登才被正式委任為常勝軍統領。對戈登來說，在異國擔任一支精銳部隊的統領，既是一種莫大的榮譽，同時也意味著危險，華爾就是在率領部下進攻時被太平軍打死，法國海軍提督卜羅德也是在作戰時被太平軍擊斃。為了不使家人擔心，戈登在家書中還特意向母親強調：「上帝保佑，我不會冒失的；我相信不久將回到英國……我時刻把您的照片放在面前，並向您和父親保證，我絕不會冒失。」

常勝軍從華爾時期到戈登時期，本質上發生了變化。華爾是加入中國籍的美國浪人，原則上是中國人自己的事，但戈登統率常勝軍則涉及中英兩國。士迪佛立與李鴻章協商後，決定對這支特殊的部隊進行「約法三章」：首先，統帶該軍的英國指揮官爵與巡撫相埒，必須受李鴻章節制；其次，該軍由英國軍官和中國將領共同統帶，英國統領不受中國統領牽制，只接受李鴻章命令；第三，以後該軍糧餉不再由上海商人承擔，而由清廷官方負責；此外還有附加條例，即李鴻章在同英法聯軍商討之前，不得下令征伐三十里禁區之外的地方。

通過政變上任的恭親王和慈禧，為儘快擊敗太平天國，允許江浙官紳「借師助剿」，形成了聯合鎮壓太平天國的局面。戈登能夠登上晚清舞臺，離不開這一大背景。

征戰四方，地位卻岌岌可危

戈登沒有辜負士迪佛立的希望，很快就將這支桀驁不馴的隊伍訓練得井井有條。對清廷而言，這支部隊最重要的作用是攻打「長毛」。李鴻章要做的第一件事就是根據協定的條款，要求士迪佛立批准常勝軍到禁區外的地方作戰，只有這樣才能真正發揮其作用。這一要求開始遭到拒絕，但由於不久後士迪佛立外出，何伯卸任，也便沒有人再反對李鴻章的要求。

李鴻章乘勢要求戈登率常勝軍進攻福山，此地在上海西北面六十里，坐落於長江三角洲，是常熟的門戶。不久前，常熟太平軍守將駱國忠和福山守將陳承琦相繼倒戈降清。由於此地控制著太平軍重鎮蘇州的水道，忠王李秀成聽聞反叛發生後，立即發兵討伐，最後攻下福山，卻未能拿下常熟。李鴻章的用意是救援被圍在常熟的駱國忠，並在關鍵時刻要求戈登的常勝軍出戰。戈登接到

▲英國人戈登率洋槍隊協助清軍攻打蘇州城太平天國守軍的銅版畫，出自1864年的法國畫刊，畫中的常勝軍已穿上類似西式軍裝的制服

命令後，配備了大量炮隊，並於4月2日駛入福山附近的內河。他命人將大炮都設在廢墟，在4日清晨下令猛轟，洋槍、洋炮的火力自不必說，太平軍的工事迅速被摧毀，常勝軍與淮軍發起進攻，幾乎沒經過激戰就攻下福山。福山一攻陷，炮艇與炮隊就能通行無阻，圍城的太平軍自動退卻，戈登毫髮無損地開進常熟。

福山之戰讓李鴻章對戈登的軍事能力大為讚賞。經此一役，常勝軍的官兵們也願意服從新統領的指揮了。然而，戈登的地位卻在他凱旋時受到了威脅。原來，被撤職的白齊文到北京鬧事，陳述自己的「冤屈」，而且取得了效果，布魯斯在發給士迪佛立的函件中建議恢復白齊文的職位。關鍵時刻，李鴻章連寫兩封措辭強硬的公文交給了英國陸軍提督和駐滬領事，說明自己無意讓白齊文複職，並力保戈登。之所以這樣做，是因為戈登在擔任統領不到一個月的時間就表現出卓越的軍事才能，李鴻章需要他。最後，上海的英方決定支持李鴻章，並呈文給英國駐北京公使。為避免夜長夢多，李鴻章索性奏請朝廷欽賜戈登江蘇總兵頭銜。如此一來，戈登作為常勝軍統領的地位才算確定。

對李鴻章的賞識，戈登也投桃報李，此後數月，他率領常勝軍在太倉、昆山、吳江作戰，為清廷立下汗馬功勞。常勝軍的裝備也愈發精良，不僅有當時威力巨大的阿姆斯壯炮、M1857型12磅拿破崙炮，還購置了「海生」號等鐵輪船，常常以摧枯拉朽之勢擊潰敵軍。

但戈登與李鴻章的蜜月期很快結束，兩人之間出現了裂痕。李鴻章的部將程學啟（原為太平軍英王陳玉成部屬，1861年降清）的部隊誤傷了常勝軍的人，程學啟與戈登爆發矛盾。在李鴻章的調解下，程學啟道歉。但不久後，戈登又與李鴻章發生矛盾：戈登認為李鴻章故意拖延軍餉，因此屢次抱怨，甚至在7月25日呈上辭職書。

極具戲劇性的是，就在戈登準備撒手不幹時，他收到了一封布魯斯發來的公函，告訴他本國政府最近決定授予他全權帶領部隊，幫助清廷平叛。布魯斯也在信中告訴戈登：「我殷切地希望你，而不是任何別人，指揮中國軍隊，因為你統帶的部隊將給叛黨莫大的威脅……」這是戈登首次接到本國政府和英國駐北京公使明確的授權指示，於是不再鬧辭職，積極準備作戰。李鴻章的下一個目標是太平軍的重鎮——蘇州。

殺降風波

蘇州之役開打之際，一個驚人的消息傳來——白齊文截走了常勝軍的小汽艇「高橋」號，向蘇州的太平軍投降了！而且戈登還從一個自蘇州逃出的美國人口中得知，除了白齊文，蘇州城還有若干洋人協助防守。這是個對清廷很不利的消息，因為太平軍不僅擁有白齊文這樣的專業軍事人員，還有若干洋炮和

▲查理・喬治・戈登的肖像畫，戈登身穿清朝黃馬褂、頭戴暖帽、手持腰刀，一副清朝官員打扮。平定太平天國後，戈登被清廷封為提督，這讓他具備了穿黃馬褂的資格

武裝汽艇，要攻克蘇州絕非易事。

聽聞這一消息後，戈登首先想到的不是武力征伐，而是以綏靖之法誘降白齊文。1863年9月中旬，戈登率領常勝軍與淮軍進抵蘇州城外，開始圍城。戈登先與「高橋」號船長鍾思取得聯繫，讓他聯繫白齊文，並約定雙方進行密談。白齊文虛張聲勢，要求戈登與他會師，共同討伐北京，這種瘋狂的想法自然被拒絕。幾個回合下來，白齊文終於道出心裡話，說他在太平軍中遭遇怠慢，只要戈登保證他不會受到逮捕和審判，他願意歸降，戈登當即同意。蘇州的太平軍守將慕王譚紹光也很大度，准許白齊文及其部下離開蘇州。白齊文率部走出蘇州南門後，歸順了戈登。

蘇州一役極其酷烈，清軍即使聯合裝備精良的常勝軍，也沒能取得進展。太平軍一方，忠王李秀成自天京（南京）回救，激戰數月同樣無法解圍，雙方戰事陷入膠著狀態。入冬後，據守孤城的蘇州守軍人心離散，離城遁走者不計其數。戈登抓住這一機會，得知守軍納王部永寬等人與慕王不和，遂派奸細潛入城中進行策反。接觸下來，戈登發現納王果然有投降意向，遂將此消息告知李鴻章。李鴻章則委派投降的程學啟與郜永寬祕密聯絡。納王等人希望投降後能保全性命，最好能受清廷的重用。為了讓郜永寬下定決心，戈登擔保，投降後他將保證降兵降將的生命安全。

12月4日，郜永寬等人刺殺慕王譚紹光，獻城投降，淮軍與常勝軍以勝利者的姿態踏進了太平軍的這座重鎮。然而受降後，蘇州城中的一些異象引起了李鴻章的疑慮，他發現郜永寬等人依然留著長髮，而且倒戈的太平軍人數甚眾，裝備精良，一旦譁變，後果不堪設想。在這個問題上，李鴻章表現得非常狠辣，寧可錯殺，也不留後患。他設下鴻門宴，邀請郜永寬、汪安鈞、周文嘉、伍貴文、張大洲、汪有為、范起發、汪懷武前來赴宴。席間，他讓身邊的八個武弁手捧紅頂花翎的武服遞呈八人，郜永寬等人正要接受時，武弁們隨即拔出腰刀殺死了八名降將。與殺降將同時進行的，是對蘇州太平軍士卒的大規模屠殺，降卒被屠戮殆盡，通常認為死的人在兩萬左右。

這次殺降造成的直接後果是，戈登與李鴻章決裂。戈登聽聞蘇州殺降消息後勃然大怒，大罵李鴻章背信棄義，卑鄙無恥。戈登的憤怒是可以理解的，他是個有紳士情結的軍人，蘇州圍城期間，是他出面擔保了郜永寬等人的生命安全。如今蘇州血流成河，降將人頭落地，他覺得自己受到了極大侮辱。他認為，無論是自己的榮譽，還是作為一名英國軍人的榮譽都掃地了。但他接下來的舉動，卻大大超出了他的職權範圍。

戈登給李鴻章寫了一封公函，措辭強硬，滿腔憤怒，並提出最後通牒，要求李鴻章下臺，否則自己將把從太平軍手中奪得的各城池交還給太平軍，還揚言要率常勝軍攻打淮軍。他甚至想鼓動英國政府干預，迫使李鴻章下臺。無論戈登此舉動機是什麼，此事引起的後果是嚴重的，大量西方媒體將矛頭指向李鴻章，大肆批判。英方想借此機會搞掉李鴻章，徹底從清廷奪取常勝軍的控制權。

悲劇收場

儘管事出有因，戈登的行為顯然越界了，甚至涉及干涉別國軍政問題。但他在給家人的信中說，之所以如此做，是為了防止出現更多的苦難與犧牲，並言：「我毫不懷疑，撫台將被罷黜，甚至可能被處決。」無獨有偶，李鴻章也在給母親的信中提及了殺降之事，自言「此事雖太過不仁，然攸關大局，不得不為」。李鴻章的老師曾國藩接報後，讚賞這個學生「殊為眼明手辣」。

戈登失算了，清廷不僅沒有罷免李鴻章，反而於12月14日頒佈敕令，欽賜李鴻章黃馬褂，加封太子少保。對戈登的行為，李鴻章自然甚為惱火，但又不好與他徹底翻臉。之前，他在奏章中稱戈登「奮勇勤苦，洞悉機謀，火攻利器，尤多贊助」，希望朝廷能論功行賞。清廷也的確對戈登進行賞賜——「賞給戈登頭等功牌，並賞銀一萬兩以嘉獎」。隨後，李鴻章又發佈公告，聲稱戈登與處決諸王之事毫不相干，推卸了戈登的責任，戈登這才重新指揮常勝軍與淮軍聯合作戰。還有一種說法，即李鴻章委託朝廷聘請的西方官員赫德給戈登送去七萬元的犒賞費，被戈登拒絕後，赫德將其中一萬元存入了戈登的外國帳戶，這場風波才得以平息。

▲在蘇丹擔任總督，身穿戎裝的戈登。戈登在蘇丹迎來了人生最輝煌的時刻，卻也在這裡殞落

殺降事件平息後，戈登參與了他在中國的最後一役——常州之戰。1864年2月，戈登率常勝軍自昆山出發，經無錫攻宜興，以截斷浙江太平軍北援之路，3月2日就攻克了宜興。蘇州殺降讓周邊的太平軍都丟掉了投降的幻想，選擇抵抗到底，這最後的戰役也異常慘烈。在進攻嘉興的作戰中，淮軍悍將程學啟中彈身亡。戈登也在金壇激戰中被太平軍的子彈擊中腿部。這是戈登穿上戎裝以來第二次在戰場上負傷，上一次是他在塞瓦斯托波爾作戰時，被俄國人射傷，所幸都不是致命傷。在淮軍與常勝軍的連日猛攻下，4月25日，金壇被清軍攻陷。5月13日，清軍提督馮子材部攻佔丹陽。至此，蘇南各城全部被清軍佔領。兩個月後，天京被湘軍攻陷，太平天國政權在漫天通紅的焚城大火中走向覆滅。戈登

作為常勝軍統領的戎馬生涯也宣告結束。

戰爭結束後，戈登受到了清廷極高的禮遇，同治皇帝敕封他為提督，這是清廷軍隊最高的軍階。戈登因此穿上了他一直羡慕的黃馬褂。英國也晉升他為中校，並封他為巴茲勳爵。從一個名不見經傳的基層軍官，一躍成為炙手可熱的軍事將領，這是戈登在中國四年最大的收穫。但戈登的人生巔峰並不在中國，而在蘇丹。他於1874年初到達埃及，並在那裡成為埃及軍的上校。1876年，在眾人的推舉下，戈登成為蘇丹總督。統治殖民地，戈登頗有手腕，他廢止了當地的奴隸貿易，同時大力挖掘蘇丹的黃金，贏得了良好口碑。

就在戈登登上人生巔峰的高光時刻，殖民地的一場大起義讓他跌入了萬丈深淵。1881年1月，蘇丹反英領袖馬赫迪·穆罕默德發動反英大起義，起義軍聲勢浩大，蘇丹局勢很快便失控。1885年1月26日，起義軍攻陷總督府，戈登在府內進行最後的抵抗，最終被起義軍用長矛刺穿胸膛，當場殞命。

戈登戰死後，在英國備極哀榮，無論是英國本土還是海外殖民地，以戈登命名的樓房、道路等比比皆是。在中國，戈登的身分是複雜的，他是清廷「借師助剿」方略下捲入中國內戰的英國軍人，他的軍隊還帶著侵略者、殖民者的印記。清廷對戈登的評價一直較高，但只能說他有功於大清，斷不能說他有功於中華。在太平軍一方看來，華爾、戈登等人的登場是「洋鬼作怪」，李秀成認為蘇杭之事「非李鴻章本事，實得洋鬼之能」。洪仁玕也將太平天國失敗的原因之一歸結為「韃妖買通洋鬼，交為中國患」。

前文提及的白齊文叛而複降事件，被英國人視為戈登智勇雙全的事蹟。但必須認識到，能成功策反白齊文，與太平天國在「借師助剿」這一問題上與清廷截然不同的態度有關。儘管當時雙方都有外籍雇傭兵，但太平軍中的洋人聲勢和規模遠不及清廷。因為太平天國所持的立場和態度留不住洋人，對洋人始終保持著戒心，不願「引鬼入邦」，故而拒絕了白齊文提出的獨立帶兵等要求。清廷雖然也對「借師助剿」心存顧慮，但「以滅發撚為先」的思想占了上風。正是雙方有這種差異，太平軍中必然不會出現華爾、戈登式的人物。

清代鑲黃旗布面甲

◀清代鑲黃旗布面甲，函人堂製，根據北京故宮博物院所藏清代八旗布面甲實物複刻（模特：何明聖）

清代鑲藍旗布面甲

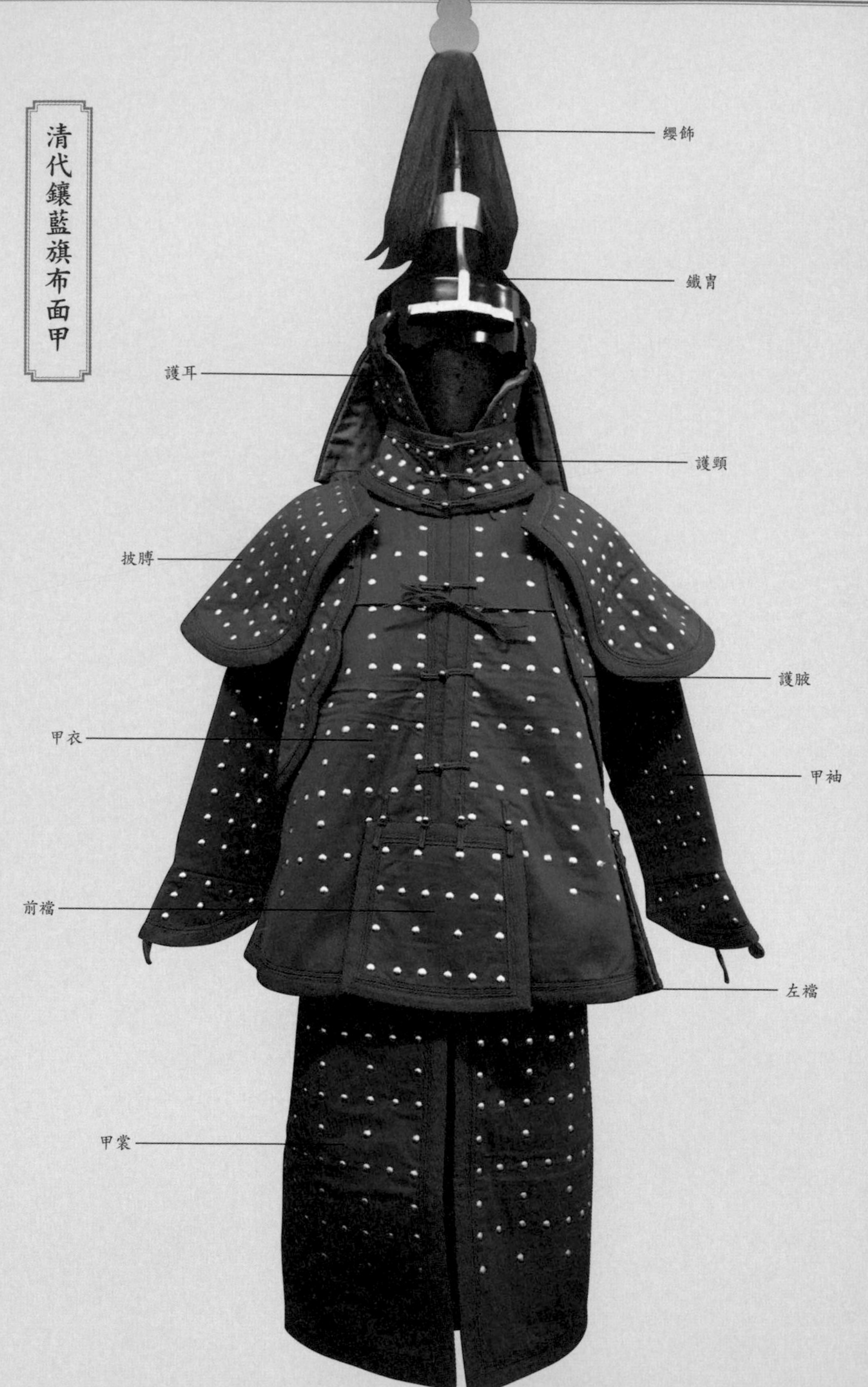

清代正白旗布面甲

◀清代正白旗布面甲，函人堂製，根據北京故宮博物院所藏清代八旗布面甲實物複刻（模特：何明聖）

・先秦

・秦

・漢

・三國兩晉南北朝

・唐

・宋

・元

・明

・清

終章

甲冑後傳

熱兵器時代的新主角登場

新軍制服開啟戎裝新紀元

世界潮流，浩浩蕩蕩；順之則昌，逆之則亡。

——孫文

提及清軍，大多數人腦海中便會浮現出穿著八旗「避雷針」綿甲，頭戴大紅斗笠或暖帽，身穿胸前寫著「兵」或「勇」字號衣的士兵，現代意義上的軍服似乎一點也沒法與這個古老王朝的軍隊聯繫起來，以至於如今清末新軍的大量歷史照片被當作民國軍閥部隊。那麼，中國的軍戎服飾，究竟是什麼時候從頂盔摜甲或斗笠號衣演變為西式軍服的呢？有觀點認為，是從鎮壓太平天國時期華爾、戈登等人組織的部隊開始的。

實際上，從1862年留下的華爾洋槍隊的照片來看，士兵們雖然裝備了火器，但實際上仍穿著號衣、戴著頭巾，與淮軍幾乎沒差別。相對來說，戈登的常勝軍比華爾的洋槍隊要更正式，1864年左右，法國畫刊登載了不少關於戈登與常勝軍的繪圖。從銅版畫上來看，常勝軍的確身穿帶有肩章的西式制服，不

▲法國畫刊上的銅版畫，描述了戈登走近叛亂士兵的場景。圖中，戈登的常勝軍穿著西式制服

過頭上無軍帽，而是裹著頭巾，與租界或殖民地的印度籍殖民軍士兵很相似。儘管在太平天國戰爭時期，已經出現身穿西式軍服的中國人，但這並不能視作中國軍服變革的開端。

首先，戈登的部隊畢竟屬於極少數，非主流。其次，常勝軍帶有雇傭軍性質，並非正式的國家軍隊。第三，平定太平天國後，常勝軍於1864年5月31日在昆山解散，全體軍官辭去了在清軍中的職務，部分精銳和大部分裝備被編入淮軍，但常勝軍軍服並未沿革或影響清軍的制服體系。因此，作為特殊時期特殊部隊的常勝軍不能視作中國軍服變革之始。真正從根本上改變中國陸軍軍服制式的，乃清末光緒年間編練的新建陸軍。

官老爺在洋人面前丟了臉

新建陸軍作為清王朝在歷史長河中試圖掙扎的最後一搏，成為清末歷史中濃墨重彩的一筆。自1903年成立總理練兵處，全國規模化編練新軍，到1912年春清帝退位，八年多的時間裡，新建陸軍的確為日薄西山的清王朝取得了諸多榮耀，即使是軍服，亦是開中國軍服近現代化的先河之作。

促成清代全面設立新式陸軍和設計新式軍服的原因在於甲午戰爭慘敗。學習西方、穿西式軍服的日本軍隊擊敗了只在武器裝備上學習西方的北洋海軍，僅在視覺上就給人極大衝擊。此戰之後，日本為了緩和中日之間的緊張情緒，邀請中國留學生赴日學習。從1896年開始，留學東洋成為當時知識份子開眼看世界和清朝政府培養新政人才的快捷方式。這些留日學生中，報考軍校者極多，而這些學成歸來的才子又多被新建陸軍吸收成為軍隊骨幹。不過，隨著這批學生留學歸來，一個問題開始顯現——喝過洋墨水的他們習慣了穿西式軍服，回國後不適應行動不便且不夠美觀的號衣，於是紛紛將留學時期購買自學校的日本軍服簡單更換配件後穿著。不過，這又引來一個新問題：不少經歷過甲午戰爭的老兵和軍官在戰後都對這種使用日軍軍服的行為感到不滿，但在嘗試過西式軍服的簡便後又體會到了舊式軍服的不便，使得越來越多的人意識到，中國軍隊的軍服應進行改革。

但這只是新派軍人的訴求，那些思想守舊的官老爺能接受嗎？是什麼直接促使腐敗、僵化的清朝政府開始設計新式軍服呢？《湖北官報》第四冊「練兵處奏擬陸軍官兵帽服章紀諮」中就有答案，該奏摺譯成白話大意如下：

西方各國軍服制度大致相同，但符號和級別資歷章有明顯區別。以前閉關鎖國的時候沒什麼，但現在門戶洞開，中外往來，朝廷派遣官員出國考察西洋練兵，外國也來我大清參觀軍隊，但我大清軍服糅雜，版型寬大，缺少整肅的感覺，容易現眼，而且不適應長途跋涉，以前長江水師和北洋水師的軍官都上過摺子改用短衣服（但都被守舊的老頑固們無視）。再一個問題就是，傳統「號衣」洋人不認識，不知道怎麼區分官兵，在北京城內外我們的士兵看到外國人軍官知道是軍官，要行禮，但洋人士兵看見我們的軍官以為是小兵，直接無視。如果不能儘快搞出新制服，恐怕對我大清國體有損。

總結下來就是，官老爺們在洋鬼子面前丟了面子，感到很不爽，再加上西式軍服確實方便，軍中的留學生非常青睞，所以經過「體察時事」，於光緒二十九年（1903年）八月初三，新軍編練的領導機關練兵處開始牽頭設計新式軍服。經過數月設計，於光緒三十一年（1905年）正月二十四日由總理練兵處大臣上奏朝廷審批，通過後付諸使用。自此時起，使用時間長達兩百年的舊式軍服「號衣」退居二線，中國軍服第一次全面步入近現代化——新軍制服改革由此開始。

滿洋折中的新軍禮服

清末新軍制服演變的時間段應該如何劃分？國內相關的研究著作甚少，長期以來，新軍第一套制服通常被稱作「清朝陸軍1905式」軍服。實際上，這個稱呼有很大問題。首先，當時新建陸軍沒有「1905式」這個稱呼；其次，如果根據列裝時間命名，「1904式」應該更為貼切。其實，研究清軍制服，按照光緒朝與宣統朝來劃分更合適，而新軍軍服條例大致可以分為兩個時間段，分別是1904年初創和1909年改訂條例。其中，1909年改訂條例並未對軍服做出重大改變，只在配件上進行了增減和簡化。

由於篇幅限制，本文主要介紹新軍軍官制服。新軍軍官制服大體分為軍禮

▲晚清新建陸軍制服（劉永華 繪），出自《民國軍服圖志》，中國第二歷史檔案館編著。圖中騎馬者穿著下等一級軍官常服，左一穿著參謀官常服，左二穿著上等一級軍官禮服，左三穿著中等一級軍官禮服，左四穿著士兵常服

服和軍常服兩個種類，每種又分夏服和冬服。當然，並不是說穿上新軍服就從此告別了頂戴花翎，1905年2月練兵處奏定《陸軍行營禮節》中就規定，軍官在朝覲時依然使用舊式頂戴吉服等；同時規定新軍官兵除朝覲拜謁外，穿新式軍服時不再施行跪拜禮節，同時規定新軍禮節為注目禮、舉手禮、舉刀禮、舉槍禮等。在雙重裝束輪換的情況下，很有意思的混搭式著裝開始出現，即西式軍服搭配傳統的暖帽頂戴，滿族傳統與新式軍服結合得毫無違和感。

新軍軍服在袖章上首次引入了兵種色這一概念，如步、騎、炮、工和輜重兵，分別為紅、白、黃、藍和紫五個顏色。新軍軍禮服較為規範，等同於日軍正裝（大禮服），版型也參考了日軍的，但標配仍為頂戴花翎，而非西式軍帽。因國家橫跨區域較大，各地氣候不同，軍禮服分為冬夏兩款。冬季為呢料雙排扣設計，夏季為棉布單排扣設計，相較於只有一款大禮服的日本軍禮服，新軍禮服的設計更加人性化。

為彰顯中華文化，軍禮服領章採用遊龍戲珠造型，根據珠子的顏色分為上、中、下三等，紅珠上等，藍珠中等，白珠或無珠為下等，領口緄邊為粗金屬絲編綴，以砸邊數量分一、二、三級。袖章參考歐洲軍服，根據蒂羅爾式盤花下面的橫條分上、中、下三等。肩章則參考德日軍服，採用多股纏絲造型，顏色用金辮紅線，也分上、中、下三等，又以金色團龍紋扣分一、二、三級。在1909年宣統改制之前，陸軍禮服和常服的肩章是通用的，宣統改制後常服肩章改為沙俄樣式的多邊形平板肩章，但原肩章一直也留著，並在1910年前後採用六芒星代替盤龍扣。

▲身穿新軍制服的黎元洪

參謀作為戰爭的重要組成部分，其禮服袖章另加金、銀、紅三色套環以示區別。而軍佐是將軍官禮服的金色配件換為銀色，以示區別。除設立兵種外，大清還參考日本設立了類似相當官（軍佐）和軍屬的軍隊文職及輔助人員軍銜，稱為軍官輔佐和軍隊所屬匠人等，簡稱軍佐和軍屬，其中軍佐和軍官一樣，分為三等九級，不過軍佐並沒有做上等官的機會。

條例與自我發揮並行

相對軍禮服，軍常服更能體現新軍制服的變化。軍常服分夏冬兩類，夏款用土黃色或白色布料，冬款用天藍色布料。在新軍的條例中，只記載了兩款軍常服，實際上，軍常服是新軍服飾中變化最多的。

新軍的冬季制式常服採用立領設計，按照條例，胸首碼六枚扣子，但實際上很多是五枚或七枚扣子。這套制服的款式與德國m1895式常服非常相似，兩肩綴禮服和常服通用肩章，袖口在大禮服袖章的基礎上將蒂羅爾盤花改為團龍扣以表示等級。該款常服在1909年進行了改良，取消了袖口軍銜，領部除陸軍

▲反映袁世凱逼迫清帝退位的畫報，圖中袁世凱身穿新軍禮服、頭戴暖帽

▲1906年11月15日，清廷新軍軍官留影時軍官所穿的「 彰德排骨」

▲身穿新建陸軍禮服的段芝貴。陸軍禮服為彰顯中華文化，採用遊龍戲珠造型，以珠顏色分上、中、下三等

部採用五角形領章外，都改為在領口的矩形領章。原袖口部分參考日本明治38年式條例，代之以一條緄邊。制式夏常服也採用立領設計，胸前採用隱扣，內綴五六枚扣子，軍銜部分同冬季常服的一樣，1909年之後也一併進行了改良。

在條例中，無論夏冬，大清對常服的版型和裁剪都做了詳細的說明，以保持得體的造型：上衣以長至齊膝蓋以上五寸處為度，軍官常服及士兵常服的上衣以齊兩胯原軸骨為度，腰身以左右寬餘寸半為度，垂手時以齊手掌為度，袖口寬以能握拳出入為度，胯襠以高貼腿根為度，褲腿隨人體質，不鬆不緊，正好合適為度。

說到條例，網路上有人編了個生動的段子：一位資深軍迷穿越到抗戰時

▲清末新軍中身穿外籍軍服的外國顧問與身穿新建陸軍禮服、頭戴暖帽的新軍軍官

期，看見一位穿著皮靴的國民革命尉官，身上的制服不符合條例。軍迷上前就開始對那名尉官掉書袋：「長官，你的軍服穿得不對，這裡扣子少了一顆，按照條例，你應該打綁腿而不是穿靴子，你應該……」軍人反手就是一耳光，罵道：「去你的條例！」這段對話可謂相當有代表性，規則與實際情況本身就不是完全統一的，近到抗戰時期五花八門的軍服，遠到大明朝的皇家特典飛魚服，莫不如是。清末新軍中自然也不乏手工達人，下至基層官兵，上至鎮一級（對應日本師團級）的將領，都曾為了顯示獨特或耍帥而無視條例改裝制服。其中最為典型的，當屬彰德秋操隱扣。

彰德秋操款隱扣，簡稱「彰德排骨」或者「彰德六扣」。這種制服最早出現時間不可考，在1906年的「彰德秋操」中穿戴人數極多，主要是兩湖新軍在穿。這種制服的版型在設計上就是個大雜燴，既保留了條例中軍銜的表現方法，又融合了傳統的號衣元素，還參考了日本明治三十三年式制服和北洋海軍首款制服，使其造型非常獨特，尤其是如排骨一樣的六條杠，被軍迷戲稱為「六袋長老服」。這種制服很可能是軍服革新初期，兩湖新軍對制服形制的探索之作，雖然算得上新軍最具中外融合特色的軍服，但也是最醜的軍服之一。

除了「彰德排骨」這種大規模的創舉，新軍中還有一些手工達人。比如有人採用夏季常服的料子製作冬季常服，或在夏季常服上掛肩章，或將冬季常服的領子做成純黑色，透露出一股淡淡的普魯士風格。

▲1901年，正在研究沙盤的新建陸軍士兵，士兵們穿著宣統式陸軍常服，頭戴大蓋帽，腿部打著綁腿。照片中，大多數新軍士兵已剪掉髮辮，但也有少數人腦後還拖著辮子

提及制服，則不得不說軍帽。大清新軍對大蓋帽的稱呼為操帽，意為操練時候戴的帽子。帽徽為一顆珠子，顏色分上、中、下三等，上等紅色、中等藍色、下等白色；根據帽牆橫線分等級，分隔號分上、中、下等，操帽分為禮服用和常服用兩種，禮服級別線為金色，常服級別線的顏色因級別而異，但皆為暗色調。1904年新軍剛開始規模編練時，禮服操帽的頂部安裝有傳統涼帽用的蒜頭狀紅色繩結做裝飾，也是大清特色和新式制服的融合，但不怎麼美觀，故而不久後帽子上不倫不類的蒜頭就被取消了。1909年宣統改制後，複雜的軍銜線也從條例中被取消，取而代之的是以帽牆上方一條金色、銀色或者紅色金屬線表示軍官、軍佐或士官（或軍校生）。

經此整編後，練兵處認為這種新條例使得級別明晰，可以在視覺上使軍隊更為整肅，帶來新氣象；方便統一號令和指揮，社交場合也能使軍威散發出來，一掃此前傳統號衣的懶散造型，給老百姓大清天下無敵之感。同時，練兵處特地說明，新軍軍服條例必須全國一致，不得隨意更改，除了軍人，其他人不得仿用，保證這些漂亮的軍服只有大清軍人能穿。

「新軍中的新軍」穿什麼

光緒三十二年（1906年）彰德秋操，新建陸軍整備一新，操練一新，風氣一新，軍服一新，給清朝大臣及前來觀察的各國武官造成巨大的視覺衝擊。不僅舊軍對新軍的優厚待遇及筆挺的新式制服眼紅不已，滿洲皇族亦十分羨慕，於是開始盤算著弄一支比新建陸軍更牛的皇族武裝。等到慈禧太后暴死後，載灃、載濤等滿洲貴族便放手大幹，迅速組建了一支宮廷衛隊——禁衛軍。

禁衛軍可以說是新軍中的新軍，於宣統元年（1909年）開始編練，無論經費還是地位都比新建陸軍更高，這種優越感自然也得體現在制服上。眼紅陸軍制服許久，以載灃、載濤為首的皇族們趁著陸軍改制，在宣統元年正月二十四日上奏了禁衛軍軍服的服色和徽章條例。奏摺字裡行間表述了禁衛軍的特殊性，所以「一切服裝應與陸軍稍微顯示出不同」。宣統元年閏二月七日，也就是「禁衛軍訓練處」正式落址嘎嘎胡同那天，禁衛軍訓練大臣載濤就奏定了禁衛軍旗幟、制服顏色和肩章、領章等。載濤對禁衛軍的定義是「出備扈從，入供

▲1910年，身穿禁衛軍制服、佩戴雙龍寶星的郡王銜貝勒載濤

宿衛，責任綦重，體制宜隆。即衣履服裝必須整肅鮮明，自成一部，既易於識別，亦壯夫觀瞻」，也就是說，既要獨特性，又得美觀。不過，從外觀上看，禁衛軍軍服大體設計和宣統改制後的陸軍軍服高度相似，只在衣服顏色、衣領分色和軍銜配件上有所不同。

根據載濤等人的記錄，禁衛軍作為宮廷衛隊，首先在旗幟上就與新建陸軍不同，分為標旗和馬隊旗兩種。標旗分黃、白、紅、藍四色，黃色格內繪火球彩雲及五色飛龍，白色格內書滿漢文標數。馬隊旗則以黃、白、紅、藍四色綢鑲成，色彩與標旗大致相同。載濤以德國陸軍為範本，綜合了其他列強部隊元素，奏定了禁衛軍制服。其常服有帽正、軍帽、領章、肩章、軍常服各項，分三等九級。

禁衛軍制服與新建陸軍的第一個區別在軍帽。禁衛軍帽徽採用紫銅為材質，造型類似英國嘉德勳章，為橢圓形星芒散射狀，中間有橢圓形金色十字格，分別嵌入黃、白、紅、藍四色琺瑯，寓意為八旗。帽子本體採用瓦灰色呢子，頂部邊為紅色，帽牆除上等用紅邊外，其餘為兵種色。夏季在帽子上再加個土黃色帽罩，帽檐是黑色漆皮，除上等用紅邊外，其餘為兵種色。風帶（帽檐上的皮帶）分三種，軍官為金線皮裡，官佐為銀線皮裡，目兵為黑漆皮帶。

第二個區別在於領章。與宣統陸軍軍銜領章不同的是，禁衛軍領章僅用來表示身分。領章與帽徽一樣，採用紫銅材料，造型為滿族最喜愛的動物之一——展翅翱翔的海東青，取其尚武鷹揚之意。至於禁衛軍的肩章造型，則與宣統改制後的陸軍大致相同，採用金片金辮，分上、中、下三等，用紫銅團龍扣分一、二、三級，肩章四周稍微露出底板色。上等軍官肩章為全金色，無辮，中等三道，下等兩道。兵科與普通陸軍一樣，所屬兵科都在軟質肩章上用大字表示。

最後，禁衛軍的常服和褲子，與陸軍的一樣，採用冬夏服制，胸首碼六枚扣子（實際上，七枚扣子的比比皆是），這兩套制服的版型基本一致。只不過，冬款用瓦灰呢領子，與衣服顏色不一致；夏款用土黃布，接近土色，且不像陸軍夏季服裝為顯扣設計，具備一定偽裝效果。禁衛軍制服的袖面及軍褲和陸軍一樣，都有一條細紅色緄邊。

軍樂隊：皇族的面子

皇族們對自己掌握的武裝力量穿什麼軍服顯然非常看重，禁衛軍常服在宣統元年閏二月初七奏定，到四月就提交了修改意見：第一，中級軍官以下，領章添加標營符號，原先的海東青領章，官佐、目兵佩戴在衣領左右，現在凡官佐中等以下各官左邊還是海東青，右邊改成紫銅拉丁數位或字母標注營號，以便識別；第二，官佐冬天的雨衣用瓦灰呢，夏天的用黃膠布，斗篷樣式，開

◀晚清新軍軍樂隊。早在小站練兵時期，袁世凱就根據總教習德國人高斯達的建議，按照德軍的操練方式，將嗩吶改為軍號，並組建了第一支軍樂隊。1903年，袁世凱又在天津開辦軍樂訓練班，先後舉辦三期。圖中新建陸軍軍樂隊的制服與陸軍差別不大。宣統時期，禁衛軍組建後，也成立了自己的軍樂隊，同時開創了一套新制服

襟，暗牛角扣六個，沒肩章，長度在膝蓋到過膝，其他和大衣一樣；第三，夏季軍帽原使用呢子帽套土黃色帽罩，改為單獨土黃布帽子，參數同冬季帽子；第四，各級目兵肩章均有調整，原定目兵肩章釘紫銅標號或工兵等的營號，改為各軍種目兵肩章均刺紫銅色絲線拉丁字母標號或者工兵營號；第五，衣領寬度由原來的二寸四分，改為隨著脖子長短不定；第六，皮靴，原定管帶以上為長靴，馬炮隊官之下為短靴，改為凡騎馬的皆穿長靴，炮隊、輜重隊等穿短靴。

儘管軍服修改計畫非常宏大，但實際上只有一小部分軍官按照這個改訂條例進行了換裝。大體上來說，禁衛軍軍服和改制陸軍軍服相差不大。泱泱大清國，軍服設計總體相對樸素，即便是禮服，也不夠奪目，與同時期其他列強軍隊的禮服相比，真是樸實無華。

意識到這個問題的滿洲貴胄們打起了軍樂隊的主意。作為大清帝國臉面第一線，禁衛軍的軍樂隊經常要參加迎接外賓的活動，於是載濤等人參考大英帝國的軍樂隊制服，給禁衛軍軍樂隊設計了一套精美的制服，整體造型類似歐洲的驃騎兵式排骨服。無論冬夏，軍樂隊都是紅色上衣、藍色褲子，只在材料上不同，褲子有一道紅色緄邊，衣服袖子上有一條灰色緄邊，排骨裝飾為灰色，上寬下窄，雖然取消了歐洲常見的軍樂隊裝飾——燕巢，但效果依然非常驚豔。不過，這套制服今天看來很像大酒店的保安或迎賓員的制服。

在1911年的禁衛軍大閱兵中，穿著精美制服的禁衛軍軍容煥然一新，受到了攝政王載灃的嘉獎。然而，僅二十多天後，武昌起義爆發，大清帝國在這場辛亥革命大風暴中轟然倒塌。作為大清朝最後的軍服，其餘脈依然在民國軍事舞臺上開枝散葉。新軍制服在中國軍服史上地位舉足輕重，對北洋政府的陸海軍、國民政府的國民革命軍乃至偽滿政權軍隊的軍服，都有深遠影響。新軍制服既是開中國近現代軍服之作，也是中國戎裝史上的重要座標。

本章寫作過程中，好友三桶提供了大量資料，並參與了部分內容撰稿，特此感謝。

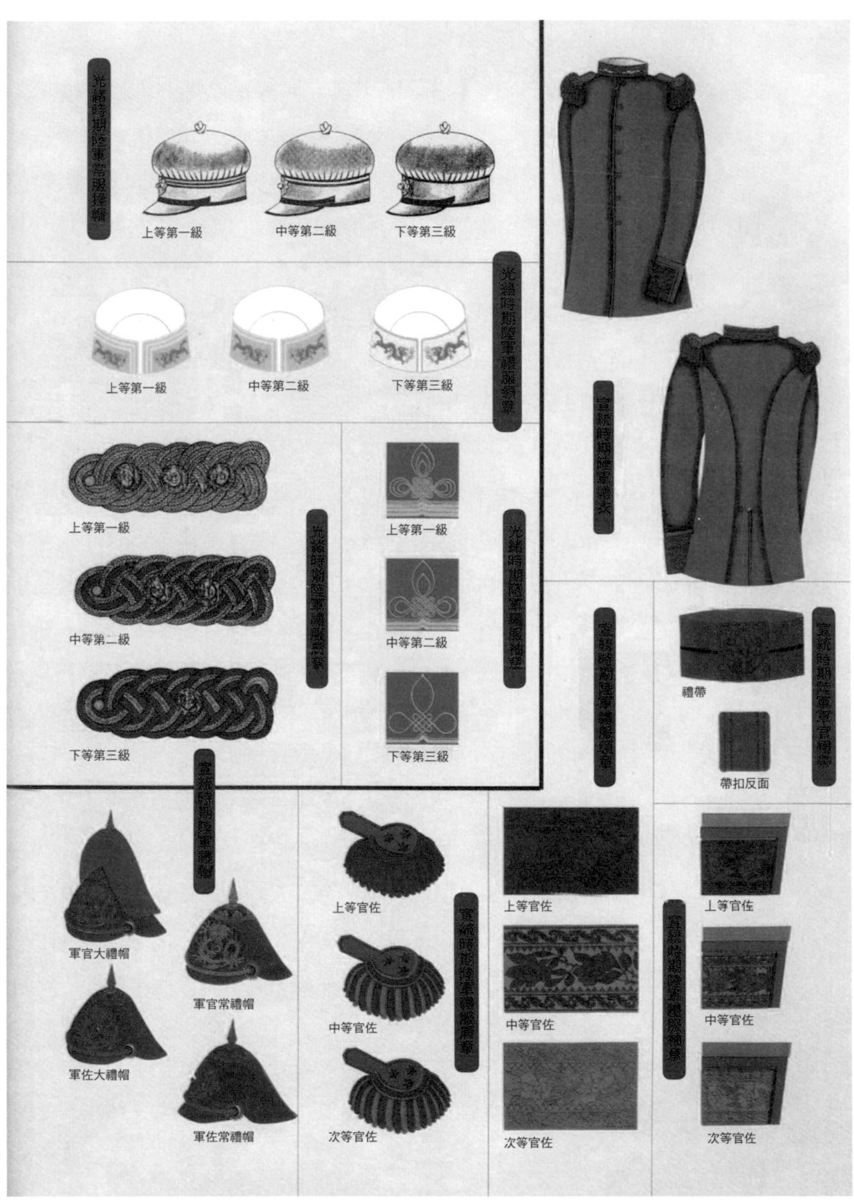

▲晚清新建陸軍制服軍銜示意圖（劉永華 繪）

知識連結

紫禁城裡最後的『御林軍』

古裝劇中總會出現這樣的橋段：宮廷政變，驚慌失措的皇帝大呼：「御林軍何在？」無論哪朝哪代，無論宮殿在長安、金陵還是北京，危難之際的皇帝總會將御林軍視為最後的救命稻草。御林軍究竟是一支什麼部隊？「御」，當然與帝王相關，御林軍即保衛皇家的部隊。雖然這樣解釋看起來沒問題，但還是要遺憾地說，在中國歷史上，從來沒有一支叫「御林軍」的部隊。

革新之風颳進紫禁城

歷史上根本不存在的御林軍為何會如此膾炙人口？這還得從西漢說起。漢武帝時期，出現過「羽林」這一職位，初設於建元三年（前138年），職能為「掌送從」，相當於皇帝出行時的警衛人員。儘管西漢史料中並未將羽林稱為「軍」，但後世還是傳成了「羽林軍」，繼而又誤傳成「御林軍」。從此，「御林軍」就成了民間對皇家禁軍的專有稱呼。實際上，儘管歷代皆有禁軍，但名稱各不相同，如宋朝天子的衛兵曰「禁軍」，元朝稱為「宿衛軍」，明朝則有二十六衛親軍，其中包括大名鼎鼎的錦衣衛。

清軍入主中原後，大體沿用明制，只是禁軍成員換成了八旗的主力精銳。清初的八旗軍有勁旅八旗和駐防八旗之分，駐防八旗駐紮於全國各地，而勁旅八旗則負責拱衛京師。清朝統治者對北京城防禦重新構建，對滿八旗、蒙八旗和漢八旗的職責進行了明確分工，東西南北皆有相應的旗守備。皇城內的守備，則由鑲黃、正黃、正白包衣三旗組成的「內務府三旗」負責。皇權中心紫禁城的侍衛，不僅要八旗子弟，而且得從上三旗子弟中選拔。所謂上三旗，指滿洲正黃旗、鑲黃旗、正藍旗，這三個旗在滿洲入主中原前，就由清太宗皇太極親自統領，護著皇帝南征北戰。定鼎中原後，攝政王多爾袞將自己所領的正白旗納入上三旗，將豪格統領的正藍旗降為下五旗。皇宮禁衛的任務也由有親兵傳統的上三旗子弟擔任。

選拔禁軍的事由宮中常備的侍衛警備機構——侍衛處負責，設領侍衛內大臣，此職為正一品，是武職中品級最高者，如康熙朝的鼇拜、索額圖，乾隆朝的和珅都擔任過此職。根據《清史稿》的記載，清朝前期，侍衛處三旗領侍衛內大臣六人，正黃旗、鑲黃旗、正白旗各二人。領侍衛內大臣監管和統率侍衛親軍，偕內大臣、散秩大臣、翊衛扈從。協理、主事、筆帖式，分別掌管章奏、文移。侍衛負責皇宮周圍所設警衛廬舍，更番侍直。在紫禁城中，侍衛分兩翼宿衛，即內班和外班。乾清門、內右門、神武門、甯壽門為內班負責，太和門為外班負責。

儘管這支「御林軍」分工明確，但在歷史上出現的種種事件表明，清代的紫禁城並非人們想的那樣戒備森嚴，事故層出不窮。同時，禁軍的戰鬥力也十分值得懷疑，嘉慶年間，流民組成的天理教徒竟然一路打進紫禁城，這次驚險的遭遇也讓嘉慶帝加強了宮內防衛管理，提高了親衛素質。但直到晚清，紫禁城內的禁軍似乎也沒什麼戰鬥力，紫禁城和京師兩次落入外敵手中：第一次是1860年，落入火燒圓明園的英法聯軍手中；第二次則是1900年，落入八國聯軍手中。尤其是甲午中日戰爭發生後，清廷受到極大刺激，立即決定由袁世凱負責，編練一支「新建陸軍」。庚子國難時，新軍雖已初具規模，但因袁世凱不在京城未能參戰，與敵作戰的舊軍儘管在人數上佔據優勢，依舊被人狠狠按在地上打。

庚子國難加強了清廷的危機感，此後，清廷開始實施「新政」，編練新軍、淘汰舊軍就是「新政」最為主要的內容。光緒二十七年（1901年）七月二十九日，清廷發佈編練新軍上諭，「前因各省制兵防勇，積弊甚深，業經通諭各督撫認真裁汰，另練有用之兵」。至此，新軍進入規模編練時期。當各省陸續編練新軍之際，一個問題擺在了清政府面前——到處都在搞新式部隊，紫禁城的皇家親兵難道還是身穿行袍、行褂嗎？光緒三十二年南北新軍秋操大演習讓越來越多的人意識到，淘汰舊軍、編練新軍是時代趨勢，革新之風颳進了紫禁城，滿洲親貴們也清楚那些老掉牙的八旗兵已經靠不住了，為了保衛紫禁城與大清皇權，有必要狠狠砸一筆錢組建一支裝備精良，與世界接軌的禁衛軍。

皇族武裝掛牌成立

庚子國難的次年，清政府決定在全國推行常備軍制，規模化編練新軍。至光緒三十一年，已練成五個鎮，加上由袁世凱編練的京旗常備軍（後稱「北洋第一鎮」），合稱「北洋六鎮」。帝制時代，最好的軍隊自然要先為皇權服務，新軍既成，原先的禁軍也就可以下課了，紫禁城的守衛任務由新建陸軍第一鎮和第六鎮輪流執行。但新建陸軍依舊不能滿足皇族們的要求，光緒三十一年十一月二十日，兵部會同御前大臣上奏，請求變通武備章程，指出「近年兵法日變，器械日新，嗣後王公均當深求兵學，明修武備」，同時奏請調取京外各旗及各省已編成軍內的精銳優秀者，擬另行建立扈衛軍。

這說明清廷已有人意識到，必須建立一支新式皇族武裝力量專門守衛宮廷，

▲1910年，23歲的載濤訪問俄國，在彼得保羅要塞與當地官員合影。圖中，載濤身穿華麗的禁衛軍大禮服、頭戴暖帽

促成這支新軍誕生的關鍵人物也是位皇族人員——愛新覺羅·載濤。載濤生於光緒十三年（1887年），為醇賢親王愛新覺羅·奕譞第七子，也是光緒皇帝的異母弟。早年載濤已經是皇族中喝洋墨水的代表，他留學法國索米騎兵學校，專修騎兵作戰科目，一生都對馬有著特殊情感。光緒十六年（1890年），載濤受封二等鎮國將軍，不久晉升輔國公；光緒二十八年（1902年），襲貝勒。北洋六鎮練成時，還不到弱冠之年的載濤意氣風發，認為皇族也要奮發圖強，紫禁城的守衛「雖有一、六兩鎮輪流入值，究系分班抽調，尚非久經之規」，編練一支禁衛軍十分有必要。

其實，所謂「久經之規」並非主要原因。在大眾印象中，晚清時的八旗子弟提籠架鳥，整天除了吃就是喝，沒別的。這種現象的確相當普遍，但當時也有部分皇族人員接受過先進的精英教育，受過新思想的洗禮，他們不愚昧守舊，不是那些沉迷於大清開國之初武德充沛的迷夢，整天哀歎「騎射之風蕩然無存矣」的頑固派。相反，他們意識得到時代在變革，若不順應時代潮流，必將被時代淘汰，作為愛新覺羅的子孫，他們有義務站出來革新。他們與那些年輕的革命黨人一樣，具有強烈的憂患意識，並且能力出眾，不失為一時之豪傑。但作為上層既得利益者，他們的目的始終是竭盡一切力量來維護愛新覺羅家族的絕對統治，革命潮流、漢族官僚崛起都被他們視為洪水猛獸。載濤、良弼都屬此類人物。對北洋六鎮的不信任，也是排斥漢族官吏，欲與之爭奪兵權的表現，建立禁衛軍就是他們意圖控制兵權的具體措施。

不過，建立皇族禁衛軍的風雖然早就有人在吹，但光緒一朝終究沒能建立，這其中也涉及皇家內部的權力鬥爭。當時，慈禧大權在握，光緒帝唯命是從，作為皇帝弟弟的載灃、載濤若在此時大張旗鼓提出建立皇族武裝，難免犯了太后的忌。直到光緒三十四年十月，光緒帝與慈禧太后先後去世，兩歲的溥儀被扶上帝位，其父載灃以攝政王監國，愛新覺羅家才揚眉吐氣。載灃攝政後第一件事就是把手握兵權的漢臣袁世凱趕回老家去釣魚，緊接著就是著手建立醞釀已久的皇族武裝。當年十二月三日，載灃監國還不到兩個月，就迫不及待發佈上諭：「著派貝勒載濤、毓朗、陸軍部（1906年兵部改為陸軍部）尚書鐵良為專司訓練禁衛軍大臣，准其酌量由各旗營兵丁內撥取精壯，盡數認真訓練。」

禁衛軍的編練工作水到渠成地交到了載濤手中，但要編練禁衛軍，首先得有一個統籌的機構，載濤等人提出「在京師地方建立禁衛軍訓練處」的請求，很快獲得批准，幾經挑選，在東安門外的西堂子胡同選址，「禁衛軍訓練處」正式掛牌成立。不久後，載濤等人又在西直門內新街口嘎嘎胡同購置民房一處，於宣統元年閏二月七日遷入。不過，嘎嘎胡同這個名字顯然與嚴肅的練兵事業格格不入，所以在訓練處遷入後的第三天，朝廷張貼告示：嘎嘎胡同，改名為禁衛軍街。

學習德意志帝國

宣統元年三月二十八日，載濤正式成為禁衛軍訓練大臣。禁衛軍訓練處是編練新軍的總管機構，最高負責人為訓練大臣，共設三人，受命於攝政王。下設軍諮官六人、執事員十人，還有書記員、繪圖員、印刷員、司書生、印刷手等數十人，全處共六十八人。訓練處下設軍械、軍法、軍需、軍醫四科，各司其職。

晚清新軍皆效仿列強部隊編練，各地新軍編練情況不同，所借鑒的國家也不同，大多借鑒日本和德國。而作為皇家武裝的禁衛軍，軍制、軍服、裝備以及編練方式，都以德意志帝國的陸軍部隊為學習對象。這主要是受載灃的影響，義和團打死了德國公使克林德，載灃代表清廷赴德道歉，在那裡受德皇胞弟亨利親王的邀請參觀了德國軍隊，德軍給他留下了深刻的印象。光緒三十一年，亨利來華，載灃也以親王身分接待，在與亨利交談時，談起了創建皇族私人武裝的事情，載灃由此萌生了效仿德國掌握軍權之意。只是當時慈禧尚在，此事不便聲張。成為攝政王後，他終於得償夙願，在他的主導下，為何禁衛軍處處都效仿德軍就不難理解了。

禁衛軍在編制上與新建陸軍大體相同，依次為鎮、協、標、營、隊、排、棚。營制則按陸軍一鎮的步、馬、炮、工程、輜重、軍樂各標營隊來編練第一、第二兩協。由於人數有限，禁衛軍暫不設鎮統，由協司令處設統領官一員統領全協，又設參軍官一員參佐營務。標本署設統帶官一員統轄全標。各兵營均設管帶一員管理全營。

▲禁衛軍訓練大臣鐵良

都知道新建陸軍的選拔過程頗為嚴格，而禁衛軍對部隊官長和兵丁的選拔更為嚴苛。官長不拘泥於滿漢之風，但得是各軍隊中兵學優長、操法嫻熟者。例如，炮隊的官長優先精選陸軍中的留學生內定管帶，然後派遣他們到訂購火炮之國去考察造炮及操作技術。交通營則選擇新軍中工科成績最優者，派遣他們到鄰近各國考察交通學術。步、馬、工各標營長則從各地講武堂中挑選，這些被選拔出來的人員還要經過嚴格訓練和考試後才能正式編制入隊。

至於兵丁選練，也列了明確的標準：第一，限十七歲以上、二十五歲以下；第二，身高四尺八寸（約1.6米）以上；第三，身無殘疾及暗疾者；第四，五官端正者；第五，身家清白，素無過犯者；第六，素無嗜好者。兵丁一旦入選，其所在的旗營需造具這名士兵家族三代的情況，詳細登記後送到禁衛軍訓練處。從這看來，禁衛軍士兵不僅德智體美勞要過關，政審也要過關。當然，一旦入選，軍餉也相當可觀，甚至優於新建陸軍，那些穿著號衣的舊軍對禁衛軍的優厚待遇非常眼紅。

按照最初的計畫，禁衛軍擬分四期編練，每期時間為六個月。如果按照這個進度，從宣統元年正月開始，到宣統三年（1911年）正月可完成編練，實際上宣統三年七月禁衛軍才完成編練。

不難看出，清末禁衛軍對士兵的選拔標準已和清代從上三旗選拔兵丁護衛宮廷的傳統制度完全不同。不僅兵丁不要求旗丁出身，部隊官長也不分滿人、漢人。這是否能說明禁衛軍是一支具有現代理念，近似於國家軍隊的部隊呢？答案是否定的。禁衛軍雖然存在時間不長，但權力都掌握在皇族手中。建軍之初，上諭就明確表明這支部隊歸攝政王統率。先後被任命為訓練大臣的鐵良、載濤、載扶、毓朗都是宗室中的近支，步隊第一協統領良弼亦為滿洲宗室親貴。無論禁衛軍軍服、武備如何精良，章程條例如何近現代化，其為私兵的性質都不會改變。

在辛亥風暴中被奪權

宣統三年七月，禁衛軍基本編練成軍，載濤也希望在文武百官前炫耀一番，於是奏請攝政王定個日期，在德勝門外的正黃、鑲黃兩旗校場檢閱軍隊並賜予標旗。這自然是載灃樂於看見的，他很快批覆：「本月二十四日監國攝政王親往校閱。」

七月二十四日，躊躇滿志的載灃身穿親王補服，親自前往德勝門外的兩旗校場閱兵。這一天，禁衛軍除了步隊第二標留一個營宿衛紫禁城，馬隊第三營因蒙兵尚未到齊而編為兩隊外，其餘禁衛軍成員皆按照編制，身穿筆挺的軍服整齊列隊，接受攝政王的檢閱。載灃的駕車由馬隊引領，從醇王府起程，一路行至德勝門。當載灃抵達校場時，禁衛軍全體按隊形舉槍致敬，與此同時，軍樂隊奏響軍樂《崇戎譜》，校場氣氛莊嚴肅穆。陽光下，軍士們林立的槍管形成了一排排整齊的平行線，猶如一支堅韌不拔的不敗之師。載灃對這支皇家精銳武裝非常滿意，次日即下諭嘉獎：「該兩協官兵均精神振奮，動作如法，頗能仰體朝廷整軍經武之意，成效昭著，深堪嘉許。」

在表彰軍隊的同時，載灃還口奉上諭對載濤等人進行嘉獎：「專司訓練禁衛軍大臣郡王銜貝勒載濤、輔國公銜鎮國將軍載扶訓練有方，不辭勞瘁，均著加恩，賞穿黃馬褂。所有該處當差各員自軍諮官以下標準照異常勞績擇優酌獎。」這次閱兵的確讓載灃很滿意，那一列列林立於校場的士兵、威嚴大氣的軍樂隊，給勳貴們營造了一種幻象：大清國處處挨打的屈辱歲月將成為歷史，在不久的將來，帝國將崛起，屹立於世界之林。挨打的日子的確很快會終結——滅亡了，自然就不會再挨打了。

禁衛軍大閱兵還不到一個月，宣統三年八月十九日（1911年10月10日），

▲宣統三年七月二十四日，禁衛軍在北京德勝門外兩旗校場舉行的秋操預演。身穿親王補服、頭戴涼帽的攝政王載灃乘坐馬車檢閱了軍隊。從照片中可以看到，騎馬的幾位禁衛軍軍人均已剪掉髮辮

武昌傳來的起義槍聲就敲響了清王朝的喪鐘。起義爆發後，清廷下旨令陸軍部編組第一軍、第二軍和第三軍。陸軍第四鎮及混成第三協、十一協編為第一軍，以廕昌為軍統（也稱總統）；陸軍第五鎮編為第二軍，馮國璋為軍統；以禁衛軍和陸軍第一鎮編為第三軍，載濤為軍統。第一軍、第二軍在廕昌和馮國璋率領下開赴武漢鎮壓起義，載濤則率第三軍駐守近畿，專門巡護、彈壓京師地方。禁衛軍訓練處的辦公地也順理成章成了第三軍司令部。

武昌戰事急如星火，載灃這時苦於無力調兵，便想起了幾年前被他趕走的袁世凱，沒想到經過三年的改革，到如今大清朝要調兵「平亂」還是非袁不可。八月二十三日，清廷授袁世凱湖廣總督，九月十九日下令召回廕昌，命袁世凱以湖廣總督兼欽差大臣節制前線各軍。袁世凱此次東山再起，豈會乖乖受制於皇室？他雖可以掌控北洋六鎮，但駐紮於京師的禁衛軍始終是他架空皇室路上的心腹大患，必須先解決禁衛軍。於是，擁兵自重的袁世凱威逼利誘，向朝廷

提出：「當此干戈擾攘之際，皇族必須親自出征，以為各軍表率。」

什麼意思呢？現在，第一、第二軍都在武漢與革命黨鏖戰，袁世凱要求載濤必須率領以禁衛軍為核心的第三軍出征，否則人心不服。後世很多人認為，袁世凱這一要求將載濤嚇破了膽，實際上並沒這麼簡單。袁世凱這一招非常狠毒，相當於將了載濤一軍。擺在載濤面前只有兩條路：第一，真的率領禁衛軍出征，如果是這樣，袁世凱控制的陸軍恐怕會作壁上觀，將禁衛軍送到最兇險的前線；第二，認輸，載濤不具備明知不可為而為之的英雄主義，在袁世凱的逼迫下，他了，選擇了退出，自請解職。

十月七日，載濤奏請第三軍第一鎮由袁世凱調遣，同時取消第三軍的名目，袁世凱就這樣輕而易舉奪取了陸軍第一鎮兵權。但禁衛軍還沒有全被解決，他自然不會善罷甘休，於是繼續軟硬兼施，皇室不得不再度妥協，先後解除了鐵良、毓朗貝勒的訓練大臣職務，並於十月十五日下旨派與袁世凱私交甚好的漢族大臣徐世昌專司訓練大臣。十一月二日，馮國璋自漢陽返京後便接到命令，命其為禁衛軍總統官。同一天，禁衛軍步隊第一協統領官良弼被授予軍諮府使，被奪去禁衛軍的軍權。這樣一來，原本一直掌握在滿洲皇族手中的禁衛軍也落到了漢族官員的手中。

傾國後的復辟餘波

辛亥革命讓大清帝國的壽命進入倒計時，袁世凱奪權逼宮，載灃妥協退讓，載濤將禁衛軍兵權拱手相讓，滿朝文武中敢與袁世凱相爭、誓死捍衛大清皇權的，只有良弼這樣的帝國鷹派。但好景不長，強硬的宗社黨首領良弼很快被革命黨志士彭家珍用人肉炸彈炸死，宗室大為驚恐，袁世凱趁勢逼宮，終於把孤兒寡母逼得下詔退位，大清終究還是亡了。

宣統三年練成的禁衛軍竟然一仗都沒有打過就為清王朝送了終。一直以來不乏觀點認為，如果載濤有良弼那樣的魄力，在袁世凱出言相逼時毅然率領裝備精良的禁衛軍與革命黨拼死一戰，未必不能扶大廈於將傾。事實上，禁衛軍真實的戰力如何，在孤軍奮戰的情況下能不能擊敗革命黨，真不好說。軍隊的真實情況，載濤恐怕是最清楚不過的，其實自禁衛軍編成以來，軍士逃亡的情況一直在發生，為此載濤還於宣統三年二月奏擬了關於禁衛軍士兵逃亡懲勸官長的章程。在奏摺中，他指出：「禁衛軍雖然餉糈裝服給養較優厚，但仍有逃亡，行文查拿，百無一獲。」這也從側面看出，這支皇族武裝並非一支士氣旺盛、忠誠可靠的軍隊。

1912年2月12日，隨著清帝宣統一紙退位詔書頒佈，大清國轟然倒塌，這支守護紫禁城的禁衛軍將何去何從？民國成立後，根據優待清室條例第八條：「原有禁衛軍歸中華民國陸軍部編制，其額數俸餉，仍如其舊。」也就是說，禁衛軍仍然歸馮國璋指揮。另一方面，清帝退位後，紫禁城外雖已是民國，但紫禁城內仍然維持著愛新覺羅家的小朝廷，護衛紫禁城的仍是原禁衛軍。載濤後來回憶說，民國初年紫禁城中神武門、北上門的守衛仍由禁衛軍擔任。而馮國璋在1913年對清室的奏章中言「本軍守衛皇城、紫禁城」，可見禁衛軍守衛的範圍並非只有神武門和北上門。

1914年，馮國璋就任江蘇都督，禁衛軍也改編為陸軍第16師，師長由原禁衛軍協統王廷楨擔任。皇室的禁衛軍最終成了馮國璋的衛隊。後來，馮國璋代理大總統，第16師也一直跟隨，聽其調遣，可以說是完成了從皇族御林軍到總統親衛隊的轉變。這種情況一直持續到1919年馮國璋病逝。禁衛軍改編陸軍16師後，紫禁城的守衛工作由該師步兵2團負責，也就是說，馮國璋病逝後，原有的部分禁衛軍依然在守護紫禁城內的小朝廷，1924年馮玉祥發動北京政變，廢帝溥儀遭驅逐出宮，第16師對紫禁城的守衛任務才結束。次年，紫禁城有了一個新名字——故宮。

那些曾經執掌禁衛軍的滿洲皇族，在鼎革之變後也先後離開皇宮，在大時代的浪潮中譜寫各自的命運。愛新覺羅·載濤，創建禁衛軍最關鍵的人物之一，在清廷覆亡之際，曾加入宗社黨，努力挽救愛新覺羅的江山，但隨著良弼被刺殺，宗社黨終究未能扭轉清廷滅亡的命運。民國初年，載濤依舊對清室念念不忘，圖謀復辟，1917年夏季的張勳復辟終於讓他等來了機會，他再次登上政治舞臺，擔任禁衛軍司令一職，這也是民國以來他最輝煌的時刻。然而，這場鬧劇式的復辟僅持續12天就土崩瓦解了。復辟失敗也讓載濤的思想受到極大衝擊，此後，他逐漸放棄了復辟大清的迷夢。奉天事變後，侵華日軍掩護溥儀出逃，在東北炮製偽滿洲國，同時召集清室遺老遺少前往任職，這次，載濤守住了民族大義的底線，拒絕到偽滿洲國任

▲愛新覺羅・載扶(中間坐者)，慶親王奕劻次子，曾作為清皇室代表跟隨唐紹儀訪美。1911年9月載灃檢閱禁衛軍後，讚賞「輔國公銜鎮國將軍載扶訓練有方」，賞黃馬褂。清朝滅亡後，載扶徹底退出了政治舞臺

職。中華人民共和國成立後，載濤被任命為中國人民解放軍炮兵司令部馬政局顧問；同時，他也是第一、二、三屆全國人大代表，第二、三屆全國政協委員。1970年9月2日，83歲高齡的載濤在北京病逝，結束了作為末代皇族曲折起伏的一生。

莫爾察·鐵良，禁衛軍訓練大臣，也是對清室最忠心的皇室成員之一。清帝退位後，鐵良與善耆等皇族成員再次組織宗社黨，矢志復辟。鐵良以「遺老」身分在青島、大連、天津等地參與了清帝復辟活動。溥儀在回憶錄中說，民國初年，紫禁城將鐵良、善耆、溥偉和升允並稱「四個申包胥」，讚揚他們像春秋時期的楚國大夫申包胥一樣，為「復國」事業鞠躬盡瘁。張勳復辟時期，溥儀沒有忘記這位宗室「忠良」，馬上任命其為弼德院顧問。然而，鬧劇很快就草草收場，鐵良又狼狽逃回天津租界寓居。20世紀30年代初，鐵良在日本人炮製偽滿洲國的過程中多有參與，不過他沒有到東北任職。1938年，76歲的鐵良病死在天津，沒有看到偽滿政權覆亡的那一天。

辛亥革命後，積極參與宗社黨復辟陰謀的還有原禁衛軍訓練大臣愛新覺羅·毓朗，不過他與宗社黨核心人物善耆一樣，在復辟陰謀破產後鬱鬱終生，就在善耆病死九個月後，他也去世，時年59歲。幾位禁衛軍訓練大臣在清廷覆亡後，最安分的當屬愛新覺羅·載扶。載扶是慶親王奕劻次子，他年少多金，風流倜儻，顏值爆表，相當符合今天古裝劇中風流俊王爺的形象。不過，這位末代王爺在政治上並無太多作為，擔任禁衛軍訓練大臣期間也無突出表現，唯在宣統三年七月的閱兵中沾了載濤的光，被賞穿黃馬褂。清廷覆滅後，末代王公載扶並不像鐵良、載濤等人有著強烈的復辟願望，到處搞事。他選擇從此遠離政治，寓居天津，當一個安靜的美男子。

附錄 仿宋式《八公圖》御龍衛玄金甲穿戴步驟圖

御龍衛玄金甲根據《武經總要》、《八公圖》等史料設計。唐宋時期是中國甲冑發展的集大成時代，此時的甲冑集美觀與防護為一體，各種附件已發展成熟，形制是中國甲冑最複雜的，故而選取這一時期的甲冑，以多張圖片逐一演示中國甲冑的穿戴步驟。

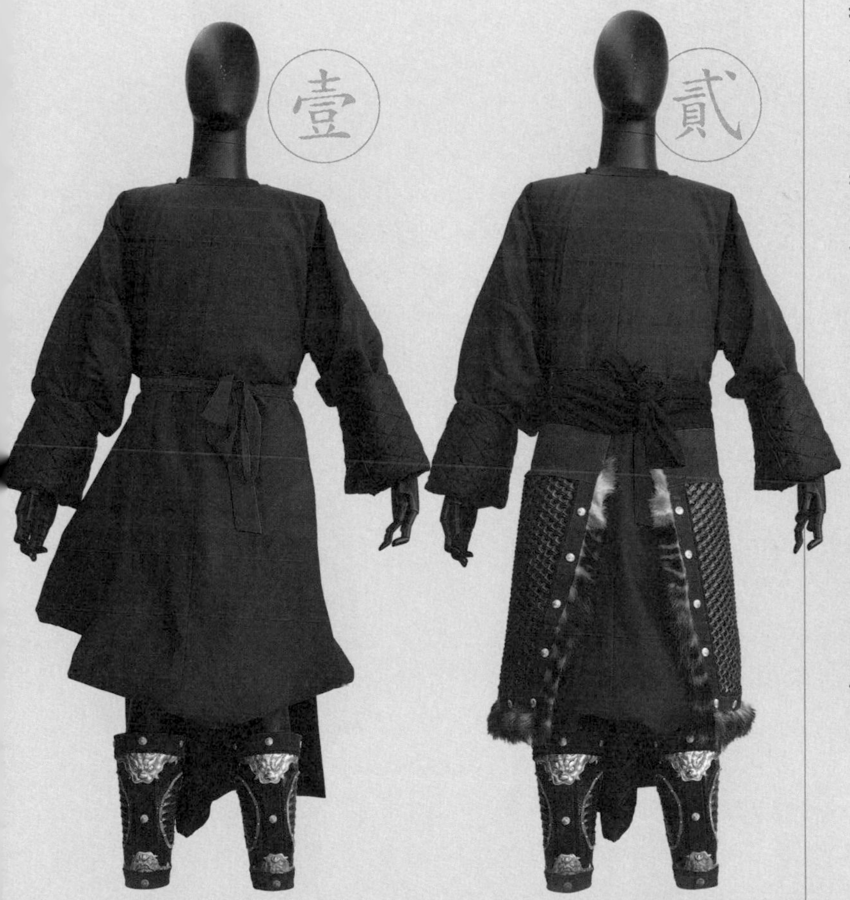

御龍衛玄金甲製作者簡介

李輝，甲冑藝術家，1984年生於山東，2006年畢業於中央美術學院，自幼學習傳統書畫，熱衷於商周金文和中古盔甲研究，其作品在中國歷屆工藝美術大師精品展和「金鳳凰」、「百花獎」等比賽中多次折桂。

叁

肆

伍　陸

捌

甲冑穿戴完整圖

玖

作者簡介

周渝

◎青年作家

◎中國甲胄愛好者，擁有各式鎧甲、戎服，收藏了大量中國甲胄、兵人模型

◎中國國民黨革命委員會黨員

◎「紫金·人民文學之星」獎獲得者

◎第三屆（2015年）中國90後作家排行榜第一名

◎民革中央第六屆《臺灣研究》特邀撰稿人

◎現為人民日報社《國家人文歷史》主創之一

◎多次作為CCTV-7、CCTV-1 頻道嘉賓、青年代表參與錄製軍事歷史類節目

長期從事歷史寫作，喜愛收藏歷史題材模型、中國傳統服飾、中國古代甲胄、中國近現代軍服等，已出版《衛國歲月》、《戰殤：國民革命軍抗戰將士口述實錄》等作品，文章常見於《國家人文歷史》、《中華遺產》、《博物》等文史刊物。

聖典系列 049

中國甲冑史圖鑑（精裝）

作　　者／周渝
企劃選書人／張世國
責 任 編 輯／張世國

發　行　人／何飛鵬
副 總 編 輯／王雪莉
業 務 經 理／李振東
行 銷 企 劃／陳姿億
資深版權專員／許儀盈
版權行政暨數位業務專員／陳玉鈴
法律顧問／元禾法律事務所　王子文律師
出版／奇幻基地出版
台北市 104 民生東路二段 141 號 8 樓
電話：(02)2500-7008　　傳眞：(02)2502-7676
網址：www.ffoundation.com.tw
e-mail：ffoundation@cite.com.tw
發行／英屬蓋曼群島商家庭傳媒股份有限公司城邦分公司
台北市 104 民生東路二段 141 號11 樓
書虫客服服務專線：(02)25007718・(02)25007719
24 小時傳眞服務：(02)25170999・(02)25001991
服務時間：週一至週五09:30-12:00・13:30-17:00
郵撥帳號：19863813　　戶名：書虫股份有限公司
讀者服務信箱 E-mail：service@readingclub.com.tw
歡迎光臨城邦讀書花園 網址：www.cite.com.tw
香港發行所／城邦（香港）出版集團有限公司
香港灣仔駱克道 193 號 1 東超商業中心 1 樓
電話：(852) 2508-6231 傳眞：(852) 2578-9337
馬新發行所／城邦（馬新）出版集團
【Cite(M)Sdn. Bhd.(458372U)】
11, Jalan 30D/146, Desa Tasik,
Sungai Besi, 57000 Kuala Lumpur, Malaysia.
電話：603-9056-3833　　傳眞：603-9056-2833

封面設計／Snow Vega
排　　版／極翔企業有限公司
印　　刷／高典印刷有限公司
■2021 年（民110）4月6日初版一刷

售價／650元

國家圖書館出版品預行編目資料

中國甲冑史圖鑑（精裝）/ 周渝著
一初版一台北市：奇幻基地出版；　家庭傳媒城邦分公司發行；2021.04（民110.04)

面：公分. –（聖典系列：049）

ISBN　978-986-06317-0-8 (精裝)

1.古兵器　2.圖錄　3.中國

793.62　　　110003636

ISBN　978-986-06317-0-8

Printed in Taiwan.

廣　告　回　函
北區郵政管理登記證
台北廣字第000791號
郵資已付，免貼郵票

104台北市民生東路二段141號11樓

英屬蓋曼群島商家庭傳媒股份有限公司城邦分公司 收

請沿虛線對摺，謝謝

每個人都有一本奇幻文學的啟蒙書

奇幻基地粉絲團：http://www.facebook.com/ffoundation

書號：1HR049C　　**書名**：中國甲冑史圖鑑（精裝）

奇幻基地20週年・幻魂不滅，淬鍊傳奇

集點好禮瘋狂送，開書即有獎！購書禮金、6個月免費新書大放送！

活動期間，購買奇幻基地作品，剪下回函卡右下角點數，集滿兩點以上，寄回本公司即可兌換獎品&參加抽獎！
參加辦法與集點兌換說明：
活動時間：2021年3月起至2021年12月1日（以郵戳為憑）
抽獎日：2021年5月31日、2021年12月31日，共抽兩次
奇幻基地2021年3月至2021年12月出版之新書，每本書回函卡右下角都有一點活動點數，剪下新書點數集滿兩點，黏貼並寄回活動回函，即可參加抽獎！單張回函集滿五點，還可以另外免費兌換「奇幻龍」書檔乙個！

【集點處】（點數與回函卡皆影印無效）

1	2	3	4	5
6	7	8	9	10

活動獎項說明：

★ **「基地締造者獎・給未來的讀者」抽獎禮**：中獎後6個月每月提供免費當月新書一本。（共6個名額，兩次抽獎日各抽3名）

★ **「無垠書城・戰隊嚴選」抽獎禮**：中獎後獲得戰隊嚴選覆面書一本，隨書附贈編輯手寫信一份。（共10個名額，兩次抽獎日各抽5名）

★ **「燦軍之魂・資深山迷獎」抽獎禮**：布蘭登・山德森「無垠祕典限量精裝布紋燙金筆記本」。
抽獎資格：集滿兩點，並挑戰「山迷究極問答」活動，全對者即有抽獎資格（共10個名額，兩次抽獎日各抽5名），若有公開或抄襲答案者視同放棄抽獎資格，**活動詳情請見奇幻基地FB及IG公告！**

特別說明：

1. 請以正楷書寫回函卡資料，若字跡潦草無法辨識，視同棄權。
2. 活動贈品限寄台澎金馬。

當您同意報名本活動時，您同意【奇幻基地】（城邦文化事業股份有限公司）及城邦媒體出版集團（包括英屬蓋曼群島商家庭傳媒股份有限公司城邦分公司、書虫股份有限公司、墨刻出版股份有限公司、城邦原創股份有限公司），於營運期間及地區內，為提供訂購、行銷、客戶管理或其他合於營業登記項目或章程所定業務需要之目的，以電郵、傳真、電話、簡訊或其他通知公告方式利用您所提供之資料（資料類別C001、C011 等各項類別相關資料）。利用對象亦可能包括相關服務的協力機構。如您有依個資法第三條或其他需要協助之處，得致電本公司（(02) 2500-7718）。

個人資料：

姓名：＿＿＿＿＿＿＿＿＿＿ 性別：□男 □女

地址：＿＿＿＿＿＿＿＿＿＿＿＿＿＿＿＿ Email：＿＿＿＿＿＿＿＿＿＿

想對奇幻基地說的話或是建議：＿＿＿＿＿＿＿＿＿＿＿＿＿＿＿＿＿＿＿＿

FB粉絲團

戰隊IG日常

奇幻基地20週年慶・城邦讀書花園 2021/12/31前樂享獨家獻禮！
立即掃描QRCODE可享50元購書金、250元折價券、6折購書優惠！
注意事項與活動詳情請見：https://www.cite.com.tw/z/L2U48/

讀書花園

請剪下右側點數，貼於集點處，集滿兩點即可參加抽獎